COLLECTION MICHEL LÉVY
— 1 franc 25 cent. le Volume —

PAR LA POSTE, 1 FR. 50 CENT.

J. RACINE

THÉATRE
COMPLET

PRÉCÉDÉ DES CINQ DERNIERS MOIS DE
LA VIE DE RACINE

PAR

C.-A. SAINTE-BEUVE

DE L'ACADÉMIE FRANÇAISE

I

PARIS

MICHEL LÉVY FRÈRES ÉDITEURS
RUE AUBER, 3, PLACE DE L'OPÉRA

—

LIBRAIRIE NOUVELLE
BOULEVARD DES ITALIENS, 15, AU COIN DE LA RUE GRAMMONT

COLLECTION MICHEL LÉVY

THÉATRE COMPLET
DE J. RACINE

I

F. Aureau. — Imprimerie de Lagny.

THÉATRE COMPLET

DE

J. RACINE

PRÉCÉDÉ

DES CINQ DERNIERS MOIS DE LA VIE DE RACINE

PAR

SAINTE-BEUVE

DE L'ACADÉMIE FRANÇAISE

I

PARIS

MICHEL LÉVY FRÈRES, ÉDITEURS

RUE AUBER, 3, PLACE DE L'OPÉRA

LIBRAIRIE NOUVELLE

BOULEVARD DES ITALIENS, 15, AU COIN DE LA RUE DE GRAMMONT

1874

LES CINQ DERNIERS MOIS

DE

LA VIE DE RACINE[1]

I

Il me semble que quand on sait quelque chose de particulier et d'un peu nouveau sur Racine, on n'est pas libre de le garder pour soi et qu'on le doit à tous. Je suis dans ce cas depuis quelque temps. Grâce à de respectables amis que j'ai en Hollande et qui sont en partie les héritiers (et de bien dignes héritiers) des derniers papiers manuscrits, des dernières reliques de Port-Royal, j'ai pu lire une Correspondance tout intime d'un des plus fidèles amis du poëte, de l'un de ceux qui l'assistèrent dans sa dernière maladie et jusque dans ses derniers instants. Par lui, par M. Vuillart (c'est le nom de cet humble ami), nous avons quelques détails de plus, parfaitement authentiques, sur les derniers mois de la vie de Racine, sur les circonstances de sa mort et sur ce qui suit. Une de ces lettres est écrite du cabinet même de Racine, le jour du décès, et tandis que les restes mortels sont encore là, avant les funérailles. Je ne m'exagère point l'importance de ces détails dont la plupart ont passé dans la Vie de Racine écrite par son fils ; mais, si l'on n'y doit rien trouver de tout à fait

1. Tous droits réservés.

neuf, on sentira du moins une pure et douce saveur originale, je ne sais quel charme d'honnêteté parfaite et d'innocence. Au lieu donc de réserver ce surplus de renseignements confidentiels pour une édition dernière de mon livre sur *Port-Royal* que je prépare, je m'empresse ici, dès à présent, d'en faire part à tous nos lecteurs [1].

...Avant tout, qu'était-ce que ce M. Vuillart que j'ai seulement nommé, — ce « cher M. Vuillart » comme l'appelait Racine lui-même? M. Germain Vuillart était un homme lettré, des plus lettrés, et un saint homme. Il avait servi de secrétaire, pendant vingt-quatre ans et plus, à M. Le Roi, abbé de Haute-Fontaine, personnage estimable, généreux de nature et d'humeur libérale, de plus d'ambition peut-être que de talent, d'un mérite réel toutefois, et qui est fort connu dans l'histoire ecclésiastique du XVIIe siècle. Cet abbé de Haute-Fontaine, qui avait de grandes liaisons, les avait en quelque sorte transmises et léguées à son ancien secrétaire. Celui-ci était, à six mois de distance, du même âge que Racine, et il avait tout près de soixante ans quand le grand poëte mourait à plus de cinquante-neuf. Il vivait habituellement dans le quartier Saint-Jacques, près le collége de Saint-Jean-de-Beauvais, tout à la prière, à l'étude et aux services à rendre aux amis. Il relisait avec M. de Tillemont les volumes manuscrits de son Histoire ecclésiastique; il surveillait la réimpression des *Réflexions morales* du Père Quesnel; il collationnait avec de nouveaux traducteurs de saint Augustin, et l'original à la main, le texte de leur traduction. Il correspondait fidèlement avec les absents et les informait des nouvelles qui pouvaient les intéresser et les édifier. « Je vous ré-

1. Cette Étude fait partie des *Nouveaux-Lundis*, tome x.

galerai, écrivait-il à l'un d'eux (et il l'aurait pu dire également à chacun en particulier), de tout ce que la main de la Providence mettra entre les miennes et que je croirai pouvoir servir de nourriture agréable et utile à l'amour que Dieu vous a donné pour *toute vérité.* » Les lettres que nous avons sous les yeux sont une de ces correspondances qui, le croirait-on ? devinrent par la suite un crime d'État. Elles sont adressées à M. de Préfontaine, frère de l'abbé Le Roi, et qui avait été secrétaire des commandements de Mademoiselle de Montpensier : alors retiré du monde, il habitait dans sa terre de Fresne, près Montoire, dans le Vendômois. Quand on a lu cette correspondance et qu'on a vu de quoi s'entretenaient en secret ces hommes respectables ; quand on sait de plus que, peu d'années après, M. Vuillart fut arrêté un matin (2 octobre 1703) comme coupable de correspondre avec le Père Quesnel et comme agent d'intrigues ; qu'il fut mis à la Bastille, où il ne demeura pas moins de *douze ans* et d'où il ne sortit qu'en 1715, après la mort de Louis XIV, pour mourir lui-même presque aussitôt, à l'âge de soixante-seize ans passés, on ressent une indignation profonde de ces iniquités qui flétrirent la fin d'un grand règne, et l'on conçoit une horreur nouvelle pour les hypocrites ou les fanatiques qui les conseillèrent. Je ne crains pas de dire que l'embastillement de M. Vuillart est un des crimes moraux qui signalèrent l'influence triomphante des Tartufes sur la conscience de Louis XIV. Mais il nous faut chasser ces images et, pour aujourd'hui, nous tenir avec l'humble et pieux M. Vuillart dans la chambre de Racine malade où il nous introduit. Il va rendre compte, dans ses lettres à M. de Préfontaine, du mal et du mieux, de la guérison que d'abord on croyait complète et des rechutes, de tout ce dont il est le témoin. Il y a un bon intervalle que remplit une fête de famille. Chaque parole, chaque action respire la piété et la simplicité. Nous le laisserons dorénavant parler sans presque l'interrompre.

C'est dans une lettre datée du 5 novembre 1698 qu'on a la première nouvelle d'une maladie sérieuse dont Racine relevait à peine. S'excusant de n'avoir pu écrire de lettres pendant le mois précédent, M. Vuillart donne pour raison divers soins qui l'ont partagé, des épreuves à corriger pour les éditions d'ouvrages du Père Quesnel et d'autres amis, et il ajoute :

« Mon ami M. Racine a été longtemps malade. Il me coûtait, de deux jours l'un et quelquefois tous les jours presque, une matinée ou une après-dînée; car il le souhaitait, et son épouse, comme lui, m'assurait que cela lui faisait plaisir. Il est guéri, et il est à Melun pour la profession de sa seconde fille... »

Ce voyage de Melun et les émotions qu'il y éprouva causèrent bien de la fatigue à Racine. L'apparence de sa guérison ne laissait pas de tromper les amis ; ils espéraient ce qu'ils désiraient :

« Sa convalescence, après une assez longue maladie qui nous a fort alarmés, se confirme de jour en jour (18 décembre), et elle doit augmenter notablement par la grande joie que lui donne l'heureux retour de son fils avec M. de Bonrepaux, qui l'avait mené à La Haye et qui l'a ramené, pour le remener en Hollande après un peu de séjour qu'il est venu faire à la Cour par ordre ou du moins avec l'agrément du roi. »

Cependant, dans une lettre que l'on connaît d'ailleurs et que Racine écrivait à son fils, alors à Versailles, il lui parlait de la tumeur qu'il avait toujours au côté :

« Je n'en ressens presque aucune incommodité, lui disait-il. J'ai même été promener cette après-dînée aux Tuileries avec votre mère, croyant que l'air me fortifierait ; mais à peine j'y ai été une demi-heure qu'il m'a pris dans le dos un point insupportable qui m'a obligé de revenir au logis. Je vois bien qu'il faut prendre patience sur cela, en attendant le beau temps. »

Racine parlait ainsi, le 30 janvier 1699, à la veille d'une rechute. Il s'était passé dans l'intervalle un grand événement domestique que l'état de sa santé l'avait averti sans doute de conclure sans trop de retard. Sa fille aînée semblait d'abord aussi peu disposée au mariage que la cadette, et si Port-Royal à cette date avait pu recevoir des novices, il est fort possible et même probable que sa vocation eût été de côté. Mais l'obstacle qu'elle trouvait à ce bonheur parfait dans le sacrifice la détermina autrement et lui permit d'entrer dans les vues de son père. Au lieu d'une seconde prise de voile, nous allons donc assister à un mariage chrétien, à la dernière joie de cœur de Racine. M. Vuillart est d'autant plus à écouter en cette occasion, que ce fut lui qui ménagea le parti le plus sortable à la fille de son illustre ami :

« Mais voici, dit-il (31 décembre 1698), une nouvelle particulière qui va vous faire un vrai plaisir : c'est le mariage de mademoiselle Racine avec le fils du bonhomme [1] M. de Moramber. Voici ce qui donna lieu à l'idée qui m'en vint. On me dit que M. Racine pensait à marier sa fille. Moi qui savais qu'elle avait passé six mois nouvellement auprès de sa grande tante l'abbesse de Port-Royal, je doutai d'abord. Pour m'assurer du fait, je dis à M. Racine ce que j'apprenais et le priai de former lui-même le langage que je tiendrais aux personnes qui m'en parleraient comme me croyant son ami. Alors il m'ouvrit son cœur et m'expliqua confidemment ses idées sur le mariage et la qualité de l'alliance qu'il cherchait pour sa fille, ajoutant que s'il trouvait de

1. *Bonhomme*, c'est-à-dire du bon vieux.

quoi remplir solidement ces idées, comme serait un jeune
avocat de bon esprit, bien élevé, formé de bonne main, qui
eût eu déjà quelque succès dans des coups d'essais et premiers plaidoyers, avec un bien raisonnable et légitimement
acquis, il le préférerait sans hésiter à un plus grand établissement, quoi que lui fissent entrevoir et espérer des
gens fort qualifiés et fort accrédités qui voulaient marier sa
fille. Il m'invita bonnement à y penser. M. de Moramber le
fils, qu'on nomme Riberpré, du nom d'un fief qu'a le père à
Éclaron, me vint voir quelques jours après à son retour de
la campagne. Il y avait passé deux mois, à un autre lieu
près de Beaumont-sur-Oise, où ils ont aussi du bien, et me
dit que durant ces deux mois il avait étudié sept heures par
jour avec son père. Outre que je lui savais tout ce que
M. Racine désirait, je le trouvai de plus si formé et plein
de tant de raison, de bons sentiments et de bon goût, qu'après avoir pris langue du père et de la mère qui m'applaudirent, je fis la proposition à M. Racine. Il l'agréa fort. On
a fait ensuite toutes les démarches qu'il convient pour parvenir à ces bons comptes qui font les bons amis. Tout a
cadré à souhait. On est très-content de part et d'autre et des
personnes et des biens. M. Racine ne donne que vingt mille
écus, mais en très-bon bien. M. de Moramber ne veut pas
qu'on le sache, en donnant plus de quinze mille à son fils
qui a de grandes espérances encore de père, de mère, et de
sa sœur aînée qui ne se veut point marier... La demoiselle
a dix-huit à dix-neuf ans, et le cavalier vingt-cinq à vingt-six. Chacun les trouve assortis à souhait. M. Racine me
nomme le Raphaël de cette alliance, et dit le dernier jour
au pasteur et bon ami de Saint-Séverin[1] qu'il n'oublierait
jamais l'obligation qu'il a à l'entremetteur. Comme je suis
témoin et charmé de la bonne éducation qu'ils ont eue tous
deux, je n'ai qu'à souhaiter que le Raphaël valût prix pour
prix la jeune Sara et le jeune Tobie. Ils seront mariés le 7 de
janvier. Les articles furent signés le 23 de ce mois. On publie les bans à trois fois selon l'ordre et selon l'inclination de
si bons paroissiens de part et d'autre. L'alliance est tout à
fait belle du côté de madame de Moramber : sa mère était
cousine germaine du président de Périgny, père de mes-

---

1. Le curé de Saint-Séverin, M. Lizot.

dames Daguesseau et de La Houssaye, et alliée des Montholon, Séguier, Le Picard, Le Coigneux, Angran, etc. Il n'y aura que neuf ou dix conviés de part et d'autre, et M. Despréaux avec le Raphaël, les deux amis des époux et des deux familles. Cet article est un peu long; mais vous estimez M. Racine et vous aimez M. de Moramber, et vous daignez avoir mille bontés pour moi. Je recommande cette alliance à vos prières, monsieur. »

Puis vient le récit de la noce, des cérémonies et de l'allégresse toute modeste qui anime cette alliance entre deux familles chrétiennes. C'est un tableau de mœurs bourgeoises, encore à demi patriarcales :

« (10 janvier 1699)... Le mariage fut célébré le 7. M. de Saint-Séverin en fit la cérémonie à Saint-Sulpice avec l'agrément du curé, car c'est depuis quelques années la paroisse de M. Racine, auparavant de celle de Saint-Séverin sur laquelle est M. de Moramber. M. Racine donna le dîner des noces. M. le Prince[1] lui avait envoyé pour cela, deux ou trois jours auparavant, un mulet chargé de gibier et de venaison ; il y avait un jeune sanglier tout entier. Le soir il n'y eut point de souper chez le père de l'époux, avec lequel on était convenu qu'il donnerait plutôt un dîner le lendemain, afin qu'il n'y eût point deux grands repas en un jour. Tout finit donc le soir des noces par une courte et pathétique exhortation de M. de Saint-Séverin sur la bénédiction du lit nuptial qu'il fit. M. et madame Racine se retirèrent à huit (heures) et demie. Les jeunes gens firent la lecture de piété ordinaire à la prière du soir avec la famille. Le père, comme pasteur domestique, répéta la substance de l'instruction de M. le curé, et tout était en repos comme de coutume avant onze heures. Il n'y eut point d'autres garçons de la noce, ou plutôt amis des époux, que M. Despréaux et moi. Ainsi l'on y vit l'effet des prières de la bonne mère abbesse de Port-Royal, grande tante de l'épouse, et de l'excellent ami que vous allez reconnaître, monsieur, à son style ordinaire auquel vous êtes fait[2].

1. Le prince de Condé, fils du grand Condé.
2. Il s'agit du Père Quesnel, alors retiré à Bruxelles.

Comme il est ami de M. Racine qu'il avait su mon voisin, à la rue des Maçons [1], il lui en donne toujours le nom. J'avais recommandé cette alliance à ses prières. Voici donc sa réponse : « Je félicite l'illustre *voisin* de l'heureuse al-
» liance dont vous êtes l'entremetteur ou plutôt le média-
» teur, médiateur entre Dieu et vos amis, car un bon ma-
» riage ne peut venir que de Dieu : *Domus et divitiæ dantur*
» *a parentibus : a Domino autem* PROPRIE *uxor prudens.* Le
» Seigneur vous a donc choisi pour ménager, de sa part et
» en son nom, un mariage qui, selon votre rapport, a tant
» de marques de la destination et du choix de Dieu. Je
» m'acquitterai du devoir de l'offrir à Dieu et en même
» temps tous ceux qui y ont part, afin qu'il daigne se trou-
» ver à ces noces chrétiennes et y apporter de ce bon vin
» que lui seul peut donner, qui met la vraie joie dans le
» cœur, et qui donne aux vierges une sainte fécondité en
» plus d'une manière : *Vinum germinans virgines,* comme
» parle un prophète. »

« Vous éprouvez sans doute, monsieur, qu'il n'est pas besoin de vous nommer l'auteur, ni de vous le désigner plus clairement. »

Ainsi échangeaient de loin leurs bénédictions, ainsi s'exprimaient entre eux avec une prudence mystérieuse ces hommes de piété et de ferveur dont le commerce semblait un crime, et en qui l'esprit de parti prétendait découvrir de dangereux conspirateurs. Ils ne conspiraient que pour le salut, en vue de l'éternité.

Mais voici encore autre chose. Le respectable ami auquel écrivait M. Vuillart, M. de Préfontaine, en lui répondant, avait semblé regretter de sa part une omission : c'est que celui qui avait fait le personnage d'ange Raphaël dans ce mariage de Tobie et de Sara n'eut point ajouté aussi le conseil que l'ange avait autrefois donné au jeune homme, de s'abstenir durant les trois

---

1. Racine, qui avait demeuré rue des Maçons-Sorbonne, habitait en dernier lieu rue des Marais.

premières nuits, de les passer à deux, à genoux, mains jointes, en continence et en prière. N'oublions pas que nous sommes avec des chrétiens redevenus primitifs et qui remontent aux moindres paroles de l'Écriture comme à une source sacrée. M. Vuillart, entrant dans la pensée de son ami, pensée qui eût fait sourire un profane, mais où lui ne voyait qu'un sujet d'édification de plus, répondait assez agréablement :

« Il eût été à désirer, monsieur, que l'on eût fait cadrer en tout la comparaison de Tobie le jeune et de la jeune Sara avec nos jeunes et nouveaux conjoints. Mais comme le *His tribus noctibus Deo jungimur* (Ces trois premières nuits n'appartiennent qu'à Dieu)... dépend de la seule inspiration de l'Esprit du Seigneur et d'une grâce aussi rare que précieuse, même pour un temps, et que l'exhortation à une pratique si respectable convenait au pasteur conjoignant, et n'était nullement du ressort ni de l'entremise du médiateur de l'alliance, ç'a été lettres closes pour lui. Mais la réflexion que vous faites, monsieur, sur cette belle circonstance de l'histoire de ces anciens *enfants des Saints*, convient tout à fait à la haute idée qu'une religion aussi éclairée que la vôtre donne de l'image de Dieu qui est dans l'homme, et de l'alliance que Jésus-Christ a élevée à la dignité de sacrement... »

Et il prenait de là occasion pour citer, à son tour, plus d'une parole de l'Écriture se rapportant à l'union mystique du Verbe avec la nature humaine et du Sauveur avec son Église, toutes choses divines dont le mariage humain, en tant que sacrement, n'est que l'ombre et la figure. Puis il terminait en disant (car il avait eu depuis peu des soupçons sur la fidélité de la poste, et il avait craint que quelque curieux ou malveillant ne s'immisçât pour intercepter la correspondance) :

« Après de telles réflexions que vous faites, monsieur, et que vous me mettez en voie de faire aussi, voyez si je n'ai pas grand sujet de désirer que vos lettres me viennent en leur entier et que Dieu continue de me faire par vous, jusqu'à la fin de votre vie ou de la mienne, le bien qu'il a daigné me faire durant près de trente ans par feu monsieur votre frère, mon très-honoré père en Jésus-Christ et mon très-libéral bienfaiteur [1]... »

J'abrége un peu, car il le faut, mais j'ai toujours quelque regret, je l'avoue, à ne pas laisser les phrases de ces dignes gens dans toute leur longueur, afin de mieux respecter aussi l'intégrité de leurs sentiments. Et combien ces sentiments sont profonds, gravés à jamais, ineffaçables ! La foi communique à tout ce qu'ils sentent et ce qu'ils pensent un caractère d'éternité. — La joie de la famille Racine dura peu :

« Nous passâmes avant-hier l'après-dînée chez votre sœur. Elle est toujours fort gaie et fort contente, et vous garde de très-bon chocolat dont elle me fit goûter. »

C'est ce que nous lisons dans une lettre de Racine à son fils aîné, alors à Versailles (30 janvier 1699). — Cette *sœur* chez qui on va passer une après-dînée n'est pas du tout, comme l'a cru un ancien annotateur, la religieuse de Mélun ; ce ne pouvait être que la nouvelle mariée, madame de Riberpré. Mais déjà vers cette date, et un mois à peine écoulé depuis la cérémonie nuptiale, le mal, qui n'avait jamais entièrement cessé, se faisait de nouveau sentir. Il reprenait plus fort que jamais quelques semaines après, et il y avait crise. M. Vuillart écrivait le 19 mars :

« M. Racine a été malade à mourir ; il revient des portes de la mort. C'était une rechute. Son mal était si pressant que lui et sa famille me souhaitant auprès de lui par amitié, je fus privé jeudi passé de la consolation de vous écrire. A jeudi prochain le reste. »

1. M. Le Roi, abbé de Haute-Fontaine.

Dès le mardi suivant, 24 mars, M. Vuillart reprend la plume, et après avoir rapporté une nouvelle intéressante (l'arrivée de la Bulle condamnant le livre des *Maximes* de Fénelon) qu'il avait apprise de l'abbé Renaudot dans la chambre même de Racine, il continue ainsi :

« Il (l'abbé Renaudot) me laissa chez le malade parce que je voulus voir lever le premier appareil d'une incision qu'on lui avait faite la veille au côté droit, un peu au-dessous de la mamelle. C'est une incision cruciale. Il en sortit une demi-poilette (palette) de pus bien cuit. Il n'en est point sorti depuis, mais il lui faut quelques jours pour se former. On ne sait s'il n'y a point d'abcès au poumon ou au foie. La patience et la douceur du malade, naturellement prompt et impatient, est un vrai ouvrage de la miséricorde du Seigneur. Il est en danger, mais si bien disposé qu'il témoigne plus craindre le retour de la santé que la fin de sa vie. — « Je n'ai jamais eu la force de faire pénitence, disait-il confidemment le dernier jour à une personne. Quel avantage pour moi que Dieu m'ait fait la miséricorde de me donner celle-ci ! » Il est tout plein de semblables sentiments. Il lui en échappe quelques-uns quand il sent près de lui quelqu'un de confiance. Je le recommande, monsieur, très-instamment à vos prières. Tout Paris prend grande part à son danger comme toute la Cour ; et tout le monde souhaite passionnément sa conservation [1]. Il est dans une réputation de candeur, de droiture, de probité, qui le rend plus précieux à ses amis et aux honnêtes gens que son bel esprit. Son gendre et sa sœur, mademoiselle de Moramber, sont sans cesse à le ser-

1. On a un fragment de lettre de l'abbé de Vaubrun, sans date, mais qui paraît bien se rapporter à ce moment « Je suis persuadé que vous serez tout à fait fâché d'apprendre l'extrémité de la maladie du pauvre Racine : il a une grande fièvre continue avec des redoublements, causée vraisemblablement par un abcès dans le foie ; il est sans espérance et quasi sans connaissance. Vous jugez aisément à quel point M. de Cavoye en est touché, car vous connaissez mieux qu'un autre son cœur pour ses amis. Le roi et madame de Maintenon ont paru prendre un fort grand intérêt à sa maladie. »

vir avec son fils et son épouse, et tous se surpassent, chacun en sa manière. »

Et dans la même lettre, reprenant la plume le lendemain (car le jour du courrier n'était que le jeudi) :

« Ce 25 mars, vers le soir. — Je sors de chez le pauvre M. Racine. On le trouve toujours en danger, quoique les accidents diminuent : je crains beaucoup la fin. Elle peut n'être pas si proche : mais, selon les apparences, elle sera triste pour nous. Il est entre les mains de Celui *qui deducit ad inferos et reducit, qui eripit de portis mortis, qui dixit populo suo : Ego sum Dominus, sanator tuus*, et de qui saint Augustin dit : *Omnipotenti Medico nihil est insanabile*. Il est le Seigneur tout-puissant et le Médecin tout-puissant aussi. Rien donc n'est hors de son pouvoir. Nulle maladie n'est incurable pour lui. Il n'y a qu'à l'adorer et à le laisser faire. »

Telle était l'atmosphère de religion, d'absolue croyance, au sein de laquelle habitait Racine converti et où vivait comme lui tout ce qui l'approchait et l'entourait. On peut méditer sur la différence des temps.

II

Il y a croyance et croyance. Celle de Racine, je l'ai dit, et de tout ce qui l'environnait était entière et absolue : c'est la vraie. Il avait la foi dans toute la force du mot, la foi des petits et des simples. Il croyait que rien n'est impossible à Dieu, non-seulement pour les siècles passés, mais sur l'heure et présentement. Il croyait non-seulement aux anciens miracles, mais aux nouveaux : sa raison n'élevait aucune objection contre. A part la résurrection d'un mort, d'un Lazare, miracle réservé au seul Jésus en personne, je ne crois pas qu'il y eût une seule guérison surnaturelle et miraculeuse qu'il repoussât, si elle était faite au nom du Christ et par l'intercession d'un saint, ce saint fût-il un des hommes du jour. Il a montré dans son *Histoire de Port-Royal*, par l'exposé circonstancié qu'il a donné du miracle de la Sainte-Épine dont le toucher aurait guéri la nièce de Pascal, à quel point il en était convaincu et profondément pénétré. Bien des années après ce coup du Ciel et dans le temps même dont nous parlons (1698-1699), il se passait, disait-on, des choses miraculeuses au tombeau de M. Vialart, l'ancien évêque de Châlons, et qui y avait été le prédécesseur de M. de Noailles, actuellement archevêque de Paris. On rapportait des guérisons de plus d'une sorte, faites par son intercession ; on en tirait des inductions favorables et triomphantes pour la cause augustinienne dont M. Vialart ne s'était pourtant pas montré toujours un inflexible défenseur. Dans une lettre de M. Vuillart du 13 décembre 1698, je lis :

« M. Racine me dit le dernier jour qu'il avait appris à l'archevêché où il avait dîné qu'il y avait un nouveau miracle de M. Vialart, évêque de Châlons, savoir la guérison d'un hydropique. Le Molinisme sera désolé et inconsolable, si un Saint janséniste se met ainsi à faire des miracles. En voilà bien déjà : aveugle, lépreux, bras retiré, etc. On dresse des procès-verbaux de tout, et grande exactitude pour l'authenticité y est observée. »

Racine acceptait et rapportait ces faits favorables aux amis sans concevoir ni admettre l'ombre d'un doute ; il ne manquait pas de se redire tout bas à lui-même :

Et quel temps fut jamais si fertile en miracles ?

Rien de plus simple donc que, dans son propre danger et à chaque moment de la maladie qui le mettait en face de la mort, lui, sa famille, ses entours, se soient abandonnés sans réserve, en toute confiance, aux mains de Celui qui peut tout et pour qui la nature n'a pas d'obstacles. Son ami Rollin sentait de même ; M. Vuillart, également. Le mot *impossible* n'est pas d'un chrétien ; un malade n'est jamais *condamné* tant que Dieu lui reste. La religion ainsi aidant aux illusions de l'amitié, on surprend de ces retours d'espérance dans les bulletins de santé qui se succèdent. Le dernier finissait par un mot presque rassurant :

« Ce mercredi 8 avril 1699. — M. Racine a toujours de la fièvre ; elle est petite à la vérité, mais il y a plus d'un mois qu'elle dure. On ne peut découvrir quelle est la source d'un abcès qu'il a dans le corps, si elle est au concave ou au convexe du foie, ou dans sa région ; il se vide bien, et ce qui en sort est bien conditionné. On craint que le cours des humeurs ne se prenne par là : si la nature s'y accoutumait, on serait réduit à la canule, peut-être pour toujours. Vif naturellement tout ce qu'il se peut, il est devenu patient et tranquille au-delà de ce qui se peut dire. — Comme j'en suis à cet endroit, on m'apprend qu'il est de mieux en mieux ; car je viens d'envoyer chez M. de Riberpré, son gendre, mon voisin. »

De mieux en mieux! mais on sait ce que cela veut dire dans de semblables maladies. On s'acheminait ainsi vers l'heure suprême. Elle a sonné ; nous en sommes informés le jour même par le fidèle M. Vuillart :

« Ce mardi, 21 avril. — C'est du cabinet de M. Racine que j'ai l'honneur d'accuser la réception de votre lettre du 14 avril et que j'ai, monsieur, la douleur de vous écrire qu'au bout de quarante-cinq jours d'une patience très-exemplaire, Dieu nous l'a ôté ce matin entre 3 et 4. Nous l'allons porter à Saint-Sulpice : il y sera en dépôt cette nuit. Demain il sera transporté à Port-Royal des Champs, où il a prié la maison de lui accorder la sépulture aux pieds de M. Hamon dans le cimetière, quoiqu'il se soit rendu indigne, dit-il dans un acte olographe fait exprès pour cet article, qu'on lui accordât cette grâce après sa vie scandaleuse et le peu de profit qu'il avait fait de l'excellente éducation qu'il avait reçue dans la maison de Port-Royal. Le roi a eu la bonté de donner son agrément sur ce point. Je laisserai ce mot pour vous être envoyé jeudi, car je ne serai revenu que le soir de Port-Royal, où la famille a souhaité que j'accompagnasse le fils aîné de mon cher ami. Il ne faut pas omettre qu'il laisse 800 livres à Port-Royal. A mon retour j'aurai l'honneur de vous entretenir plus amplement. Divers petits offices à rendre à la famille affligée, comme lettres à écrire, soins à prendre, etc., m'obligent d'être court. »

Les lettres suivantes complètent le récit :

« Ce dimanche de Quasimodo, 26 avril. — Enfin voilà mon cher ami M. Racine au lieu du repos qu'il a choisi. Je crois avoir eu l'honneur de vous mander qu'il n'avait point fait d'autre testament que pour demander sa sépulture dans le cimetière (des domestiques) de Port-Royal des Champs au pied de la fosse de M. Hamon. Ce sont ces termes. A quoi il ajoute qu'il supplie très-humblement la Mère Abbesse et les Religieuses de vouloir bien lui accorder cet honneur, quoiqu'il s'en reconnaisse, dit-il, très-indigne et par les scandales de sa vie passée, et par le peu d'usage qu'il a fait de l'excellente éducation qu'il a reçue autrefois dans cette maison, et des grands exemples de piété et de pénitence qu'il y a vus, et dont il avoue n'avoir été qu'*un stérile admirateur*; mais que plus il a offensé Dieu, plus il a besoin des prières d'une si sainte Communauté; qu'il supplie aussi de vouloir bien accepter une somme de 800 livres qu'il a ordonné (par le même acte olographe du 10 octobre 1698) qu'on lui donnât après sa mort. Elle est ici, Monsieur, d'une très-bonne odeur comme les vingt dernières années de sa vie : car c'est depuis tout ce temps-là qu'il avait renoncé si absolument à ce qu'il avait fait pour le théâtre dans sa jeunesse, que nulle puissance de la terre n'avait été capable de l'y faire retourner, quelque pressantes sollicitations qu'on lui en ait faites. On les avait même renouvelées à l'occasion de son *Esther* et de son *Athalie*, afin qu'il en traitât du moins avec les Comédiens qui lui en offraient une somme très-considérable; et il était demeuré ferme, et le roi avait toujours eu la bonté de ne point vouloir qu'ils les représentassent sans l'agrément de l'auteur, qu'il a toujours très-constamment refusé.

» La *Gazette* parle de lui en termes magnifiques : je les transcrirais ici comme dignes d'être retenus et comme si bien mérités par cet homme vraiment illustre, sans que (*si ce n'est que*) vous la voyez ordinairement. M. Renaudot y a bien mis au vrai le caractère de son ami : il s'est mépris seulement à la qualité de gentilhomme ordinaire, car le défunt ne l'était pas de la maison, charge d'environ quinze mille livres, mais de la Chambre, ce qui vaut cinquante mille livres. Le fils, qui court sa vingt-unième année, en avait la survivance et y était reçu. Il est à la Cour pour obtenir une pension du roi pour lui et pour aider à élever les enfants qui sont encore en bas âge, et à mieux pourvoir ceux qui en sont en état. On ne saurait au reste voir un homme plus universellement regretté que ne l'est M. Racine. Les Grands qui étaient tous les jours chez lui durant sa maladie montraient bien par leurs soins combien ils le chérissaient et combien ils craignaient sa mort, et la comtesse de Grammont, qui y était presque tous les jours, me dit le soir de la grande fête, les larmes aux yeux : « Hélas! quelle perte pour nous, gens de cour, que celle d'un tel ami! car tout ce que nous y étions de gens qui pensions un peu sérieusement à notre salut, l'avions pour conseil comme pour exemple. Il nous encourageait, nous éclairait, nous fortifiait. »

Et dans un *post-scriptum*, M. Vuillart, revenant sur les paroles de Racine qu'il a rapportées, en assure l'exactitude :

« Je vous rapporte, monsieur, mot pour mot, les termes du petit testament de mort [1], sans y ajouter ni diminuer le moins du monde : ils ont fait une telle impression sur ma mémoire que je crois qu'ils n'en sortiront jamais. »

Le testament publié par Racine fils confirme la fidé-

1. Un testament *de mort*, c'est-à-dire un testament écrit ou dicté quand on se croit à l'article de la mort.

lité de cette relation de M. Vuillart. — Dans une lettre du jeudi 30 avril, parlant de la Mère Agnès de Sainte-Thècle Racine, qui était alors prieure à Port-Royal, après avoir été neuf ans de suite abbesse, il répète un mot de l'illustre neveu, et un mot que nous ne connaissions pas :

« Son illustre neveu conservait une si vive reconnaissance de l'éducation qu'elle lui avait procurée dans la maison, d'abord sous M. Nicole, pour les belles-lettres, et ensuite auprès du grand M. Le Maître [1] pour d'autres études, qu'il disait un jour confidemment à un ami de qui je le tiens : « Je ne me soucierais pas d'être disgracié et de *faire* » *la culbute* (ce fut son terme), pourvu que Port-Royal fût » remis sur pied et fleurît de nouveau. » La bonne tante l'aimait aussi bien tendrement. Elle l'avait comme engendré en Jésus-Christ. »

A la fin d'une lettre datée du mercredi soir, 6 mai, M. Vuillart donne à sa manière le récit de faits assez connus d'ailleurs, mais il y met une précision qui ne laisse rien à désirer :

« Et disons, pour finir cet ordinaire (car j'ai affaire à sortir demain dès le matin), que M. Racine le fils a été très-bien reçu du roi, mais que M. Despréaux l'a été encore beaucoup mieux : car il m'a raconté (ceci est pure anecdote) [2]

---

1. Le *grand M. LeMaître*, c'est ainsi que les amis de Port-Royal parlaient volontiers de ce chef des pénitents. M. Le Maître, en effet, dont la conversion était contemporaine des créations de Corneille, avait en lui de la grandeur : c'est son caractère dominant et qui frappe de près ou à distance. Ce terme de *grand* revient naturellement sous la plume des auteurs originaux de Port-Royal quand ils parlent de lui.

2. « Ceci est *pure anecdote*, » c'est-à-dire tout à fait inédit et purement confidentiel, en prenant le mot *anecdote* dans son sens propre. M. Vuillart, qui paraîtra peut-être assez peu élégant à quelques-uns de nos lecteurs modernes, est pourtant un écrivain très-pur et qui n'emploie les termes que dans leur parfaite propriété. A cet égard aussi, il est un digne ami de Racine.

que le roi avait eu la bonté de lui dire : « *Nous avons bien perdu tous deux en perdant le pauvre Racine.* » — « C'était un vrai honnête homme, répliqua M. Despréaux ; il l'a marqué plus que jamais durant sa dernière maladie, et il a affronté la mort avec une audace toute chrétienne, quoiqu'il eût été toujours fort timide sur ce qui regardait la santé et qu'une égratignure lui fît peur. » — « Oui, reprit le roi, et je me souviens que pendant une des campagnes où vous étiez ensemble, c'était vous qui étiez le brave. » Il y avait plusieurs années que M. Despréaux n'avait paru à la Cour à cause de sa surdité, et c'était M. Racine qui le déchargeait et se chargeait de tout pour lui. « Ce n'est plus cela, ajouta le roi : il faut que vous soyez seul chargé de tout désormais. Je ne veux que votre style. » M. Despréaux demanda du secours pour tirer les mémoires qu'il lui faudrait de chez les secrétaires d'État et d'ailleurs, et nomma M. de Valincour au roi, qui le lui accorda : sur quoi un homme d'esprit a dit que ce M. de Valincour serait le Résident de M. Despréaux auprès de Sa Majesté très-chrétienne. L'entretien dura plus d'une heure, et il finit par la déclaration que fit le roi à son historien qu'il voulait avoir assez souvent avec lui des conversations de deux heures dans son cabinet. M. Despréaux a tous les papiers. »

En accordant M. de Valincour comme historiographe adjoint, le roi eut donc bien soin de marquer à Despréaux qu'il entendait que lui seul eût « la plume et le style. » La fonction du nouveau collègue devait se borner à ramasser des mémoires ; on ne voit pas qu'il y ait été bien diligent, à moins que les papiers n'aient été détruits dans l'incendie qui dévora sa bibliothèque. Toujours est-il qu'il eut, sans plus tarder, le fauteuil de Racine à l'Académie française, et sa réception donna lieu à un incident dont nous parlerons tout à l'heure.

Dans une lettre du jeudi 14 mai, M. Vuillart revient sur le sujet qui lui est cher et qui nous intéresse ; il ajoute de dernières particularités :

« J'ai de petits paralipomènes à vous faire, monsieur, sur

le sujet de M. Racine : je les tire d'une lettre que m'a écrite une personne qui se trouva au petit discours que fit l'ecclésiastique de Saint-Sulpice qui avait accompagné le corps et qui le présenta, et à la réponse que fit le confesseur de la maison, nommé M. Eustace. Le discours ne fut guère qu'un lieu commun, un peu approprié au sujet; mais la réponse y fut toute propre et mérite d'être retenue. M. Eustace dit donc au sulpicien qu'il avait ouï avec édification ce qu'il venait de dire de l'illustre défunt avec justice ; que c'était avec quelque justice aussi qu'il avait souhaité d'être enterré dans la maison où il avait reçu les premières semences de la Religion et de la Vérité qu'il avait aimées. Il y ajouta quelques mots sur la tempête qui s'était élevée contre la maison et qui avait obligé des personnes qui s'y étaient retirées à s'en séparer ; que, pour le défunt, les ronces et les épines avaient étouffé pendant un temps ces précieuses semences que son cœur y avait reçues ; mais que, comme on avait lieu d'avoir une humble créance qu'il était une de ces heureuses plantes que le Père céleste a plantées lui-même pour ne souffrir jamais qu'elles fussent entièrement *déracinées*[1], elle avait repris vigueur et avait porté son fruit en son temps. Il fit valoir sa piété, sa patience dans sa longue maladie, son amitié pour la maison, la reconnaissance de la maison pour lui. Il lui avait, en effet, rendu des services très-essentiels. Je n'étais arrivé là qu'environ une heure après le corps, avec le fils qui avait eu à s'arrêter à Versailles. »

Dans cette même lettre, les bontés de Louis XIV pour la famille Racine nous sont confirmées par le menu :

« Depuis quelques jours le roi a accordé au fils une pension de mille francs (sic) et autant à la veuve pour elle et ses enfants encore en bas âge. Il y en a sept en tout. L'aîné avait la survivance de gentilhomme ordinaire ; il est dans sa vingt-unième année. Madame de Riberpré (Moramber) en a dix-huit à dix-neuf. L'ursuline de Melun, qui est la troisième, en a dix-huit. Il y a une postulante de dix-sept

1. J'ai bien peur, pour le goût de M. Eustace, qu'il n'y ait là une légère pointe, une allusion au nom de *Racine*.

ans à Variville, où sa mère a une sœur prieure : c'est un couvent de l'Ordre de Fontevrault près Clermont en Beauvaisis. Il y en a une à Port-Royal parmi les voiles blancs pour se préparer à sa première communion, et une d'onze ans près de la mère, avec le cadet de la famille, qui approche de sept ans. Pardonnez tout ce détail, monsieur, à un ami qui s'étend volontiers sur tout ce qui regarde un tel ami, dont ces restes vivants lui sont précieux. »

Tel est notre tribut particulier d'informations, notre complément scrupuleux, minutieux, mais qui n'est certes pas sans prix sur les cinq derniers mois de la vie de Racine. Il ressort surabondamment de tous ces témoignages qu'il n'y avait plus rien du poëte, presque plus rien de l'homme de lettres dans Racine mourant : le chrétien seul, et le chrétien selon Port-Royal, survivait et chassait toute autre pensée.

Il n'en était pas ainsi de Boileau, et puisqu'on ne sépare guère les deux amis, et que, lorsqu'on a à parler de l'un, on est conduit inévitablement à s'occuper de l'autre, je mettrai ici tout ce que la même Correspondance de M. Vuillart nous apprend. Le contraste des deux caractères, sous des sentiments religieux communs, va se prononcer bien nettement.

M. de Valincour, en entrant à l'Académie, avait justifié ce choix par un fort bon discours, — un éloge de Racine fort délicat et fort poli. Il avait été reçu par M. de la Chapelle, directeur, qui ne parla pas mal non plus et qui dit même des choses assez neuves et très à à propos à cette date de 1699, fin d'un siècle, sur les heures de perfection et de décadence littéraire pour les nations : il développa une pensée de l'historien Velleius Paterculus, et parla de cette sorte de fatalité qui fixe dans tous les arts, chez tous les peuples du monde, un *point d'excellence* qui ne s'avance ni ne s'étend jamais : « Ce même ordre immuable, disait-il, détermine un nombre certain d'hommes illustres, qui naissent, fleurissent, se trouvent ensemble dans un court espace de temps, où ils sont séparés du reste des hommes communs que les autres temps produisent, et comme enfermés dans un cercle, hors duquel il n'y a rien qui ne tienne ou de l'imperfection de ce qui commence ou de la corruption de ce qui vieillit. » C'était bien pensé et bien dit. Mais ce même directeur commit, et sans doute à dessein, une faute par omission ; il manqua sciemment à une convenance. Il affecta, dans un discours tout rempli de Racine et des mérites du nouvel académicien, de ne souffler mot de Despréaux, le premier auteur pourtant du choix de M. de Valincour, et qui l'avait demandé au roi. Laissons parler notre fidèle chroniqueur, M. Vuillart :

« (9 juillet 1699.) Le discours que M. de Valincour a fait le jour de sa réception à l'Académie française en la place de M. Racine est très-beau... La réponse du directeur de l'Académie au compliment de M. de Valincour est belle aussi. On a joint l'une à l'autre. M. de La Chapelle, receveur général des finances de La Rochelle, est ce directeur. Il parle dignement et de M. Racine et de M. de Valincour, son successeur non-seulement pour l'Académie, mais aussi pour l'Histoire du roi; mais il a gardé un tel silence au sujet de M. Despréaux qui a demandé lui-même à Sa Majesté le premier ce nouveau collègue, que ce silence paraît très-affecté : car l'inadvertance en tel cas ne peut aller naturellement si loin. Voilà de quoi produire une nouvelle querelle sur le Parnasse. Despréaux, le cher Despréaux, qui est fort naturel et fort sincère, me disait dimanche dernier à une thèse de son petit-neveu, fils du président Gilbert, que La Chapelle, ayant affecté de ne point parler de Despréaux, avait mis Despréaux en droit de parler de La Chapelle. Comme il est sourdaud et qu'il ne pouvait prendre plaisir, avec toute la nombreuse et belle assemblée, à écouter le répondant qui se fit admirer, il se dédommageait en parlant d'une chose qui lui tient fort au cœur : car ce silence lui paraît très-malhonnèteté très-offensant, et s'il n'était aussi occupé qu'il l'est d'un déménagement (car il quitte le logis du cloître Notre-Dame où il était, près le Puits, pour un autre qui a vue sur le jardin du Terrain), il aurait déjà produit quelque chose de vif : car il n'est pas aussi mort à lui-même sur pareil cas qu'on a sujet de croire que l'aurait été M. Racine. M. Despréaux est droit d'esprit et de cœur, plein d'équité, généreux ami ; mais la nécessité de pardonner une injure, où est un chrétien qui veut être digne de son nom, ne semble pas avoir encore fait assez d'impression sur son esprit ni sur son cœur. Peut-être que le temps et la distraction que lui cause son changement de demeure auront calmé l'émotion où je le vis, et peut-être plus encore les prières de son incomparable ami M. Racine ; car, comme il avait le cœur fort pénitent depuis longtemps, il y a sujet de le croire, par la miséricorde du Seigneur, en possession de ce bienheureux repos où l'on prie efficacement pour ceux qui sont dans le trouble des passions de la vie. »

Touchante et sainte confiance ! On ose à peine se permettre un sourire. L'intercession de Racine, apparemment, servit de peu. Ce qu'il y a de bien certain, c'est que si chez celui-ci, vers la fin, le poëte était tout à fait fondu dans le chrétien, il se retrouvait tout entier, toujours armé et sur le qui-vive, toujours irritable en Despréaux. L'effet, de sa part, suivit presque incontinent la menace : une épigramme sortit et courut aussitôt. Le bon M. Vuillart qui envoyait volontiers à son ami les nouveautés littéraires, fut lent pour celle-ci :

« (23 juillet.) Despréaux ne s'en est pu tenir : il a fait une épigramme contre La Chapelle. Comme c'est un fruit honteux de sa faiblesse, je ne l'ai ni désiré ni recherché. Je ne fus pas si lent touchant le beau fruit de sa force, son admirable Épître sur l'*Amour de Dieu*. Le docteur, frère du poëte[1], l'aurait souhaité plus patient, et le plaint de son impatience. Il est en effet bien à plaindre : il a de la can-

1. M. Boileau, chanoine de la Sainte-Chapelle.

deur, et il viendra un bon moment où il s'en humiliera
devant Dieu et réparera la mauvaise édification que son
impatience peut donner. Ce qui l'a ému était beau à pardonner, et est laid à relever. »

Nous ferons comme M. Vuillart, mais par une autre
raison. Nous ne mettrons pas ici l'épigramme qui est
d'ailleurs dans les Œuvres de Boileau, parce qu'elle est
faible et assez peu piquante : Racine, en sa saison profane, l'eût faite plus méchante. L'Épigramme propre-
ment dite n'est pas le fait de Boileau, supérieur dans
la Satire et dans l'Épître. Il y eut une réponse assez
flasque de La Chapelle ou de quelqu'un de ses amis.
Ainsi finit cette petite guerre, peu digne des funérailles
littéraires de Racine.

Quant à ce qui est de cette différence d'humeur et de
procédé des deux illustres poëtes, également religieux,
diversement pénitents, un moraliste comme Saint-Évre-
mond ou La Rochefoucauld n'en serait certainement pas
étonné et n'aurait pas grand'peine à l'expliquer. Il se
plairait à reconnaître encore la nature et à la suivre
jusqu'à travers les formes opposées sous lesquelles elle
se déguise ou elle se trahit. Il était assez naturel, en effet, que Racine, sensible, tendre, ouvert aux passions,
timide en même temps et peu courageux, s'effrayât en
vieillissant des touchantes faiblesses auxquelles il s'était
livré, qu'il revînt en idée à l'innocence de ses premiers jours, qu'il se replongeât tant qu'il le pouvait en
arrière, se reprochât ses fautes passées en se les exagé-
rant, et noyât tout son amour-propre dans ses larmes.
La réaction dut être extrême dans cette excessive sen-
sibilité. Chez Boileau il n'y avait pas lieu à un si complet
retour : le vieil homme, de tout temps moins tendre,
n'avait pas à revenir de si loin ni à s'anéantir absolument dans le chrétien ; le poëte ne croyait pas avoir à

se repentir ni à se dédire ; il gardait le plus qu'il pouvait de sa verdeur, et se passait encore bien des boutades mordantes que sa probité et sa raison ne lui reprochaient pas.

Une dernière mention que fait du « cher Despréaux » le bon M. Vuillart nous montre ce petit péché d'épigramme entièrement oublié et le Boileau des dernières années dans la stabilité complète de sa religion et de sa droiture. M. Vuillart raconte très-naïvement comme quoi, un matin, en allant voir Despréaux, il eut l'idée d'entrer dans l'église Saint-Denis-du-Pas[1], et comment le mouvement lui vint d'adresser à Dieu, sous l'invocation de ce saint apôtre des Parisiens, une prière à l'intention de l'archevêque son successeur, le cardinal de Noailles, afin que le prélat se montrât ferme et vaillant à son exemple, et qu'au lieu de mollir il fût comme un mur d'airain pour le soutien de la bonne cause et de la vérité (9 octobre 1700) :

« J'allais, dit-il, chez le cher Despréaux, et c'était ma route, car cette petite église est derrière le chœur de la cathédrale, et Despréaux est logé près du Terrain. Je ne sais, monsieur, si je vous ai mandé qu'il a été malade, et l'a été grièvement. En une nuit, on lui donna trois fois l'émétique, qui l'arracha des mains de la mort. Celui qui le lui avait donné s'est trouvé là ce matin avec moi, et m'a dit que le remède avait heureusement opéré... Il est en bonne convalescence et compte de s'aller rétablir à sa jolie maison d'Auteuil durant l'été Saint-Denis[2] et les autres petits étés

---

1. Saint-Denis-*du-Pas*, c'est-à-dire *de passu*, ou *passione*, parce que la tradition était que le saint y avait reçu quelque souffrance. — Je donne cette étymologie d'après M. Vuillart qui, en tant qu'ami intime de M. de Tillemont, devait savoir là-dessus le dernier mot de l'érudition chrétienne.

2. L'été de la Saint-Denis tombait en octobre, de même que l'été de la Saint-Martin tombe en novembre. On ne se souvient plus que de ce dernier. Du temps qu'on croyait dévo-

qui pourrront se multiplier cette année, comme on a quelque lieu de l'espérer. C'est un bon cœur d'homme, plein de candeur, de sincérité, d'amour du vrai, de haine du faux. Il est généreux et fidèle ami. Il aime fort l'Écriture, et surtout les Psaumes. »

Boileau resta donc davantage lui-même jusqu'à la fin ; il était une nature plus fixe que Racine.

On ne saurait se le dissimuler, en effet, il y avai quelque faiblesse de caractère ou de tempérament dans Racine. Le chrétien étant donné, cette faiblesse de sa part consistait, sur la fin, à rester courtisan un peu malgré lui, à n'oser se séparer de la faveur, à vouloir mener de front deux choses inconciliables, la Cour et la dévotion, à vouloir pousser celle-ci jusqu'à la pénitence et à ne jamais passer outre. Boileau était un caractère plus simple, plus uni. Nullement insensible ni indifférent à ses succès d'esprit en haut lieu, dès qu'il s'était senti souffrant ou affaibli dans ses organes, il avait pris bravement son parti et avait quitté Versailles pour n'y plus remettre les pieds. Racine ne put jamais s'y décider ; il se donnait pour excuse de conscience qu'en restant sur ce terrain glissant il pouvait mieux servir à l'occasion les religieuses de Port-Royal ; mais au fond il ne pouvait se résoudre à se sevrer de ces douceurs enchanteresses : il était atteint de la même faiblesse que Bossuet qui, lui aussi, se montra aussi longtemps qu'il put à Versailles et qui, même à la fin, et à bout de force, s'y traînait ; il était affecté de la même faiblesse encore que M. de Pomponne, le plus aimable des Arnauld, mais un Arnauld amolli, qui, tout octogénaire et tout

---

tieusement aux saints, on n'oubliait rien, et M. Vuillart, qui adressait une prière à Dieu par les mérites de saint Denis, ne manqua pas sans doute de demander pour cette année-là un petit été de grâce en faveur de son ami Despréaux.

pieux qu'il était, ne pouvait se décider à résigner le ministère et qui, apprenant la retraite chrétienne de M. Le Peletier (1697), disait au roi qui lui en donnait la première nouvelle : « Cette retraite, Sire, rend M. Le Peletier aussi louable que je dois être honteux de n'avoir pas, à mon âge, le courage de l'imiter. » Racine était de cette famille d'esprits distingués et de cœurs tendres, que se disputaient, on l'a dit, l'amour du roi et l'amour de Dieu ; il se le reprochait lui-même. Boileau n'avait pas de ces doubles amours ; il allait tout droit. Il est vrai qu'ayant moins de cordes à l'âme, il avait à cela moins de peine et moins de mérite.

Et maintenant ai-je à m'excuser d'avoir si longuement reparlé de deux poëtes célèbres, chers à la France, mais sur lesquels il semble que tout, depuis longtemps, soit dit et qu'il n'y ait plus qu'à se répéter avec de bien légères variantes ? Je me le demande en me relisant : N'ai-je pas commis une impertinence en plein journal ? N'ai-je pas fait au moins un anachronisme ? N'est-ce pas un hors-d'œuvre que je suis venu offrir devant des générations ailleurs occupées, et dont la faculté d'admiration est engagée dans des voies toutes différentes ? Nos idées sur les poëtes ont, en effet, changé presque entièrement depuis quelques années. Ce n'est plus la question classique ou romantique, si vous le voulez ; il s'agit de bien autre chose que d'une cocarde, que des coupes et des unités, — des formes et des couleurs : — il s'agit du fond même et de la substance de nos jugements, des dispositions et des principes habituels en vertu desquels on sent et l'on est affecté. Pourrai-je réussir à bien rendre cet état nouveau, cette direction devenue presque générale des esprits ? Autrefois, durant la période littéraire régulière, dite classique, on estimait le meilleur poëte celui qui avait composé l'œuvre la plus parfaite, le plus beau poëme, le plus clair, le plus agréable à lire, le plus accompli de tout point, l'*Énéide*, la *Jérusalem*, une belle tragédie. Aujourd'hui, on veut autre chose. Le plus grand poëte, pour nous, est celui qui, dans ses œuvres, a donné le plus à imaginer et à rêver à son lecteur, qui l'a le plus excité à poétiser lui-même. Le plus grand poëte n'est pas celui qui a le mieux fait : c'est celui qui suggère le plus, celui dont on ne sait pas bien d'abord tout ce qu'il a voulu dire et exprimer, et qui vous laisse beaucoup à désirer, à expliquer, à étudier, beaucoup à achever à votre tour. Il n'est rien de tel, pour exalter et nourrir l'admiration, que ces poëtes inachevés et inépuisables ; car on veut dorénavant que la poésie soit dans le lecteur presque autant que dans l'auteur. Depuis que la critique est née et a grandi, qu'elle envahit tout, qu'elle renchérit sur tout, elle n'aime guère les œuvres de poésie entourées d'une parfaite lumière et définitives ; elle n'en a que faire. Le vague, l'obscur, le difficile, s'ils se combinent avec quelque grandeur, sont plutôt son fait. Il lui faut matière à construction et à travail pour elle-même. Elle n'est pas du tout fâchée, pour son compte, d'avoir son écheveau à démêler, et qu'on lui donne de temps en temps, si je puis dire, un peu de *fil à retordre*. Il ne lui déplaît pas de sentir qu'elle entre pour sa part dans une création. Quand une fois je les ai vues et admirées dans leur pureté de dessin et dans leur contour, qu'ai-je tant à dire de Didon et d'Armide, de Bradamante ou de Clorinde, d'Angélique ou d'Herminie ? Parlez-moi de Faust, de Béatrix, de Mignon, de Don Juan, d'Hamlet, de ces types à double et triple sens, sujets à discussion, mystérieux par un coin, indéfinis, indéterminés, extensibles en quelque sorte, perpétuellement changeants et muables; parlez-moi de ce qui donne motif et prétexte aux raisonnements à perte de vue et aux considérations sans fin. Quand on a lu le *Lutrin* ou *Athalie*, l'esprit s'est récréé ou s'est élevé, on a goûté un noble ou un fin plaisir; mais tout est dit, c'est parfait, c'est fini, c'est définitif; et après... Il n'y a pas là de canevas; cela paraît bien court. Il semble même que les habiles et parfaits auteurs de ces chefs-d'œuvre l'aient compris tout les premiers; car, leur œuvre achevée, ils détendaient leurs esprits, ils baissaient le ton, ils n'étaient plus les mêmes. Leur pensée n'était plus à la hauteur de leur talent. Leur conversation ne portait pas au-delà d'un cercle borné. Leur tous-les-jours était assez ordinaire. — Non, il ne l'était pas autant qu'on le croirait, et cette simplicité, cette vertu, cette prud'homie touchante de Racine, couronnée d'une belle et douce mort, est-ce donc chose si ordinaire ?

C.-A. SAINTE-BEUVE,
de l'Académie française.

LA THÉBAÏDE

ou

LES FRÈRES ENNEMIS

TRAGÉDIE. —1664.

PRÉFACE.

Le lecteur me permettra de lui demander un peu plus d'indulgence pour cette pièce que pour les autres qui la suivent : j'étais fort jeune quand je la fis. Quelques vers que j'avais faits alors tombèrent par hasard entre les mains de quelques personnes d'esprit ; elles m'excitèrent à faire une tragédie, et me proposèrent le sujet de la Thébaïde.

Ce sujet avait été autrefois traité par Rotrou, sous le nom d'Antigone : mais il faisait mourir les deux frères dès le commencement de son troisième acte. Le reste était en quelque sorte le commencement d'une autre tragédie, où l'on entrait dans des intérêts tout nouveaux ; et il avait réuni en une seule pièce deux actions différentes, dont l'une sert de matière aux Phéniciennes d'Euripide, et l'autre à l'Antigone de Sophocle.

Je compris que cette duplicité d'action avait pu nuire à sa pièce, qui d'ailleurs était remplie de quantité de beaux endroits. Je dressai à peu près mon plan sur les Phéniciennes d'Euripide : car pour la Thébaïde qui est dans Sénèque, je suis un peu de l'opinion d'Heinsius, et je tiens, comme lui, que non-seulement ce n'est point une tragédie de Sénèque, mais que c'est plutôt l'ouvrage d'un déclamateur qui ne savait ce que c'était que tragédie.

La catastrophe de ma pièce est peut-être un peu trop sanglante ; en effet, il n'y paraît presque pas un acteur qui ne meure à la fin : mais aussi c'est la Thébaïde, c'est-à-dire le sujet le plus tragique de l'antiquité.

L'amour, qui a d'ordinaire tant de part dans les tragédies, n'en a presque point ici : et je doute que je lui en donnasse davantage si c'était à recommencer ; car il faudrait ou que l'un des deux frères fût amoureux, ou tous les deux ensemble. Et quelle apparence de leur donner d'autres intérêts que ceux de cette fameuse haine qui les occupait tout entiers ? Ou bien il faut jeter l'amour sur un des seconds personnages, comme j'ai fait ; et alors cette passion, qui devient comme étrangère au sujet, ne peut produire que de médiocres effets. En un mot, je suis persuadé que les tendresses ou les jalousies des amants ne sauraient trouver que fort peu de place parmi les incestes, les parricides, et toutes les autres horreurs qui composent l'histoire d'Œdipe et de sa malheureuse famille.

PERSONNAGES.

ÉTÉOCLE, roi de Thèbes.
POLYNICE, frère d'Étéocle.
JOCASTE, mère de ces deux princes et d'Antigone.
ANTIGONE, sœur d'Étéocle et de Polynice.
CRÉON, oncle des princes et de la princesse.
HÉMON, fils de Créon, amant d'Antigone.
OLYMPE, confidente de Jocaste.
ATTALE, confident de Créon,
Un Soldat de l'armée de Polynice.
Gardes.

La scène est à Thèbes, dans une salle du palais.

ACTE PREMIER.

SCÈNE PREMIÈRE. — JOCASTE, OLYMPE.

JOCASTE.

Ils sont sortis, Olympe? Ah, mortelles douleurs!
Qu'un moment de repos me va coûter de pleurs!
Mes yeux depuis six mois étaient ouverts aux larmes,
Et le sommeil les ferme en de telles alarmes?
Puisse plutôt la mort les fermer pour jamais,
Et m'empêcher de voir le plus noir des forfaits!
Mais en sont-ils aux mains?

OLYMPE.

Du haut de la muraille
Je les ai vus déjà tous rangés en bataille;
J'ai vu déjà le fer briller de toutes parts;
Et pour vous avertir j'ai quitté les remparts.
J'ai vu, le fer en main, Étéocle lui-même;
Il marche des premiers, et d'une ardeur extrême
Il montre aux plus hardis à braver le danger.

JOCASTE.

N'en doutons plus, Olympe, ils se vont égorger.
Que l'on coure avertir et hâter la princesse;
Je l'attends. Juste ciel, soutenez ma faiblesse!
Il faut courir, Olympe, après ces inhumains:
Il les faut séparer, ou mourir par leurs mains.
Nous voici donc, hélas! à ce jour détestable
Dont la seule frayeur me rendait misérable!
Ni prières ni pleurs ne m'ont de rien servi;
Et le courroux du sort voulait être assouvi.
O toi, soleil, ô toi, qui rends le jour au monde,
Que ne l'as-tu laissé dans une nuit profonde!
A de si noirs forfaits prêtes-tu tes rayons?
Et peux-tu sans horreur voir ce que nous voyons?
Mais ces monstres, hélas! ne t'épouvantent guères;
La race de Laïus les a rendus vulgaires;
Tu peux voir sans frayeur les crimes de mes fils,
Après ceux que le père et la mère ont commis.
Tu ne t'étonnes pas si mes fils sont perfides,
S'ils sont tous deux méchants, et s'ils sont parricides;

Tu sais qu'ils sont sortis d'un sang incestueux,
Et tu t'étonnerais s'ils étaient vertueux.

SCÈNE II. — JOCASTE, ANTIGONE, OLYMPE.

JOCASTE.
Ma fille, avez-vous su l'excès de nos misères?
ANTIGONE.
Oui, madame : on m'a dit la fureur de mes frères.
JOCASTE.
Allons, chère Antigone, et courons de ce pas
Arrêter, s'il se peut, leurs parricides bras.
Allons leur faire voir ce qu'ils ont de plus tendre ;
Voyons si contre nous ils pourront se défendre,
Ou s'ils oseront bien, dans leur noire fureur,
Répandre notre sang pour attaquer le leur.
ANTIGONE.
Madame, c'en est fait, voici le roi lui-même.

SCÈNE III. — JOCASTE, ÉTÉOCLE, ANTIGONE, OLYMPE.

JOCASTE.
Olympe, soutiens-moi ; ma douleur est extrême.
ÉTÉOCLE.
Madame, qu'avez-vous? et quel trouble....
JOCASTE.
                              Ah! mon fils!
Quelles traces de sang vois-je sur vos habits?
Est-ce du sang d'un frère? ou n'est-ce point du vôtre?
ÉTÉOCLE.
Non, madame, ce n'est ni de l'un ni de l'autre.
Dans son camp jusqu'ici Polynice arrêté,
Pour combattre, à mes yeux ne s'est point présenté.
D'Argiens seulement une troupe hardie
M'a voulu de nos murs disputer la sortie :
J'ai fait mordre la poudre à ces audacieux ;
Et leur sang est celui qui paraît à vos yeux.
JOCASTE.
Mais que prétendiez-vous? et quelle ardeur soudaine
Vous a fait tout à coup descendre dans la plaine?

ÉTÉOCLE.
Madame, il était temps que j'en usasse ainsi,
Et je perdais ma gloire à demeurer ici.
Le peuple, à qui la faim se faisait déjà craindre,
De mon peu de vigueur commençait à se plaindre,
Me reprochant déjà qu'il m'avait couronné,
Et que j'occupais mal le rang qu'il m'a donné.
Il le faut satisfaire; et, quoi qu'il en arrive,
Thèbes dès aujourd'hui ne sera plus captive :
Je veux, en n'y laissant aucun de mes soldats,
Qu'elle soit seulement juge de nos combats.
J'ai des forces assez pour tenir la campagne;
Et si quelque bonheur nos armes accompagne,
L'insolent Polynice et ses fiers alliés
Laisseront Thèbes libre, ou mourront à mes pieds.

JOCASTE.
Vous pourriez d'un tel sang, ô ciel! souiller vos armes?
La couronne pour vous a-t-elle tant de charmes?
Si par un parricide il la fallait gagner,
Ah, mon fils! à ce prix voudriez-vous régner?
Mais il ne tient qu'à vous, si l'honneur vous anime,
De nous donner la paix sans le secours d'un crime,
Et, de votre courroux triomphant aujourd'hui,
Contenter votre frère, et régner avec lui.

ÉTÉOCLE.
Appelez-vous régner partager ma couronne,
Et céder lâchement ce que mon droit me donne?

JOCASTE.
Vous le savez, mon fils, la justice et le sang
Lui donnent, comme à vous, sa part à ce haut rang :
Œdipe, en achevant sa triste destinée,
Ordonna que chacun régnerait son année;
Et, n'ayant qu'un État à mettre sous vos lois,
Voulut que tour à tour vous fussiez tous deux rois.
A ces conditions vous daignâtes souscrire.
Le sort vous appela le premier à l'empire,
Vous montâtes au trône; il n'en fut point jaloux :
Et vous ne voulez pas qu'il y monte après vous?

ÉTÉOCLE.
Non, madame; à l'empire il ne doit plus prétendre :
Thèbes à cet arrêt n'a point voulu se rendre;

Et, lorsque sur le trône il s'est voulu placer,
C'est elle, et non pas moi, qui l'en a su chasser.
Thèbes doit-elle moins redouter sa puissance,
Après avoir six mois senti sa violence ?
Voudrait-elle obéir à ce prince inhumain,
Qui vient d'armer contre elle et le fer et la faim ?
Prendrait-elle pour roi l'esclave de Mycène,
Qui pour tous les Thébains n'a plus que de la haine,
Qui s'est au roi d'Argos indignement soumis,
Et que l'hymen attache à nos fiers ennemis ?
Lorsque le roi d'Argos l'a choisi pour son gendre,
Il espérait par lui de voir Thèbes en cendre.
L'amour eut peu de part à cet hymen honteux ;
Et la seule fureur en alluma les feux.
Thèbes m'a couronné pour éviter ses chaînes ;
Elle s'attend par moi de voir finir ses peines :
Il la faut accuser si je manque de foi ;
Et je suis son captif, je ne suis pas son roi.

JOCASTE.

Dites, dites plutôt, cœur ingrat et farouche,
Qu'auprès du diadème il n'est rien qui vous touche.
Mais je me trompe encor : ce rang ne vous plaît pas
Et le crime tout seul a pour vous des appas.
Eh bien ! puisqu'à ce point vous en êtes avide,
Je vous offre à commettre un double parricide :
Versez le sang d'un frère, et si c'est peu du sien,
Je vous invite encore à répandre le mien.
Vous n'aurez plus alors d'ennemis à soumettre,
D'obstacle à surmonter, ni de crime à commettre ;
Et, n'ayant plus au trône un fâcheux concurrent,
De tous les criminels vous serez le plus grand.

ÉTÉOCLE.

Eh bien, madame, eh bien, il faut vous satisfaire ;
Il faut sortir du trône, et couronner mon frère ;
Il faut, pour seconder votre injuste projet,
De son roi que j'étais, devenir son sujet :
Et, pour vous élever au comble de la joie,
Il faut à sa fureur que je me livre en proie ;
Il faut par mon trépas...

JOCASTE.
   Ah ciel ! quelle rigueur !

Que vous pénétrez mal dans le fond de mon cœur !
Je ne demande pas que vous quittiez l'empire :
Regnez toujours, mon fils, c'est ce que je désire ;
Mais si tant de malheurs vous touchent de pitié,
Si pour moi votre cœur garde quelque amitié,
Et si vous prenez soin de votre gloire même,
Associez un frère à cet honneur suprême :
Ce n'est qu'un vain éclat qu'il recevra de vous ;
Votre règne en sera plus puissant et plus doux ;
Les peuples, admirant cette vertu sublime,
Voudront toujours pour prince un roi si magnanime,
Et cet illustre effort, loin d'affaiblir vos droits,
Vous rendra le plus juste et le plus grand des rois.
Ou, s'il faut que mes vœux vous trouvent inflexible,
Si la paix à ce prix vous paraît impossible,
Et si le diadème a pour vous tant d'attraits,
Au moins consolez-moi de quelque heure de paix.
Accordez cette grâce aux larmes d'une mère.
Et cependant, mon fils, j'irai voir votre frère :
La pitié dans son âme aura peut-être lieu ;
Ou du moins pour jamais j'irai lui dire adieu.
Dès ce même moment permettez que je sorte :
J'irai jusqu'à sa tante, et j'irai sans escorte ;
Par mes justes soupirs j'espère l'émouvoir.

ÉTÉOCLE.

Madame, sans sortir vous le pouvez revoir ;
Et si cette entrevue a pour vous tant de charmes,
Il ne tiendra qu'à lui de suspendre nos armes.
Vous pouvez dès cette heure accomplir vos souhaits,
Et le faire venir jusque dans ce palais.
J'irai plus loin encore ; et, pour faire connaître
Qu'il a tort en effet de me nommer un traître,
Et que je ne suis pas un tyran odieux,
Que l'on fasse parler et le peuple et les dieux.
Si le peuple y consent, je lui cède ma place ;
Mais qu'il se rende enfin, si le peuple le chasse.
Je ne force personne ; et j'engage ma foi
De laisser aux Thébains à se choisir un roi.

SCÈNE IV. — JOCASTE, ÉTÉOCLE, ANTIGONE, CRÉON, OLYMPE.

CRÉON, au roi.

Seigneur, votre sortie a mis tout en alarmes ;
Thèbes, qui croit vous perdre, est déjà tout en larmes.
L'épouvante et l'horreur règnent de toutes parts,
Et le peuple effrayé tremble sur ses remparts.

ÉTÉOCLE.

Cette vaine frayeur sera bientôt calmée.
Madame, j'en m'en vais retrouver mon armée ;
Cependant vous pouvez accomplir vos souhaits,
Faire entrer Polynice, et lui parler de paix.
Créon, la reine ici commande en mon absence ;
Disposez tout le monde à son obéissance ;
Laissez, pour recevoir et pour donner ses lois,
Votre fils Ménécée, et j'en ai fait le choix :
Comme il a de l'honneur autant que de courage,
Ce choix aux ennemis ôtera tout ombrage,
Et sa vertu suffit pour les rendre assurés.

A Créon.

Commandez-lui, madame. Et vous, vous me suivrez.

CRÉON.

Quoi, Seigneur !...

ÉTÉOCLE.

Oui, Créon, la chose est résolue.

CRÉON.

Et vous quittez ainsi la puissance absolue ?

ÉTÉOCLE.

Que je la quitte ou non, ne vous tourmentez pas ;
Faites ce que j'ordonne, et venez sur mes pas.

SCÈNE V. — JOCASTE, ANTIGONE, CRÉON, OLYMPE.

CRÉON.

Qu'avez-vous fait, madame ? et par quelle conduite
Forcez-vous un vainqueur à prendre ainsi la fuite ?
Le conseil va tout perdre.

JOCASTE.

Il va tout conserver ;
Et par ce seul conseil Thèbes se peut sauver.

CRÉON.
Eh quoi, madame, eh quoi! dans l'état où nous sommes,
Lorsqu'avec un renfort de plus de six mille hommes
La fortune promet toute chose aux Thébains,
Ce roi se laisse ôter la victoire des mains!
JOCASTE.
La victoire, Créon, n'est pas toujours si belle;
La honte et les remords vont souvent après elle.
Quand deux frères armés vont s'égorger entre eux,
Ne les pas séparer, c'est les perdre tous deux.
Peut-on faire au vainqueur une injure plus noire,
Que lui laisser gagner une telle victoire?
CRÉON.
Leur courroux est trop grand....
JOCASTE.
Il peut être adouci.
CRÉON.
Tous deux veulent régner.
JOCASTE.
Ils régneront aussi.
CRÉON.
On ne partage point la grandeur souveraine;
Et ce n'est pas un bien qu'on quitte et qu'on reprenne.
JOCASTE.
L'intérêt de l'État leur servira de loi.
CRÉON.
L'intérêt de l'État est de n'avoir qu'un roi,
Qui, d'un ordre constant gouvernant ses provinces,
Accoutume à ses lois et le peuple et les princes.
Ce règne interrompu de deux rois différents,
En lui donnant deux rois, lui donne deux tyrans.
Par un ordre souvent l'un à l'autre contraire,
Un frère détruirait ce qu'aurait fait un frère:
Vous les verriez toujours former quelque attentat,
Et changer tous les ans la face de l'État.
Ce terme limité que l'on veut leur prescrire
Accroît leur violence en bornant leur empire.
Tous deux feront gémir les peuples tour à tour,
Pareils à ces torrents qui ne durent qu'un jour:
Plus leur cours est borné, plus ils font de ravage,
Et d'horribles dégâts signalent leur passage.

JOCASTE.

On les verrait plutôt, par de nobles projets,
Se disputer tous deux l'amour de leurs sujets.
Mais avouez, Créon, que toute votre peine
C'est de voir que la paix rend votre attente vaine;
Qu'elle assure à mes fils le trône où vous tendez,
Et va rompre le piége où vous les attendez.
Comme, après leur trépas, le droit de la naissance
Fait tomber en vos mains la suprême puissance,
Le sang qui vous unit aux deux princes mes fils
Vous fait trouver en eux vos plus grands ennemis;
Et votre ambition, qui tend à leur fortune,
Vous donne pour tous deux une haine commune.
Vous inspirez au roi vos conseils dangereux,
Et vous en servez un pour les perdre tous deux.

CRÉON.

Je ne me repais point de pareilles chimères :
Mes respects pour le roi sont ardents et sincères,
Et mon ambition est de le maintenir
Au trône où vous croyez que je veux parvenir.
Le soin de sa grandeur est le seul qui m'anime
Je hais ses ennemis, et c'est là tout mon crime :
Je ne m'en cache point. Mais, à ce que je voi,
Chacun n'est pas ici criminel comme moi.

JOCASTE.

Je suis mère, Créon; et, si j'aime son frère,
La personne du roi ne m'en est pas moins chère.
De lâches courtisans peuvent bien le haïr;
Mais une mère enfin ne peut pas se trahir.

ANTIGONE.

Vos intérêts ici sont conformes aux nôtres,
Les ennemis du roi ne sont pas tous les vôtres;
Créon, vous êtes père, et, dans ces ennemis,
Peut-être songez-vous que vous avez un fils.
On sait de quelle ardeur Hémon sert Polynice.

CRÉON.

Oui, je le sais, madame, et je lui fais justice;
Je le dois, en effet, distinguer du commun,
Mais c'est pour le haïr encor plus que pas un :
Et je souhaiterais, dans ma juste colère,
Que chacun le haït comme le hait son père.

ANTIGONE.
Après tout ce qu'a fait la valeur de son bras,
Tout le monde en ce point ne vous ressemble pas.
CRÉON.
Je le vois bien, madame, et c'est ce qui m'afflige ;
Mais je sais bien à quoi sa révolte m'oblige :
Et tous ces beaux exploits qui le font admirer,
C'est ce qui me le fait justement abhorrer.
La honte suit toujours le parti des rebelles ;
Leurs grandes actions sont les plus criminelles :
Ils signalent leur crime en signalant leur bras,
Et la gloire n'est point où les rois ne sont pas.
ANTIGONE.
Écoutez un peu mieux la voix de la nature.
CRÉON.
Plus l'offenseur m'est cher, plus je ressens l'injure.
ANTIGONE.
Mais un père à ce point doit-il être emporté ?
Vous avez trop de haine.
CRÉON.
Et vous trop de bonté.
C'est trop parler, madame, en faveur d'un rebelle.
ANTIGONE.
L'innocence vaut bien que l'on parle pour elle.
CRÉON.
Je sais ce qui le rend innocent à vos yeux.
ANTIGONE.
Et je sais quel sujet vous le rend odieux.
CRÉON.
L'amour a d'autres yeux que le commun des hommes.
JOCASTE.
Vous abusez, Créon, de l'état où nous sommes ;
Tout vous semble permis ; mais craignez mon courroux ;
Vos libertés enfin retomberaient sur vous.
ANTIGONE.
L'intérêt du public agit peu sur son âme,
Et l'amour du pays nous cache une autre flamme.
Je la sais : mais, Créon, j'en abhorre le cours ;
Et vous ferez bien mieux de la cacher toujours.
CRÉON.
Je le ferai, madame ; et je veux par avance

Vous épargner encor jusques à ma présence.
Aussi bien mes respects redoublent vos mépris ;
Et je vais faire place à ce bienheureux fils.
Le roi m'appelle ailleurs, il faut que j'obéisse.
Adieu. Faites venir Hémon et Polynice.
JOCASTE.
N'en doute pas, méchant, ils vont venir tous deux ;
Tous deux ils préviendront tes desseins malheureux.

SCÈNE VI. — JOCASTE, ANTIGONE, OLYMPE.

ANTIGONE.
Le perfide ! A quel point son insolence monte !
JOCASTE.
Ses superbes discours tourneront à sa honte.
Bientôt, si nos désirs sont exaucés des cieux,
La paix nous vengera de cet ambitieux.
Mais il faut se hâter, chaque heure nous est chère :
Appelons promptement Hémon et votre frère ;
Je suis, pour ce dessein, prête à leur accorder
Toutes les sûretés qu'ils pourront demander.
Et toi, si mes malheurs ont lassé ta justice,
Ciel, dispose à la paix le cœur de Polynice,
Seconde mes soupirs, donne force à mes pleurs,
Et comme il faut enfin fais parler mes douleurs !
ANTIGONE, seule.
Et si tu prends pitié d'une flamme innocente,
O ciel, en ramenant Hémon à son amante,
Ramène-le fidèle ; et permets, en ce jour,
Qu'en retrouvant l'amant je retrouve l'amour.

ACTE DEUXIÈME.

SCÈNE PREMIÈRE. — ANTIGONE, HÉMON.

HÉMON.
Quoi ! vous me refusez votre aimable présence,
Après un an entier de supplice et d'absence !

Ne m'avez-vous, madame, appelé près de vous,
Que pour m'ôter sitôt un bien qui m'est si doux?
                    ANTIGONE.
Et voulez-vous sitôt que j'abandonne un frère?
Ne dois-je pas au temple accompagner ma mère?
Et dois-je préférer, au gré de vos souhaits,
Le soin de votre amour à celui de la paix?
                    HÉMON.
Madame, à mon bonheur c'est chercher trop d'obstacles :
Ils iront bien, sans nous, consulter les oracles.
Permettez que mon cœur, en voyant vos beaux yeux,
De l'état de son sort interroge ses dieux.
Puis-je leur demander, sans être téméraire,
S'ils ont toujours pour moi leur douceur ordinaire?
Souffrent-ils sans courroux mon ardente amitié?
Et du mal qu'ils ont fait ont-ils quelque pitié?
Durant le triste cours d'une absence cruelle,
Avez-vous souhaité que je fusse fidèle?
Songiez-vous que la mort menaçait, loin de vous,
Un amant qui ne doit mourir qu'à vos genoux?
Ah! d'un si bel objet quand une âme est blessée,
Quand un cœur jusqu'à vous élève sa pensée,
Qu'il est doux d'adorer tant de divins appas!
Mais aussi que l'on souffre en ne les voyant pas!
Un moment, loin de vous, me durait une année :
J'aurais fini cent fois ma triste destinée,
Si je n'eusse songé, jusques à mon retour,
Que mon éloignement vous prouvait mon amour;
Et que le souvenir de mon obéissance
Pourrait en ma faveur parler en mon absence,
Et que pensant à moi vous penseriez aussi
Qu'il faut aimer beaucoup pour obéir ainsi.
                    ANTIGONE.
Oui, je l'avais bien cru qu'une âme si fidèle
Trouverait dans l'absence une peine cruelle,
Et, si mes sentiments se doivent découvrir,
Je souhaitais, Hémon, qu'elle vous fît souffrir,
Et qu'étant loin de moi, quelque ombre d'amertume
Vous fît trouver les jours plus longs que de coutume.
Mais ne vous plaignez pas : mon cœur chargé d'ennui
Ne vous souhaitait rien qu'il n'éprouvât en lui,

Surtout depuis le temps que dure cette guerre,
Et que de gens armés vous couvrez cette terre.
O dieux! à quels tourments mon cœur s'est vu soumis,
Voyant des deux côtés ses plus tendres amis!
Mille objets de douleur déchiraient mes entrailles;
J'en voyais et dehors et dedans nos murailles :
Chaque assaut à mon cœur livrait mille combats;
Et mille fois le jour je souffrais le trépas.

HÉMON.

Mais enfin qu'ai-je fait, en ce malheur extrême,
Que ne m'ait ordonné ma princesse elle-même?
J'ai suivi Polynice; et vous l'avez voulu :
Vous me l'avez prescrit par un ordre absolu.
Je lui vouai dès lors une amitié sincère;
Je quittai mon pays, j'abandonnai mon père;
Sur moi, par ce départ, j'attirai son courroux,
Et, pour tout dire enfin, je m'éloignai de vous.

ANTIGONE.

Je m'en souviens, Hémon, et je vous fais justice;
C'est moi que vous serviez en servant Polynice :
Il m'était cher alors comme il l'est aujourd'hui;
Et je prenais pour moi ce qu'on faisait pour lui.
Nous nous aimions tous deux dès la plus tendre enfance,
Et j'avais sur son cœur une entière puissance;
Je trouvais à lui plaire une extrême douceur,
Et les chagrins du frère était ceux de la sœur.
Ah! si j'avais encor sur lui le même empire,
Il aimerait la paix, pour qui mon cœur soupire :
Notre commun malheur en serait adouci :
Je le verrais, Hémon; vous me verriez aussi!

HÉMON.

De cette affreuse guerre il abhorre l'image.
Je l'ai vu soupirer de douleur et de rage,
Lorsque, pour remonter au trône paternel,
On le força de prendre un chemin si cruel.
Espérons que le ciel, touché de nos misères,
Achèvera bientôt de réunir les frères :
Puisse-t-il rétablir l'amitié dans leur cœur,
Et conserver l'amour dans celui de la sœur!

ANTIGONE.

Hélas! ne doutez point que ce dernier ouvrage

Ne lui soit plus aisé que de calmer leur rage :
Je les connais tous deux, et je répondrais bien
Que leur cœur, cher Hémon, est plus dur que le mien.
Mais les dieux quelquefois font de plus grands miracles.

SCÈNE II. — ANTIGONE, HÉMON, OLYMPE.

ANTIGONE.
Eh bien ! apprendrons-nous ce qu'ont dit les oracles ?
Que faut-il faire ?

OLYMPE.
Hélas !

ANTIGONE.
Quoi ? qu'en a-t-on appris ?
Est-ce la guerre, Olympe ?

OLYMPE.
Ah ! c'est encore pis !

HÉMON.
Quel est donc ce grand mal que leur courroux annonce ?

OLYMPE.
Prince, pour en juger, écoutez leur réponse :
« Thébains, pour n'avoir plus de guerres,
» Il faut, par un ordre fatal,
» Que le dernier du sang royal
» Par son trépas ensanglante vos terres. »

ANTIGONE.
O dieux, que vous a fait ce sang infortuné ?
Et pourquoi tout entier l'avez-vous condamné ?
N'êtes-vous pas contents de la mort de mon père ?
Tout notre sang doit-il sentir votre colère ?

HÉMON.
Madame, cet arrêt ne vous regarde pas,
Votre vertu vous met à couvert du trépas :
Les dieux savent trop bien connaître l'innocence.

ANTIGONE.
Hé ! ce n'est pas pour moi que je crains leur vengeance.
Mon innocence, Hémon, serait un faible appui ;
Fille d'Œdipe, il faut que je meure pour lui.
Je l'attends, cette mort, et je l'attends sans plainte ;
Et, s'il faut avouer le sujet de ma crainte,
C'est pour vous que je crains ; oui, cher Hémon, pour vous.

De ce sang malheureux vous sortez comme nous ;
Et je ne vois que trop que le courroux céleste
Vous rendra, comme à nous, cet honneur bien funeste,
Et fera regretter aux princes des Thebains
De n'être pas sortis du dernier des humains.
HÉMON.
Peut-on se repentir d'un si grand avantage ?
Un si noble trépas flatte trop mon courage ;
Et du sang de ces rois il est beau d'être issu,
Dût-on rendre ce sang sitôt qu'on l'a reçu.
ANTIGONE.
Hé quoi ! si parmi nous on a fait quelque offense,
Le ciel doit-il sur vous en prendre la vengeance ?
Et n'est-ce pas assez du père et des enfants,
Sans qu'il aille plus loin chercher des innocents ?
C'est à nous à payer pour les crimes des nôtres :
Punissez-nous, grands dieux ! mais épargnez les autres.
Mon père, cher Hémon, vous va perdre aujourd'hui ;
Et je vous perds peut-être encore plus que lui :
Le ciel punit sur vous et sur votre famille,
Et les crimes du père, et l'amour de la fille ;
Et ce funeste amour vous nuit encore plus
Que les crimes d'Œdipe et le sang de Laïus.
HÉMON.
Quoi ! mon amour, madame ? Et qu'a-t-il de funeste ?
Est-ce un crime qu'aimer une beauté céleste ?
Et puisque sans colère il est reçu de vous,
En quoi peut-il du ciel mériter le courroux ?
Vous seule en mes soupirs êtes intéressée ;
C'est à vous à juger s'ils vous ont offensée ;
Tels que seront pour eux vos arrêts tout-puissants,
Ils seront criminels, ou seront innocents.
Que le ciel à son gré de ma perte dispose,
J'en chérirai toujours et l'une et l'autre cause,
Glorieux de mourir pour le sang de mes rois,
Et plus heureux encor de mourir sous vos lois.
Aussi bien que ferais-je en ce commun naufrage ?
Pourrais-je me résoudre à vivre davantage ?
En vain les dieux voudraient différer mon trépas,
Mon désespoir ferait ce qu'ils ne feraient pas.
Mais peut-être, après tout, notre frayeur est vaine :
Attendons... Mais voici Polynice et la reine.

SCÈNE III. — JOCASTE, POLYNICE, ANTIGONE, HÉMON.

POLYNICE.

Madame, au nom des dieux, cessez de m'arrêter :
Je vois bien que la paix ne peut s'exécuter.
J'espérais que du ciel la justice infinie
Voudrait se déclarer contre la tyrannie,
Et que, lassé de voir répandre tant de sang,
Il rendrait à chacun son légitime rang ;
Mais puisque ouvertement il tient pour l'injustice,
Et que des criminels il se rend le complice,
Dois-je encore espérer qu'un peuple révolté,
Quand le ciel est injuste, écoute l'équité ?
Dois-je prendre pour juge une troupe insolente,
D'un fier usurpateur ministre violente,
Qui sert mon ennemi par un lâche intérêt,
Et qu'il anime encor, tout éloigné qu'il est ?
La raison n'agit pas sur une populace.
De ce peuple déjà j'ai ressenti l'audace :
Et, loin de me reprendre après m'avoir chassé,
Il croit voir un tyran dans un prince offensé.
Comme sur lui l'honneur n'eut jamais de puissance,
Il croit que tout le monde aspire à la vengeance ;
De ses inimitiés rien n'arrête le cours :
Quand il hait une fois, il veut haïr toujours.

JOCASTE.

Mais s'il est vrai, mon fils, que ce peuple vous craigne,
Et que tous les Thébains redoutent votre règne,
Pourquoi par tant de sang cherchez-vous à régner
Sur ce peuple endurci que rien ne peut gagner ?

POLYNICE.

Est-ce au peuple, madame, à se choisir un maître ?
Sitôt qu'il hait un roi, doit-on cesser de l'être ?
Sa haine, ou son amour, sont-ce les premiers droits
Qui font monter au trône ou descendre les rois ?
Que le peuple à son gré nous craigne ou nous chérisse,
Le sang nous met au trône, et non pas son caprice :
Ce que le sang lui donne, il le doit accepter ;
Et s'il n'aime son prince, il le doit respecter.

JOCASTE.

Vous serez un tyran haï de vos provinces.

POLYNICE.

Ce nom ne convient pas aux légitimes princes;
De ce titre odieux mes droits me sont garants;
La haine des sujets ne fait pas les tyrans.
Appelez de ce nom Étéocle lui-même.

JOCASTE.

Il est aimé de tous.

POLYNICE.

C'est un tyran qu'on aime,
Qui par cent lâchetés tâche à se maintenir
Au rang où par la force il a su parvenir;
Et son orgueil le rend, par un effet contraire,
Esclave de son peuple et tyran de son frère.
Pour commander tout seul il veut bien obéir,
Et se fait mépriser pour me faire haïr.
Ce n'est pas sans sujet qu'on me préfère un traître :
Le peuple aime un esclave, et craint d'avoir un maître.
Mais je croirais trahir la majesté des rois,
Si je faisais le peuple arbitre de mes droits.

JOCASTE.

Ainsi donc la discorde a pour vous tant de charmes?
Vous lassez-vous déjà d'avoir posé les armes?
Ne cesserons-nous point, après tant de malheurs,
Vous, de verser du sang, moi, de verser des pleurs?
N'accorderez-vous rien aux larmes d'une mère?
Ma fille, s'il se peut, retenez votre frère :
Le cruel pour vous seule avait de l'amitié.

ANTIGONE.

Ah! si pour vous son âme est sourde à la pitié,
Que pourrais-je espérer d'une amitié passée,
Qu'un long éloignement n'a que trop effacée?
A peine en sa mémoire ai-je encor quelque rang :
Il n'aime, il ne se plaît qu'à répandre du sang.
Ne cherchez plus en lui ce prince magnanime,
Ce prince qui montrait tant d'horreur pour le crime,
Dont l'âme généreuse avait tant de douceur,
Qui respectait sa mère et chérissait sa sœur;
La nature pour lui n'est plus qu'une chimère :
Il méconnaît sa sœur, il méprise sa mère;

Et l'ingrat, en l'état où son orgueil l'a mis,
Nous croit des étrangers, ou bien des ennemis.

POLYNICE.

N'imputez point ce crime à mon âme affligée :
Dites plutôt, ma sœur, que vous êtes changée;
Dites que de mon rang l'injuste usurpateur
M'a su ravir encor l'amitié de ma sœur.
Je vous connais toujours, et suis toujours le même.

ANTIGONE.

Est-ce m'aimer, cruel, autant que je vous aime,
Que d'être inexorable à mes tristes soupirs,
Et m'exposer encore à tant de déplaisirs?

POLYNICE.

Mais vous-même, ma sœur, est-ce aimer votre frère
Que de lui faire ainsi cette injuste prière,
Et me vouloir ravir le sceptre de la main?
Dieu! qu'est-ce qu'Étéocle a de plus inhumain?
C'est trop favoriser un tyran qui m'outrage.

ANTIGONE.

Non, non, vos intérêts me touchent davantage.
Ne croyez pas mes pleurs perfides à ce point;
Avec vos ennemis ils ne conspirent point.
Cette paix que je veux me serait un supplice,
S'il en devait coûter le sceptre à Polynice;
Et l'unique faveur, mon frère, où je prétends,
C'est qu'il me soit permis de vous voir plus longtemps.
Seulement quelques jours souffrez que l'on vous voie,
Et donnez-nous le temps de chercher quelque voie
Qui puisse vous remettre au rang de vos aïeux,
Sans que vous répandiez un sang si précieux.
Pouvez-vous refuser cette grâce légère
Aux larmes d'une sœur, aux soupirs d'une mère?

JOCASTE.

Mais quelle crainte encor vous peut inquiéter?
Pourquoi si promptement voulez-vous nous quitter?
Quoi! ce jour tout entier n'est-il pas de la trêve?
Dès qu'elle a commencé, faut-il qu'elle s'achève?
Vous voyez qu'Étéocle a mis les armes bas :
Il veut que je vous voie; et vous ne voulez pas.

ANTIGONE.

Oui, mon frère, il n'est pas comme vous inflexible;

Aux larmes de sa mère il a paru sensible :
Nos pleurs ont desarmé sa colère aujourd'hui.
Vous l'appelez cruel : vous l'êtes plus que lui.
HÉMON.
Seigneur, rien ne vous presse ; et vous pouvez sans peine
Laisser agir encor la princesse et la reine ;
Accordez tout ce jour à leur pressant désir ;
Voyons si leur dessin ne pourra réussir.
Ne donnez pas la joie au prince votre frère
De dire que, sans vous, la paix se pouvait faire.
Vous aurez satisfait une mère, une sœur,
Et vous aurez surtout satisfait votre honneur.
Mais que veut ce soldat ? son âme est tout emue.

SCÈNE IV. — JOCASTE, POLYNICE, ANTIGONE, HÉMON, Un Soldat.

LE SOLDAT, à Polynice.
Seigneur, on est aux mains, et la trève est rompue :
Créon et les Thébains, par ordre de leur roi,
Attaquent votre armee, et violent leur foi,
Le brave Hippomedon s'efforce, en votre absence,
De soutenir leur choc de toute sa puissance,
Par son ordre, seigneur, je vous viens avertir.
POLYNICE.
Ah, les traîtres ! Allons, Hémon, il faut sortir.
A la reine.
Madame, vous voyez comme il tient sa parole.
Mais il veut le combat, il m'attaque ; et j'y vole.
JOCASTE.
Polynice ! mon fils !... Mais il ne m'entend plus :
Aussi bien que mes pleurs, mes cris sont superflus.
Chère Antigone, allez, courez à ce barbare :
Du moins allez prier Hemon qu'il les sépare.
La force m'abandonne, et je n'y puis courir ;
Tout ce que je puis faire, helas ! c'est de mourir.

ACTE TROISIÈME.

SCÈNE PREMIÈRE. — JOCASTE, OLYMPE.

JOCASTE.
Olympe, va-t'en voir ce funeste spectacle,
Va voir si leur fureur n'a point trouvé d'obstacle,
Si rien n'a pu toucher l'un ou l'autre parti.
On dit qu'à ces dessein Ménécée est sorti.

OLYMPE.
Je ne sais quel dessein animait son courage;
Une héroïque ardeur brillait sur son visage.
Mais vous devez, madame, espérer jusqu'au bout.

JOCASTE.
Va tout voir, chère Olympe, et me viens dire tout;
Éclaircir promptement ma triste inquiétude.

OLYMPE.
Mais vous dois-je laisser en cette solitude?

JOCASTE.
Va; je veux être seule en l'état où je suis;
Si toutefois on peut l'être avec tant d'ennuis!

SCÈNE II. — JOCASTE.

Dureront-ils toujours ces ennuis si funestes?
N'épuiseront-ils point les vengeances célestes?
Me feront-ils souffrir tant de cruels trépas,
Sans jamais au tombeau précipiter mes pas?
O ciel, que tes rigueurs seraient peu redoutables,
Si la foudre d'abord accablait les coupables!
Et que tes châtiments paraissent infinis,
Quand tu laisses la vie à ceux que tu punis!
Tu ne l'ignores pas, depuis le jour infâme
Où de mon propre fils je me trouvai la femme,
Le moindre des tourments que mon cœur a soufferts
Égale tous les maux que l'on souffre aux enfers.
Et toutefois, ô dieux, un crime involontaire
Devait-il attirer toute votre colère?
Le connaissais-je, hélas! ce fils infortuné?

Vous-mêmes dans mes bras vous l'avez amené.
C'est vous dont la rigueur m'ouvrit ce précipice.
Voilà de ces grands dieux la suprême justice!
Jusques au bord du crime ils conduisent nos pas.
Ils nous le font commettre, et ne l'excusent pas.
Prennent-ils donc plaisir à faire des coupables,
Afin d'en faire, après, d'illustres misérables?
Et ne peuvent-ils point, quand ils sont en courroux,
Chercher des criminels à qui le crime est doux?

SCÈNE III. — JOCASTE, ANTIGONE.

JOCASTE.
Hé bien! en est-ce fait? l'un ou l'autre perfide
Vient-il d'exécuter son noble parricide?
Parlez, parlez, ma fille.
ANTIGONE.
Ah, madame! en effet
L'oracle est accompli, le ciel est satisfait.
JOCASTE.
Quoi! mes deux fils sont morts?
ANTIGONE.
Un autre sang, madame,
Rend la paix à l'État et le calme à votre âme;
Un sang digne des rois dont il est découlé:
Un héros pour l'État s'est lui-même immolé.
Je courais pour fléchir Hémon et Polynice:
Ils étaient déjà loin avant que je sortisse;
Ils ne m'entendaient plus, et mes cris douloureux
Vainement par leur nom les rappelaient tous deux.
Ils ont tous deux volé vers le champ de bataille;
Et moi, je suis montée au haut de la muraille,
D'où le peuple étonné regardait, comme moi,
L'approche d'un combat qui le glaçait d'effroi.
A cet instant fatal le dernier de nos princes,
L'honneur de notre rang, l'espoir de nos provinces,
Ménécée, en un mot, digne frère d'Hémon,
Et trop indigne aussi d'être fils de Créon,
De l'amour du pays montrant son âme atteinte,
Au milieu des deux camps s'est avancé sans crainte,
Et, se faisant ouïr des Grecs et des Thébains:

« Arrêtez, a-t-il dit, arrêtez, inhumains ! »
Ces mots impérieux n'ont point trouvé d'obstacle.
Les soldats, étonnés de ce nouveau spectacle,
De leur noire fureur ont suspendu le cours ;
Et ce prince aussitôt poursuivant son discours :
« Apprenez, a-t-il dit, l'arrêt des destinées,
» Par qui vous allez voir vos misères bornées.
» Je suis le dernier sang de vos rois descendu,
» Qui par l'ordre des dieux doit être répandu.
» Recevez donc ce sang que ma main va répandre,
» Et recevez la paix, où vous n'osiez prétendre. »
Il se tait, et se frappe en achevant ces mots :
Et les Thébains, voyant expirer ce héros,
Comme si leur salut devenait leur supplice,
Regardent en tremblant ce noble sacrifice.
J'ai vu le triste Hémon abandonner son rang
Pour venir embrasser ce frère tout en sang ;
Créon, à son exemple, a jeté bas les armes,
Et vers ce fils mourant est venu tout en larmes :
Et l'un et l'autre camp, les voyant retirés,
Ont quitté le combat, et se sont séparés.
Et moi, le cœur tremblant, et l'âme tout émue,
D'un si funeste objet j'ai détourné la vue,
De ce prince admirant l'héroïque fureur.

JOCASTE.

Comme vous je l'admire, et j'en frémis d'horreur.
Est-il possible, ô dieux, qu'après ce grand miracle,
Le repos des Thébains trouve encor quelque obstacle ?
Cet illustre trépas ne peut-il vous calmer,
Puisque même mes fils s'en laissent désarmer ?
La refuserez-vous cette noble victime ?
Si la vertu vous touche autant que fait le crime,
Si vous donnez les prix comme vous punissez,
Quels crimes par ce sang ne seront effacés ?

ANTIGONE

Oui, oui, cette vertu sera récompensée ;
Les dieux sont trop payés du sang de Ménécée ;
Et le sang d'un héros, auprès des immortels,
Vaut seul plus que celui de mille criminels.

JOCASTE.

Connaissez mieux du ciel la vengeance fatale.

Toujours à ma douleur il met quelque intervalle;
Mais, hélas! quand sa main semble me secourir,
C'est alors qu'il s'apprête à me faire périr.
Il a mis, cette nuit, quelque fin à mes larmes,
Afin qu'à mon réveil je visse tout en armes.
S'il me flatte aussitôt de quelque espoir de paix,
Un oracle cruel me l'ôte pour jamais.
Il m'amène mon fils; il veut que je le voie:
Mais, hélas! combien cher me vend-il cette joie!
Ce fils est insensible et ne m'écoute pas;
Et soudain il me l'ôte, et l'engage aux combats.
Ainsi, toujours cruel, et toujours en colère,
Il feint de s'apaiser, et devient plus sévère;
Il n'interrompt ses coups que pour les redoubler,
Et retire son bras pour me mieux accabler.

ANTIGONE.
Madame, espérons tout de ce dernier miracle.

JOCASTE.
La haine de mes fils est un trop grand obstacle;
Polynice endurci n'écoute que ses droits:
Du peuple et de Créon l'autre écoute la voix;
Oui, du lâche Créon. Cette âme intéressée
Nous ravit tout le fruit du sang de Ménécée:
En vain pour nous sauver ce grand prince se perd,
Le père nous nuit plus que le fils ne nous sert.
De deux jeunes héros cet infidèle père...

ANTIGONE.
Ah! le voici, madame, avec le roi mon frère.

SCÈNE IV. — JOCASTE, ÉTÉOCLE, ANTIGONE,
CRÉON.

JOCASTE.
Mon fils, c'est donc ainsi que l'on garde sa foi?

ÉTÉOCLE.
Madame, ce combat n'est pas venu de moi.
Mais de quelques soldats, tant d'Argos que des nôtres,
Qui, s'étant querellés les uns avec les autres,
Ont insensiblement tout le corps ébranlé,
Et fait un grand combat d'un simple démêlé.
La bataille sans doute allait être cruelle;
Et son événement vidait notre querelle;

Quand du fils de Créon l'héroïque trépas
De tous les combattants a retenu le bras.
Ce prince, le dernier de la race royale,
S'est appliqué des dieux la réponse fatale;
Et lui-même à la mort il s'est précipité,
De l'amour du pays noblement transporté.

JOCASTE.

Ah! si le seul amour qu'il eut pour sa patrie
Le rendit insensible aux douceurs de la vie,
Mon fils, ce même amour ne peut-il seulement
De votre ambition vaincre l'emportement?
Un exemple si beau vous invite à le suivre.
Il ne faudra cesser de régner ni de vivre :
Vous pouvez, en cédant un peu de votre rang,
Faire plus qu'il n'a fait en versant tout son sang;
Il ne faut que cesser de haïr votre frère;
Vous ferez beaucoup plus que sa mort n'a su faire.
O dieux! aimer un frère, est-ce un plus grand effort
Que de haïr la vie et courir à la mort?
Et doit-il être enfin plus facile en un autre
De répandre son sang, qu'en vous d'aimer le vôtre?

ÉTÉOCLE.

Son illustre vertu me charme comme vous;
Et d'un si beau trépas je suis même jaloux.
Et toutefois, madame, il faut que je vous die
Qu'un trône est plus pénible à quitter que la vie :
La gloire bien souvent nous porte à la haïr;
Mais peu de souverains font gloire d'obéir :
Les dieux voulaient son sang; et ce prince, sans crime,
Ne pouvait à l'État refuser sa victime,
Mais ce même pays, qui demandait son sang,
Demande que je règne, et m'attache à mon rang.
Jusqu'à ce qu'il m'en ôte, il faut que j'y demeure :
Il n'a qu'à prononcer, j'obéirai sur l'heure;
Et Thèbes me verra, pour apaiser son sort,
Et descendre du trône, et courir à la mort.

CRÉON.

Ah! Ménécée est mort, le ciel n'en veut point d'autre :
Laissez couler son sang, sans y mêler le vôtre;
Et puisqu'il l'a versé pour nous donner la paix,
Accordez-la, seigneur, à nos justes souhaits.

ÉTÉOCLE.
Hé quoi! même Créon pour la paix se déclare?
CRÉON.
Pour avoir trop aimé cette guerre barbare,
Vous voyez les malheurs où le ciel m'a plongé :
Mon fils est mort, seigneur.
ÉTÉOCLE.
　　　　　Il faut qu'il soit vengé.
CRÉON.
Sur qui me vengerais-je en ce malheur extrême?
ÉTÉOCLE.
Vos ennemis, Créon, sont ceux de Thèbes même :
Vengez-la, vengez-vous.
CRÉON.
　　　　　Ah! dans ses ennemis
Je trouve votre frère, et je trouve mon fils :
Dois-je verser mon sang, ou répandre le vôtre?
Et dois-je perdre un fils pour en venger un autre?
Seigneur, mon sang m'est cher, le vôtre m'est sacré;
Serai-je sacrilége, ou bien dénaturé?
Souillerai-je ma main d'un sang que je révère?
Serai-je parricide, afin d'être bon père?
Un si cruel secours ne me peut soulager;
Et ce serait me perdre au lieu de me venger.
Tout le soulagement où ma douleur aspire,
C'est qu'au moins mes malheurs servent à votre empire.
Je me consolerai, si ce fils que je plains
Assure par sa mort le repos des Thébains.
Le ciel promet la paix au sang de Ménécée :
Achevez-la, seigneur, mon fils l'a commencée;
Accordez-lui ce prix qu'il en a prétendu,
Et que son sang en vain ne soit pas répandu.
JOCASTE.
Non, puisqu'à nos malheurs vous devenez sensible,
Au sang de Ménécée il n'est rien d'impossible.
Que Thèbes se rassure après ce grand effort :
Puisqu'il change votre âme, il changera son sort.
La paix dès ce moment n'est plus désespérée :
Puisque Créon la veut, je la tiens assurée.
Bientôt ces cœurs de fer se verront adoucis :
Le vainqueur de Créon peut bien vaincre mes fils.

A Étéocle.

Qu'un si grand changement vous désarme et vous touche;
Quittez, mon fils, quittez cette haine farouche;
Soulagez une mère, et consolez Créon;
Rendez-moi Polynice, et lui rendez Hémon.

ÉTÉOCLE.

Mais enfin c'est vouloir que je m'impose un maître :
Vous ne l'ignorez pas, Polynice veut l'être;
Il demande surtout le pouvoir souverain,
Et ne veut revenir que le sceptre à la main.

SCÈNE V. — JOCASTE, ÉTÉOCLE, ANTIGONE, CRÉON, ATTALE.

ATTALE, à Étéocle.

Polynice, seigneur, demande une entrevue;
C'est ce que d'un héraut nous apprend la venue.
Il vous offre, seigneur, ou de venir ici,
Ou d'attendre en son camp.

CRÉON.

Peut-être qu'adouci
Il songe à terminer une guerre si lente,
Et son ambition n'est plus si violente :
Par ce dernier combat il apprend aujourd'hui
Que vous êtes au moins aussi puissant que lui.
Les Grecs mêmes sont las de servir sa colère,
Et j'ai su, depuis peu, que le roi son beau-père,
Préférant à la guerre un solide repos,
Se réserve Mycène, et le fait roi d'Argos.
Tout courageux qu'il est, sans doute il ne souhaite
Que de faire en effet une honnête retraite.
Puisqu'il s'offre à vous voir, croyez qu'il veut la paix.
Ce jour la doit conclure, ou la rompre à jamais.
Tâchez dans ce dessein de l'affermir vous-même
Et lui promettez tout, hormis le diadème.

ÉTÉOCLE.

Hormis le diadème il ne demande rien.

JOCASTE.

Mais voyez-le du moins.

CRÉON.

Oui, puisqu'il le veut bien :

Vous ferez plus tout seul que nous ne saurions faire ;
Et le sang reprendra son empire ordinaire.
ÉTÉOCLE.
Allons donc le chercher.
JOCASTE.
     Mon fils, au nom des dieux,
Attendez-le plutôt, voyez-le dans ces lieux.
ÉTÉOCLE.
Hé bien, madame, hé bien, qu'il vienne, et qu'on lui donne
Toutes les sûretés qu'il faut pour sa personne.
Allons.
ANTIGONE.
  Ah ! si ce jour rend la paix aux Thébains,
Elle sera, Créon, l'ouvrage de vos mains.

SCÈNE VI. — CRÉON, ATTALE.

CRÉON.
L'intérêt des Thébains n'est pas ce qui vous touche,
Dédaigneuse princesse ; et cette âme farouche,
Qui semble me flatter après tant de mépris,
Songe moins à la paix qu'au retour de mon fils.
Mais nous verrons bientôt si la fière Antigone
Aussi bien que mon cœur dédaignera le trône ;
Nous verrons, quand les dieux m'auront fait votre roi,
Si ce fils bienheureux l'emportera sur moi.
ATTALE.
Eh ! qui n'admirerait un changement si rare ?
Créon même, Créon pour la paix se déclare !
CRÉON.
Tu crois donc que la paix est l'objet de mes soins ?
ATTALE.
Oui, je le crois, seigneur, quand j'y pensais le moins ;
Et, voyant qu'en effet ce beau soin vous anime,
J'admire à tout moment cet effort magnanime
Qui vous fait mettre enfin votre haine au tombeau.
Ménécée, en mourant, n'a rien fait de plus beau.
Et qui peut immoler sa haine à sa patrie
Lui pourrait bien aussi sacrifier sa vie.
CRÉON.
Ah ! sans doute, qui peut, d'un généreux effort,
Aimer son ennemi, peut bien aimer la mort.

Quoi! je négligerais le soin de ma vengeance,
Et de mon ennemi je prendrais la défense!
De la mort de mon fils Polynice est l'auteur,
Et moi je deviendrais son lâche protecteur!
Quand je renoncerais à cette haine extrême,
Pourrais-je bien cesser d'aimer le diadème?
Non, non; tu me verras d'une constante ardeur
Haïr mes ennemis, et chérir ma grandeur.
Le trône fit toujours mes ardeurs les plus chères:
Je rougis d'obéir où régnèrent mes pères:
Je brûle de me voir au rang de mes aïeux,
Et je l'envisageai dès que j'ouvris les yeux.
Surtout depuis deux ans ce noble soin m'inspire;
Je ne fais point de pas qui ne tende à l'empire.
Des princes mes neveux j'entretiens la fureur,
Et mon ambition autorise la leur.
D'Étéocle d'abord j'appuyai l'injustice;
Je lui fis refuser le trône à Polynice.
Tu sais que je pensais dès lors à m'y placer;
Et je l'y mis, Attale, afin de l'en chasser.

ATTALE.

Mais, seigneur, si la guerre eut pour vous tant de charmes,
D'où vient que de leurs mains vous arrachez les armes?
Et, puisque leur discorde est l'objet de vos vœux,
Pourquoi, par vos conseils, vont-ils se voir tous deux?

CRÉON.

Plus qu'à mes ennemis la guerre m'est mortelle,
Et le courroux du ciel me la rend trop cruelle:
Il s'arme contre moi de mon propre dessein;
Il se sert de mon bras pour me percer le sein.
La guerre s'allumait, lorsque, pour mon supplice,
Hémon m'abandonna pour servir Polynice;
Les deux frères par moi devinrent ennemis;
Et je devins, Attale, ennemi de mon fils.
Enfin, ce même jour, je fais rompre la trêve,
J'excite le soldat, tout le camp se soulève,
On se bat; et voilà qu'un fils désespéré
Meurt, et rompt un combat que j'ai tant préparé.
Mais il me reste un fils; et je sens que je l'aime
Tout rebelle qu'il est, et tout mon rival même:
Sans le perdre, je veux perdre mes ennemis.

Il m'en coûterait trop, s'il m'en coûtait deux fils.
Des deux princes, d'ailleurs, la haine est trop puissante :
Ne crois pas qu'à la paix jamais elle consente.
Moi-même je saurai si bien l'envenimer,
Qu'ils périront tous deux plutôt que de s'aimer.
Les autres ennemis n'ont que de courtes haines ;
Mais quand de la nature on a brisé les chaînes,
Cher Attale, il n'est rien qui puisse réunir
Ceux que des nœuds si fort n'ont pas su retenir :
L'on hait avec excès lorsque l'on hait un frère.
Mais leur éloignement ralentit leur colère :
Quelque haine qu'on ait contre un fier ennemi,
Quand il est loin de nous, on la perd à demi.
Ne t'étonne donc plus si je veux qu'ils se voient :
Je veux qu'en se voyant leurs fureurs se déploient ;
Que rappelant leur haine, au lieu de la chasser,
Ils s'étouffent, Attale, en voulant s'embrasser.

ATTALE.

Vous n'avez plus, seigneur, à craindre que vous-même :
On porte ses remords avec le diadème.

CRÉON.

Quand on est sur le trône on a bien d'autres soins,
Et les remords sont ceux qui nous pèsent le moins.
Du plaisir de régner une âme possédée
De tout le temps passé détourne son idée ;
Et de tout autre objet un esprit éloigné
Croit n'avoir point vécu tant qu'il n'a point régné.
Mais allons. Le remords n'est pas ce qui me touche,
Et je n'ai plus un cœur que le crime effarouche :
Tous les premiers forfaits coûtent quelques efforts :
Mais, Attale, on commet les seconds sans remords.

ACTE QUATRIÈME.

SCÈNE PREMIÈRE. — ÉTÉOCLE, CRÉON.

ÉTÉOCLE.

Oui, Créon, c'est ici qu'il doit bientôt se rendre ;
Et tout deux en ce lieu nous le pouvons attendre.

Nous verrons ce qu'il veut: mais je répondrais bien
Que par cette entrevue on n'avancera rien.
Je connais Polynice et son humeur altière;
Je sais bien que sa haine est encore tout entière ;
Je ne crois pas q'on puisse en arrêter le cours ;
Et pour moi, je sens bien que je le hais toujours.

CRÉON.

Mais s'il vous cède enfin la grandeur souveraine,
Vous devez, ce me semble, apaiser votre haine.

ÉTÉOCLE.

Je ne sais si mon cœur s'apaisera jamais :
Ce n'est pas son orgueil, c'est lui seul que je hais.
Nous avons l'un et l'autre une haine obstinée :
Elle n'est pas, Créon, l'ouvrage d'une année ;
Elle est née avec nous ; et sa noire fureur
Aussitôt que la vie entra dans notre cœur.
Nous étions ennemis dès la plus tendre enfance ;
Que dis-je ! nous l'étions avant notre naissance :
Triste et fatal effet d'un sang incestueux !
Pendant qu'un même sein nous renfermait tous deux,
Dans les flancs de ma mère une guerre intestine
De nos divisions lui marqua l'origine.
Elles ont, tu le sais, paru dans le berceau,
Et nous suivront peut-être encor dans le tombeau.
On dirait que le ciel, par un arrêt funeste,
Voulut de nos parents punir ainsi l'inceste ;
Et que dans notre sang il voulut mettre au jour
Tout ce qu'ont de plus noir et la haine et l'amour.
Et maintenant, Créon, que j'attends sa venue,
Ne crois pas que pour lui ma haine diminue :
Plus il approche, et plus il me semble odieux ;
Et sans doute il faudra qu'elle éclate à ses yeux.
J'aurais même regret qu'il me quittât l'empire :
Il faut, il faut qu'il fuie, et non qu'il se retire.
Je ne veux point, Créon, le haïr à moitié,
Et je crains son courroux moins que son amitié.
Je veux, pour donner cours à mon ardente haine,
Que sa fureur au moins autorise la mienne ;
Et puisqu'enfin mon cœur ne saurait se trahir,
Je veux qu'il me déteste, afin de le haïr.
Tu verras que sa rage est encore la même,

Et que toujours son cœur aspire au diadème ;
Qu'il m'abhorre toujours et veut toujours régner,
Et qu'on peut bien le vaincre et non pas le gagner.
CRÉON.
Domptez-le donc, seigneur, s'il demeure inflexible ;
Quelque fier qu'il puisse être, il n'est pas invincible :
Et puisque la raison ne peut rien sur son cœur,
Éprouvez ce que peut un bras toujours vainqueur.
Oui, quoique dans la paix je trouvasse des charmes,
Je serai le premier à reprendre les armes ;
Et si je demandais qu'on en rompît le cours,
Je demande encor plus que vous régniez toujours.
Que la guerre s'enflamme et jamais ne finisse,
S'il faut, avec la paix, recevoir Polynice.
Qu'on ne nous vienne plus vanter un bien si doux :
La guerre et ses horreurs nous plaisent avec vous.
Tout le peuple thébain vous parle par ma bouche ;
Ne le soumettez pas à ce prince farouche :
Si la paix se peut faire, il la veut comme moi ;
Surtout, si vous l'aimez, conservez-lui son roi.
Cependant écoutez le prince votre frère,
Et, s'il se peut, seigneur, cachez votre colère ;
Feignez... Mais quelqu'un vient.

SCÈNE II. — ÉTÉOCLE, CRÉON, ATTALE.

ÉTÉOCLE.
Sont-ils bien près d'ici ?
Vont-ils venir, Attale ?
ATTALE.
Oui, seigneur, les voici.
Ils ont trouvé d'abord la princesse et la reine ;
Et bientôt ils seront dans la chambre prochaine.
ÉTÉOCLE.
Qu'ils entrent. Cette approche excite mon courroux.
Qu'on hait un ennemi quand il est près de nous !
CRÉON.
Ah ! le voici. (A part.) Fortune, achève mon ouvrage,
Et livre-les tous deux aux transports de leur rage !

SCÈNE III. — JOCASTE, ÉTÉOCLE, POLYNICE, ANTIGONE, HÉMON, CRÉON.

JOCASTE.

Me voici donc tantôt au comble de mes vœux,
Puisque déjà le ciel vous rassemble tous deux.
Vous revoyez un frère, après deux ans d'absence,
Dans ce même palais où vous prîtes naissance :
Et moi, par un bonheur où je n'osais penser,
L'un et l'autre à la fois je vous puis embrasser.
Commencez donc, mes fils, cette union si chère;
Et que chacun de vous reconnaisse son frère :
Tous deux dans votre frère envisagez vos traits;
Mais, pour en mieux juger, voyez-les de plus près;
Surtout que le sang parle et fasse son office.
Approchez, Étéocle; avancez Polynice...
Hé quoi! loin d'approcher, vous reculez tous deux!
D'où vient ce sombre accueil et ces regards fâcheux?
N'est-ce point que chacun, d'une âme irrésolue,
Pour saluer son frère attend qu'il le salue;
Et qu'affectant l'honneur de céder le dernier,
L'un ni l'autre ne veut s'embrasser le premier?
Étrange ambition qui n'aspire qu'au crime,
Où le plus furieux passe pour magnanime!
Le vainqueur doit rougir en ce combat honteux;
Et les premiers vaincus sont les plus généreux.
Voyons donc qui des deux aura plus de courage,
Qui voudra le premier triompher de sa rage...
Quoi! vous n'en faites rien! C'est à vous d'avancer,
Et, venant de si loin, vous devez commencer:
Commencez, Polynice, embrassez votre frère;
Et montrez...

ÉTÉOCLE.

Hé, madame! à quoi bon ce mystère?
Tous ces embrassements ne sont guère à propos :
Qu'il parle, qu'il s'explique, et nous laisse en repos.

POLYNICE.

Quoi! faut-il davantage expliquer mes pensées?
On les peut découvrir par les choses passées:
La guerre, les combats, tant de sang répandu,
Tout cela dit assez que le trône m'est dû.

ÉTÉOCLE.
Et ces mêmes combats, et cette même guerre,
Ce sang qui tant de fois a fait rougir la terre,
Tout cela dit assez que le trône est à moi;
Et, tant que je respire, il ne peut être à toi.
POLYNICE.
Tu sais qu'injustement tu remplis cette place.
ÉTÉOCLE.
L'injustice me plaît pourvu que je t'en chasse.
POLYNICE.
Si tu n'en veux sortir, tu pourras en tomber.
ÉTÉOCLE.
Si je tombe, avec moi tu pourras succomber.
JOCASTE.
O dieux! que je me vois cruellement déçue!
N'avais-je tant pressé cette fatale vue
Que pour les désunir encor plus que jamais?
Ah, mes fils! est-ce là comme on parle de paix?
Quittez, au nom des dieux, ces tragiques pensées;
Ne renouvelez point vos discordes passées:
Vous n'êtes pas ici dans un champ inhumain.
Est-ce moi qui vous mets les armes à la main?
Considérez ces lieux où vous prîtes naissance;
Leur aspect sur vos cœurs n'a-t-il point de puissance?
C'est ici que tous deux vous reçûtes le jour;
Tout ne vous parle ici que de paix et d'amour:
Ces princes, votre sœur, tout condamne vos haines;
Enfin moi, qui pour vous pris toujours tant de peines,
Qui, pour vous réunir, immolerais... Hélas!
Ils détournent la tête, et ne m'écoutent pas!
Tous deux pour s'attendrir ils ont l'âme trop dure;
Ils ne connaissent plus la voix de la nature!
A Polynice.
Et vous, que je croyais plus doux et plus soumis...
POLYNICE.
Je ne veux rien de lui que ce qu'il m'a promis:
Il ne saurait régner sans se rendre parjure.
JOCASTE.
Une extrême justice est souvent une injure.
Le trône vous est dû, je n'en saurais douter;
Mais vous le renversez en voulant y monter.

Ne vous lassez-vous point de cette affreuse guerre?
Voulez-vous sans pitié désoler cette terre,
Détruire cet empire afin de le gagner?
Est-ce donc sur des morts que vous voulez régner?
Thèbes avec raison craint le règne d'un prince
Qui de fleuves de sang inonde sa province :
Voudrait-elle obéir à votre injuste loi?
Vous êtes son tyran avant qu'être son roi.
Dieux! si devenant grand souvent on devient pire,
Si la vertu se perd quand on gagne l'empire,
Lorsque vous régnerez, que serez-vous, hélas!
Si vous êtes cruel quand vous ne régnez pas?

POLYNICE.

Ah! si je suis cruel, on me force de l'être;
Et de mes actions je ne suis pas le maître.
J'ai honte des horreurs où je me vois contraint;
Et c'est injustement que le peuple me craint.
Mais il faut en effet soulager ma patrie;
De ses gémissements mon âme est attendrie.
Trop de sang innocent se verse tous les jours,
Il faut de ses malheurs que j'arrête le cours ;
Et, sans faire gémir ni Thèbes ni la Grèce,
A l'auteur de mes maux il faut que je m'adresse :
Il suffit aujourd'hui de son sang ou du mien.

JOCASTE.

Du sang de votre frère?

POLYNICE.

Oui, madame, du sien :
Il faut finir ainsi cette guerre inhumaine.
Oui, cruel, et c'est là le dessein qui m'amène;
Moi-même à ce combat j'ai voulu t'appeler :
A tout autre qu'à toi je craignais d'en parler;
Tout autre aurait voulu condamner ma pensée,
Et personne en ces lieux ne te l'eût annoncée.
Je te l'annonce donc. C'est à toi de prouver
Si ce que tu ravis tu le sais conserver.
Montre-toi digne enfin d'une si belle proie.

ÉTÉOCLE.

J'accepte ton dessein, et l'accepte avec joie;
Créon sait là-dessus quel était mon désir:
J'eusse accepté le trône avec moins de plaisir.

Je te crois maintenant digne du diadème;
Je te le vais porter au bout de ce fer même.
JOCASTE.
Hâtez-vous donc, cruels, de me percer le sein,
Et commencez par moi votre horrible dessein :
Ne considérez point que je suis votre mère ;
Considérez en moi celle de votre frère.
Si de votre ennemi vous recherchez le sang,
Recherchez en la source en ce malheureux flanc :
Je suis de tous les deux la commune ennemie,
Puisque votre ennemi reçut de moi la vie;
Cet ennemi, sans moi, ne verrait pas le jour.
S'il meurt, ne faut-il pas que je meure à mon tour?
N'en doutez point, sa mort me doit être commune;
Il faut en donner deux, ou n'en donner pas une;
Et, sans être ni doux ni cruel à demi,
Il faut me perdre, ou bien sauver votre ennemi.
Si la vertu vous plaît, si l'honneur vous anime,
Barbares, rougissez de commettre un tel crime:
Ou si le crime, enfin, vous plaît tant à chacun,
Barbares, rougissez de n'en commettre qu'un.
Aussi bien ce n'est point que l'amour vous retienne
Si vous sauvez ma vie en poursuivant la sienne:
Vous vous garderiez bien, cruels, de m'épargner
Si je vous empêchais un moment de régner.
Polynice, est-ce ainsi que l'on traite une mère ?
POLYNICE.
J'épargne mon pays.
JOCASTE.
Et vous tuez un frère !
POLYNICE.
Je punis un méchant.
JOCASTE.
Et sa mort aujourd'hui
Vous rendra plus coupable et plus méchant que lui.
POLYNICE.
Faut-il que de ma main je couronne ce traître,
Et que de cour en cour j'aille chercher un maître ;
Qu'errant et vagabond je quitte mes États,
Pour observer des lois qu'il ne respecte pas ?
De ses propres forfaits serai-je la victime?

Le diadème est-il le partage du crime?
Quel droit ou quel devoir n'a-t-il point violé?
Et cependant il règne, et je suis exilé!
JOCASTE.
Mais si le roi d'Argos vous cède une couronne...
POLYNICE.
Dois-je chercher ailleurs ce que le sang me donne?
En m'alliant chez lui n'aurai-je rien porté?
Et tiendrai-je mon rang de sa seule bonté?
D'un trône qui m'est dû faut-il que l'on me chasse,
Et d'un prince étranger que je brigue la place?
Non, non; sans m'abaisser à lui faire la cour,
Je veux devoir le sceptre à qui je dois le jour.
JOCASTE.
Qu'on le tienne, mon fils, d'un beau-père ou d'un père,
La main de tous les deux vous sera toujours chère.
POLYNICE.
Non, non; la différence est trop grande pour moi;
L'un me ferait esclave, et l'autre me fait roi.
Quoi! ma grandeur serait l'ouvrage d'une femme!
D'un éclat si honteux je rougirais dans l'âme.
Le trône, sans l'amour, me serait donc fermé?
Je ne régnerais pas si l'on ne m'eût aimé?
Je veux m'ouvrir le trône, ou jamais n'y paraître;
Et quand j'y monterai, j'y veux monter en maître;
Que le peuple à moi seul soit forcé d'obéir;
Et qu'il me soit permis de m'en faire haïr.
Enfin, de ma grandeur je veux être l'arbitre,
N'être point roi, madame, ou l'être à juste titre;
Que le sang me couronne; ou, s'il ne suffit pas,
Je veux à son secours n'appeler que mon bras.
JOCASTE.
Faites plus, tenez tout de votre grand courage;
Que votre bras tout seul fasse votre partage;
Et, dédaignant les pas des autres souverains,
Soyez, mon fils, soyez l'ouvrage de vos mains.
Par d'illustres exploits couronnez-vous vous-même,
Qu'un superbe laurier soit votre diadème;
Régnez et triomphez, et joignez à la fois
La gloire des héros à la pourpre des rois.
Quoi! votre ambition serait-elle bornée

A régner tour à tour l'espace d'une année?
Cherchez à ce grand cœur, que rien ne peut dompter,
Quelque trône où vous seul ayez droit de monter.
Mille sceptres nouveaux s'offrent à votre épée,
Sans que d'un sang si cher nous la voyions trempée.
Vos triomphes pour moi n'auront rien que de doux,
Et votre frère même ira vaincre avec vous.

POLYNICE.

Vous voulez que mon cœur, flatté de ces chimères,
Laisse un usurpateur au trône de mes pères?

JOCASTE.

Si vous lui souhaitez en effet tant de mal,
Élevez-le vous-même à ce trône fatal.
Ce trône fut toujours un dangereux abîme :
La foudre l'environne aussi bien que le crime :
Votre père et les rois qui vous ont devancés,
Sitôt qu'ils y montaient, s'en sont vus renversés.

POLYNICE.

Quand je devrais au ciel rencontrer le tonnerre,
J'y monterais plutôt que de ramper à terre.
Mon cœur, jaloux du sort de ces grands malheureux,
Veut s'élever, madame, et tomber avec eux.

ÉTÉOCLE.

Je saurai t'épargner une chute si vaine.

POLYNICE.

Ah! ta chute, crois-moi, précédera la mienne.

JOCASTE.

Mon fils, son règne plaît.

POLYNICE.

    Mais il m'est odieux.

JOCASTE.

Il a pour lui le peuple.

POLYNICE.

    Et j'ai pour moi les dieux.

ÉTÉOCLE.

Les dieux de ce haut rang te voulaient interdire,
Puisqu'ils m'ont élevé le premier à l'empire :
Ils ne savaient que trop, lorsqu'ils firent ce choix,
Qu'on veut régner toujours quand on règne une fois.
Jamais dessus le trône on ne vit plus d'un maître ;
Il n'en peut tenir deux, quelque grand qu'il puisse être ;

L'un des deux, tôt ou tard, se verrait renversé ;
Et d'un autre soi-même on y serait pressé.
Jugez donc, par l'horreur que ce méchant me donne,
Si je puis avec lui partager la couronne.

POLYNICE.

Et moi je ne veux plus, tant tu m'es odieux,
Partager avec toi la lumière des cieux.

JOCASTE.

Allez donc, j'y consens, allez perdre la vie ;
A ce cruel combat tous deux je vous convie ;
Puisque tous mes efforts ne sauraient vous changer,
Que tardez-vous ? allez vous perdre et me venger.
Surpassez, s'il se peut, les crimes de vos pères :
Montrez, en vous tuant, comme vous êtes frères ;
Le plus grand des forfaits vous a donné le jour,
Il faut qu'un crime égal vous l'arrache à son tour.
Je ne condamne plus la fureur qui vous presse ;
Je n'ai plus pour mon sang ni pitié ni tendresse :
Votre exemple m'apprend à ne le plus chérir ;
Et moi je vais, cruels, vous apprendre à mourir.

SCÈNE IV. — ANTIGONE, ÉTÉOCLE, POLYNICE, HÉMON, CRÉON.

ANTIGONE.

Madame... O ciel ! que vois-je ? Hélas ! rien ne les touche !

HÉMON.

Rien ne peut ébranler leur constance farouche.

ANTIGONE.

Princes...

ÉTÉOCLE.

Pour ce combat, choisissons quelque lieu.

POLYNICE.

Courons. Adieu, ma sœur.

ÉTÉOCLE.

Adieu, princesse, adieu.

ANTIGONE.

Mes frères, arrêtez ! Gardes, qu'on les retienne :
Joignez, unissez tous vos douleurs à la mienne.
C'est leur être cruels que de les respecter.

HÉMON.

Madame, il n'est plus rien qui les puisse arrêter.

ANTIGONE.

Ah! généreux Hémon, c'est vous seul que j'implore:
Si la vertu vous plaît, si vous m'aimez encore,
Et qu'on puisse arrêter leurs parricides mains,
Hélas! pour me sauver, sauvez ces inhumains.

ACTE CINQUIÈME.

SCÈNE PREMIÈRE. — ANTIGONE.

A quoi te résous-tu, princesse infortunée?
    Ta mère vient de mourir dans tes bras;
    Ne saurais-tu suivre ses pas,
Et finir, en mourant, ta triste destinée?
A de nouveaux malheurs te veux-tu réserver?
Tes frères sont aux mains, rien ne les peut sauver
    De leurs cruelles armes.
Leur exemple t'anime à te percer le flanc;
    Et toi seule verses des larmes,
    Tous les autres versent du sang.

Quelle est de mes malheurs l'extrémité mortelle,
    Où ma douleur doit-elle recourir?
    Dois-je vivre? dois-je mourir?
Un amant me retient, une mère m'appelle;
Dans la nuit du tombeau je la vois qui m'attend;
Ce que veut la raison, l'amour me le défend,
    Et m'en ôte l'envie.
Que je vois de sujets d'abandonner le jour!
    Mais, hélas, qu'on tient à la vie,
    Quand on tient si fort à l'amour!

Oui, tu retiens, amour, mon âme fugitive;
    Je reconnais la voix de mon vainqueur:
    L'espérance est morte en mon cœur;
Et cependant tu vis, et tu veux que je vive;
Tu dis que mon amant me suivrait au tombeau,
Que je dois de mes jours conserver le flambeau
    Pour sauver ce que j'aime.
Hémon, vois le pouvoir que l'amour a sur moi;

Je ne vivrais pas pour moi-même,
Et je veux bien vivre pour toi.

Si jamais tu doutas de ma flamme fidèle...
Mais voici du combat la funeste nouvelle.

SCÈNE II. — ANTIGONE, OLYMPE.

ANTIGONE.
Eh bien, ma chère Olympe, as-tu vu ce forfait?
OLYMPE.
J'y suis courue en vain, c'en était déjà fait.
Du haut de nos remparts j'ai vu descendre en larmes
Le peuple qui courait et qui criait aux armes;
Et, pour vous dire enfin d'où venait sa terreur,
Le roi n'est plus, madame, et son frère est vainqueur.
On parle aussi d'Hémon; l'on dit que son courage
S'est efforcé longtemps de suspendre leur rage,
Mais que tous ses efforts ont été superflus.
C'est ce que j'ai compris de mille bruits confus.
ANTIGONE.
Ah! je n'en doute pas, Hémon est magnanime;
Son grand cœur eut toujours trop d'horreur pour le crime;
Je l'avais conjuré d'empêcher ce forfait;
Et s'il l'avait pu faire, Olympe, il l'aurait fait.
Mais, hélas! leur fureur ne pouvait se contraindre:
Dans des ruisseaux de sang elle voulait s'éteindre.
Princes dénaturés, vous voilà satisfaits;
La mort seule entre vous pouvait mettre la paix.
Le trône pour vous deux avait trop peu de place.
Il fallait entre vous mettre un plus grand espace;
Et que le ciel vous mît, pour finir vos discords,
L'un parmi les vivants, l'autre parmi les morts.
Infortunés tous deux, dignes qu'on vous déplore!
Moins malheureux pourtant que je ne suis encore,
Puisque de tous les maux qui sont tombés sur vous
Vous n'en sentez aucun, et que je les sens tous!
OLYMPE.
Mais pour vous ce malheur est un moindre supplice
Que si la mort vous eût enlevé Polynice;
Ce prince était l'objet qui faisait tous vos soins:
Les intérêts du roi vous touchaient beaucoup moins.

ANTIGONE.
Il est vrai, je l'aimais d'une amitié sincère;
Je l'aimais beaucoup plus que je n'aimais son frère:
Et ce qui lui donnait tant de part dans mes vœux,
Il était vertueux, Olympe, et malheureux.
Mais, hélas! ce n'est plus ce cœur si magnanime,
Et c'est un criminel qu'a couronné son crime:
Son frère plus que lui commence à me toucher;
Devenant malheureux, il m'est devenu cher.

OLYMPE.
Créon vient.

ANTIGONE.
Il est triste; et j'en connais la cause:
Au courroux du vainqueur la mort du roi l'expose.
C'est de tous nos malheurs l'auteur pernicieux.

SCÈNE III. — ANTIGONE, CRÉON, OLYMPE, ATTALE, Gardes.

CRÉON.
Madame, qu'ai-je appris en entrant dans ces lieux?
Est-il vrai que la reine...

ANTIGONE.
Oui, Créon, elle est morte.

CRÉON.
O dieux! puis-je savoir de quelle étrange sorte
Ses jours infortunés ont éteint leur flambeau?

OLYMPE.
Elle-même, seigneur, s'est ouvert le tombeau;
Et, s'étant d'un poignard en un moment saisie,
Elle en a terminé ses malheurs et sa vie.

ANTIGONE.
Elle a su prévenir la perte de son fils.

CRÉON.
Ah, madame! il est vrai que les dieux ennemis...

ANTIGONE.
N'imputez qu'à vous seul la mort du roi mon frère,
Et n'en accusez point la céleste colère.
A ce combat fatal vous seul l'avez conduit:
Il a cru vos conseils; sa mort en est le fruit.
Ainsi de leurs flatteurs les rois sont les victimes:

Vous avancez leur perte en approuvant leurs crimes,
De la chute des rois vous êtes les auteurs ;
Mais les rois, en tombant, entraînent leurs flatteurs.
Vous le voyez, Créon ; sa disgrâce mortelle
Vous est funeste autant qu'elle nous est cruelle :
Le ciel, en le perdant, s'en est vengé sur vous ;
Et vous avez peut-être à pleurer comme nous.
CRÉON.
Madame, je l'avoue ; et les destins contraires
Me font pleurer deux fils, si vous pleurez deux frères.
ANTIGONE.
Mes frères et vos fils ! dieux ! que veut ce discours ?
Quelque autre qu'Étéocle a-t-il fini ses jours ?
CRÉON.
Mais ne savez-vous pas cette sanglante histoire ?
ANTIGONE.
J'ai su que Polynice a gagné la victoire,
Et qu'Hémon a voulu les séparer en vain.
CRÉON.
Madame, ce combat est bien plus inhumain.
Vous ignorez encor mes pertes et les vôtres ;
Mais, hélas ! apprenez les unes et les autres.
ANTIGONE.
Rigoureuse fortune, achève ton courroux !
Ah, sans doute, voici le dernier de tes coups !
CRÉON.
Vous avez vu, madame, avec quelle furie
Les deux princes sortaient pour s'arracher la vie,
Que d'une ardeur égale ils fuyaient de ces lieux,
Et que jamais leurs cœurs ne s'accordèrent mieux.
La soif de se baigner dans le sang de leur frère
Faisait ce que jamais le sang n'avait su faire :
Par l'excès de leur haine ils semblaient réunis,
Et, prêts à s'égorger, il paraissaient amis.
Ils ont choisi d'abord, pour leur champ de bataille,
Un lieu près des deux camps, au pied de la muraille.
C'est là, que reprenant leur première fureur,
Ils commencent enfin ce combat plein d'horreur.
D'un geste menaçant, d'un œil brûlant de rage,
Dans le sein l'un de l'autre ils cherchent un passage :
Et, la seule fureur précipitant leurs bras,

Tous deux semblent courir au-devant du trépas.
Mon fils, qui de douleur en soupirait dans l'âme
Et qui se souvenait de vos ordres, madame,
Se jette au milieu d'eux, et méprise pour vous
Leurs ordres absolus qui nous arrêtaient tous.
Il leur retient le bras, les repousse, les prie,
Et pour les séparer s'expose à leur furie :
Mais il s'efforce en vain d'en arrêter le cours;
Et ces deux furieux se rapprochent toujours.
Il tient ferme pourtant, et ne perd point courage ;
De mille coups mortels il détourne l'orage,
Jusqu'à ce que du roi le fer trop rigoureux,
Soit qu'il cherchât son frère, ou ce fils malheureux,
Le renverse à ses pieds prêt à rendre la vie.

ANTIGONE.
Et la douleur encor ne me l'a pas ravie !

CRÉON.
J'y cours, je le relève, et le prends dans mes bras ;
Et, me reconnaissant : « Je meurs, dit-il tout bas ;
» Trop heureux d'expirer pour ma belle princesse.
» En vain à mon secours votre amitié s'empresse ;
» C'est à ces furieux que vous devez courir :
» Séparez-les, mon père, et me laissez mourir. »
Il expire à ces mots. Ce barbare spectacle
A leur noire fureur n'apporte point d'obstacle ;
Seulement Polynice en paraît affligé :
« Attends, Hémon, dit-il, tu vas être vengé. »
En effet, sa douleur renouvelle sa rage,
Et bientôt le combat tourne à son avantage.
Le roi, frappé d'un coup qui lui perce le flanc,
Lui cède la victoire, et tombe dans son sang.
Les deux camps aussitôt s'abandonnent en proie,
Le nôtre à la douleur, et les Grecs à la joie;
Et le peuple, alarmé du trépas de son roi,
Sur le haut de ses tours témoigne son effroi.
Polynice, tout fier du succès de son crime,
Regarde avec plaisir expirer sa victime;
Dans le sang de son frère il semble se baigner :
« Et tu meurs, lui dit-il, et moi je vais régner.
» Regarde dans mes mains l'empire et la victoire.
» Va rougir aux enfers de l'excès de ma gloire;

» Et, pour mourir encore avec plus de regret,
» Traître, songe en mourant que tu meurs mon sujet. »
En achevant ces mots, d'une démarche fière
Il s'approche du roi couché sur la poussière,
Et pour le désarmer il avance le bras.
Le roi, qui semble mort, observe tous ses pas ;
Il le voit, il l'attend, et son âme irritée
Pour quelque grand dessein semble s'être arrêtée.
L'ardeur de se venger flatte encor ses désirs,
Et retarde le cours de ses derniers soupirs.
Prêt à rendre la vie, il en cache le reste,
Et sa mort au vainqueur est un piége funeste :
Et, dans l'instant fatal que ce frère inhumain
Lui veut ôter le fer qu'il tenait à la main,
Il lui perce le cœur ; et son âme ravie,
En achevant ce coup, abandonne la vie.
Polynice frappé pousse un cri dans les airs,
Et son âme en courroux s'enfuit dans les enfers.
Tout mort qu'il est, madame, il garde sa colère,
Et l'on dirait qu'encore il menace son frère ;
Son visage, où la mort a répandu ses traits,
Demeure plus terrible et plus fier que jamais.

ANTIGONE.

Fatale ambition, aveuglement funeste !
D'un oracle cruel suite trop manifeste !
De tout le sang royal il ne reste que nous ;
Et plût aux dieux, Créon, qu'il ne restât que vous,
Et que mon désespoir, prévenant leur colère,
Eût suivi de plus près le trépas de ma mère !

CRÉON.

Il est vrai que des dieux le courroux embrasé
Pour nous faire périr semble s'être épuisé ;
Car enfin sa rigueur, vous le voyez, madame,
Ne m'accable pas moins qu'elle afflige votre âme.
En m'arrachant mes fils...

ANTIGONE.

        Ah ! vous régnez, Créon ;
Et le trône aisément vous console d'Hémon.
Mais laissez-moi, de grâce, un peu de solitude,
Et ne contraignez point ma triste inquiétude :
Aussi bien mes chagrins passeraient jusqu'à vous.

Vous trouverez ailleurs des entretiens plus doux :
Le trône vous attend, le peuple vous appelle ;
Goûtez tout le plaisir d'une grande nouvelle.
Adieu. Nous ne faisons tous deux que nous gêner :
Je veux pleurer, Créon : et vous voulez régner.

CRÉON, arrêtant Antigone.

Ah, madame ! régnez, et montez sur le trône :
Ce haut rang n'appartient qu'à l'illustre Antigone.

ANTIGONE.

Il me tarde déjà que vous ne l'occupiez.
La couronne est à vous.

CRÉON.

Je la mets à vos pieds.

ANTIGONE.

Je la refuserais de la main des dieux même ;
Et vous osez, Créon, m'offrir le diadème !

CRÉON.

Je sais que ce haut rang n'a rien de glorieux
Qui ne cède à l'honneur de l'offrir à vos yeux.
D'un si noble destin je me connais indigne :
Mais si l'on peut prétendre à cette gloire insigne,
Si par d'illustres faits on la peut mériter,
Que faut-il faire enfin, madame ?

ANTIGONE.

M'imiter.

CRÉON.

Que ne ferais-je point pour une telle grâce ?
Ordonnez seulement ce qu'il faut que je fasse :
Je suis prêt...

ANTIGONE, en s'en allant.

Nous verrons.

CRÉON, la suivant.

J'attends vos lois ici.

ANTIGONE, en s'en allant.

Attendez.

SCÈNE IV. — CRÉON, ATTALE, Gardes.

ATTALE.

Son courroux serait-il adouci ?
Croyez-vous la fléchir ?

CRÉON.

Oui, oui, mon cher Attale :

3.

Il n'est point de fortune à mon bonheur égale ;
Et tu vas voir en moi, dans ce jour fortuné,
L'ambitieux au trône, et l'amant couronné.
Je demandais au ciel la princesse et le trône ;
Il me donne le sceptre, et m'accorde Antigone.
Pour couronner ma tête et ma flamme en ce jour,
Il arme en ma faveur et la haine et l'amour :
Il allume pour moi deux passions contraires ;
Il attendrit la sœur, il endurcit les frères ;
Il aigrit leur courroux, il fléchit sa rigueur,
Et m'ouvre en même temps et leur trône et son cœur.

ATTALE.

Il est vrai, vous avez toute chose prospère,
Et vous seriez heureux si vous n'étiez point père.
L'ambition, l'amour, n'ont rien à désirer ;
Mais, seigneur, la nature a beaucoup à pleurer :
En perdant vos deux fils...

CRÉON.

Oui, leur perte m'afflige :
Je sais ce que de moi le rang de père exige ;
Je l'étais. Mais surtout j'étais né pour régner ;
Et je perds beaucoup moins que je ne crois gagner.
Le nom de père, Attale, est un titre vulgaire ;
C'est un don que le ciel ne nous refuse guère :
Un bonheur si commun n'a pour moi rien de doux ;
Ce n'est pas un bonheur, s'il ne fait des jaloux.
Mais le trône est un bien dont le ciel est avare :
Du reste des mortels ce haut rang nous sépare ;
Bien peu sont honorés d'un don si précieux :
La terre a moins de rois que le ciel n'a de dieux.
D'ailleurs tu sais qu'Hémon adorait la princesse,
Et qu'elle eut pour ce prince une extrême tendresse :
S'il vivait, son amour au mien serait fatal.
En me privant d'un fils, le ciel m'ôte un rival.
Ne me parle donc plus que de sujets de joie :
Souffre qu'à mes transports je m'abandonne en proie ;
Et, sans me rappeler des ombres des enfers,
Dis-moi ce que je gagne, et non ce je perds.
Parle-moi de régner ; parle-moi d'Antigone :
J'aurai bientôt son cœur, et j'ai déjà le trône.
Tout ce qui s'est passé n'est qu'un songe pour moi :

J'étais père et sujet, je suis amant et roi.
La princesse et le trône ont pour moi tant de charmes,
Que... Mais Olympe vient.
ATTALE.
Dieux! elle est tout en larmes.

SCÈNE V. — CRÉON, OLYMPE, ATTALE, Gardes.

OLYMPE.
Qu'attendez-vous, seigneur? la princesse n'est plus.
CRÉON.
Elle n'est plus, Olympe!
OLYMPE.
Ah! regrets superflus!
Elle n'a fait qu'entrer dans la chambre prochaine;
Et du même poignard dont est morte la reine,
Sans que je puisse voir son funeste dessein,
Cette fière princesse a percé son beau sein :
Elle s'en est, seigneur, mortellement frappée;
Et dans son sang, hélas! elle est soudain tombée.
Jugez à cet objet ce que j'ai dû sentir.
Mais sa belle âme enfin, toute prête à sortir :
« Cher Hémon, c'est à toi que je me sacrifie, »
Dit-elle; et ce moment a terminé sa vie.
J'ai senti son beau corps tout froid entre mes bras;
Et j'ai cru que mon âme allait suivre ses pas.
Heureuse mille fois, si ma douleur mortelle
Dans la nuit du tombeau m'eût plongée avec elle!

SCÈNE VI. — CRÉON, ATTALE, Gardes.

CRÉON.
Ainsi donc vous fuyez un amant odieux,
Et vous-même, cruelle, éteignez vos beaux yeux!
Vous fermez pour jamais ces beaux yeux que j'adore;
Quoique Hémon vous fût cher, vous courez au trépas
Bien plus pour m'éviter que pour suivre ses pas!
Mais, dussiez-vous encor m'être aussi rigoureuse,
Ma présence aux enfers vous fût-elle odieuse,
Dût après le trépas vivre votre courroux,
Inhumaine, je vais y descendre après vous.

Vous y verrez toujours l'objet de votre haine,
Et toujours mes soupirs vous rediront ma peine,
Ou pour vous adoucir, ou pour vous tourmenter;
Mourons donc...
ATTALE, lui arrachant son épée.
Ah, seigneur! quelle cruelle envie!
CRÉON.
Ah! c'est m'assassiner que me sauver la vie!
Amour, rage, transports, venez à mon secours,
Venez, et terminez mes détestables jours!
De ces cruels amis trompez tous les obtacles!
Toi, justifie, ô ciel, la foi de tes oracles!
Je suis le dernier sang du malheureux Laïus;
Perdez-moi, dieux cruels, ou vous serez déçus.
Reprenez, reprenez cet empire funeste;
Vous m'ôtez Antigone, ôtez-moi tout le reste:
Le trône et vos présents excitent mon courroux;
Un coup de foudre est tout ce que je veux de vous.
Ne le refusez pas à mes vœux, à mes crimes;
Ajoutez mon supplice à tant d'autres victimes.
Mais en vain je vous presse, et mes propres forfaits
Me font déjà sentir tous les maux que j'ai faits.
Jocaste, Polynice, Étéocle, Antigone,
Mes fils que j'ai perdus pour m'élever au trône,
Tant d'autres malheureux dont j'ai causé les maux,
Font déjà dans mon cœur l'office de bourreaux.
Arrêtez... mon trépas va venger votre perte;
La foudre va tomber, la terre est entr'ouverte;
Je ressens à la fois mille tourments divers,
Et je m'en vais chercher du repos aux enfers.
Il tombe entre les mains des gardes.

FIN DES FRÈRES ENNEMIS.

ALEXANDRE LE GRAND

TRAGÉDIE. — 1665.

PRÉFACE.

Il n'y a guère de tragédies où l'histoire soit plus fidèlement suivie que dans celle-ci. Le sujet en est tiré de plusieurs auteurs, mais surtout du huitième livre de Quinte-Curce. C'est là qu'on peut voir tout ce qu'Alexandre fit lorsqu'il entra dans les Indes, les ambassades qu'il envoya aux rois de ce pays-là, les différentes réceptions qu'ils firent à ses envoyés, l'alliance que Taxile fit avec lui, la fierté avec laquelle Porus refusa les conditions qu'on lui présentait, l'inimitié qui était entre Porus et Taxile; et enfin la victoire qu'Alexandre remporta sur Porus, la réponse généreuse que ce brave Indien fit au vainqueur, qui lui demandait comment il voulait qu'on le traitât et la générosité avec laquelle Alexandre lui rendit tous ses États et en ajouta beaucoup d'autres.

Cette action d'Alexandre a passé pour une des plus belles que ce prince ait faites en sa vie; et le danger que Porus lui fit courir dans la bataille lui parut le plus grand où il se fût jamais trouvé. Il le confessa lui-même, en disant qu'il avait trouvé enfin un péril digne de son courage. Et ce fut en cette même occasion qu'il s'écria : « O » Athéniens, combien de travaux j'endure pour me faire louer de » vous ! »

J'ai tâché de représenter en Porus un ennemi digne d'Alexandre; et je puis dire que son caractère a plu extrêmement sur notre théâtre, jusque-là que des personnes m'ont reproché que je faisais ce prince plus grand qu'Alexandre. Mais ces personnes ne considèrent pas que dans la bataille et dans la victoire Alexandre est en effet plus grand que Porus; qu'il n'y a pas un vers dans la tragédie qui ne soit à la louange d'Alexandre, que les invectives mêmes de Porus et d'Axiane sont autant d'éloges de la valeur de ce conquérant. Porus a peut-être quelque chose qui intéresse davantage, parce qu'il est dans le malheur : car, comme dit Sénèque [1], « nous sommes de » telle nature, qu'il n'y a rien au monde qui se fasse tant admirer » qu'un homme qui sait être malheureux avec courage. »

Les amours d'Alexandre et de Cléofile ne sont pas de mon invention; Justin en parle, aussi bien que Quinte-Curce : ces deux historiens rapportent qu'une reine dans les Indes, nommée Cléofile, se rendit à ce prince avec la ville où il la tenait assiégée, et qu'il la rétablit dans son royaume en considération de sa beauté. Elle en eut un fils, et elle l'appela Alexandre [2].

PERSONNAGES.

ALEXANDRE.
PORUS,
TAXILE, } rois dans les Indes.
AXIANE, reine d'une autre partie des Indes.
CLÉOFILE, sœur de Taxile.
ÉPHESTION.
Suite d'Alexandre.

La scène est sur le bord de l'Hydaspe, dans le camp de Taxile.

---

[1]. Ita affecti sumus, ut nihil æque magnum apud nos admirationem occupet quam homo fortiter miser.
[2]. Regna Cleophlis, reginæ potit, quæ cum eo dedisset et concubitu, redemptum regnum ab Alexandro recepit, illecebris consecuta quod virtute non potuerat, filiumque, ab eo genitum, Alexandrum nominavit, qui postea regnum Indorum potitus est. (JUSTIN.)

ACTE PREMIER.

SCÈNE PREMIÈRE. — TAXILE, CLÉOFILE.

CLÉOFILE.

Quoi! vous allez combattre un roi dont la puissance
Semble forcer le ciel à prendre sa défense,
Sous qui toute l'Asie a vu tomber ses rois,
Et qui tient la fortune attachée à ses lois?
Mon frère, ouvrez les yeux pour connaître Alexandre :
Voyez de toutes parts les trônes mis en cendre,
Les peuples asservis et les rois enchaînés ;
Et prévenez les maux qui les ont entraînés.

TAXILE.

Voulez-vous que, frappé d'une crainte si basse,
Je présente la tête au joug qui nous menace,
Et que j'entende dire aux peuples indiens
Que j'ai forgé moi-même et leurs fers et les miens?
Quitterai-je Porus? Trahirai-je ces princes
Que rassemble le soin d'affranchir nos provinces,
Et qui, sans balancer sur un si noble choix,
Sauront également vivre ou mourir en rois?
En voyez-vous un seul qui, sans rien entreprendre,
Se laisse terrasser au seul nom d'Alexandre,
Et, le croyant déjà maître de l'univers,
Aille, esclave empressé, lui demander des fers?
Loin de s'épouvanter à l'aspect de sa gloire,
Ils l'attaqueront même au sein de la victoire :
Et vous voulez, ma sœur, que Taxile aujourd'hui,
Tout prêt à le combattre, implore son appui!

CLÉOFILE.

Aussi n'est-ce qu'à vous que ce prince s'adresse ;
Pour votre amitié seule Alexandre s'empresse :
Quand la foudre s'allume et s'apprête à partir,
Il s'efforce en secret de vous en garantir.

TAXILE.

Pourquoi suis-je le seul que son courroux ménage?
De tous ceux que l'Hydaspe oppose à son courage,

Ai-je mérité seul son indigne pitié,
Ne peut-il à Porus offrir son amitié?
Ah! sans doute il lui croit l'âme trop généreuse
Pour écouter jamais une offre si honteuse :
Il cherche une vertu qui lui résiste moins ;
Et peut-être il me croit plus digne de ses soins.
CLÉOFILE.
Dites, sans l'accuser de chercher un esclave,
Que de ses ennemis il vous croit le plus brave ;
Et qu'en vous arrachant les armes de la main,
Il se promet du reste un triomphe certain.
Son choix à votre nom n'imprime point de taches ;
Son amitié n'est point le partage des lâches ;
Quoiqu'il brûle de voir tout l'univers soumis,
On ne voit point d'esclave au rang de ses amis.
Ah! si son amitié peut souiller votre gloire,
Que ne m'épargniez-vous une tache si noire?
Vous connaissez les soins qu'il me rend tous les jours :
Il ne tenait qu'à vous d'en arrêter le cours.
Vous me voyez ici maîtresse de son âme ;
Cent messages secrets m'assurent de sa flamme :
Pour venir jusqu'à moi, ses soupirs embrasés
Se font jour au travers de deux camps opposés.
Au lieu de le haïr, au lieu de m'y contraindre,
De mon trop de rigueur je vous ai vu vous plaindre ;
Vous m'avez engagée à souffrir son amour,
Et peut-être, mon frère, à l'aimer à mon tour.
TAXILE.
Vous pouvez, sans rougir du pouvoir de vos charmes,
Forcer ce grand guerrier à vous rendre les armes ;
Et, sans que votre cœur doive s'en alarmer,
Le vainqueur de l'Euphrate a pu vous désarmer :
Mais l'État aujourd'hui suivra ma destinée ;
Je tiens avec mon sort sa fortune enchaînée ;
Et, quoique vos conseils tâchent de me fléchir,
Je dois demeurer libre afin de l'affranchir.
Je sais l'inquiétude où ce dessein vous livre :
Mais comme vous, ma sœur, j'ai mon amour à suivre.
Les beaux yeux d'Axiane, ennemis de la paix,
Contre votre Alexandre arment tous leurs attraits :
Reine de tous les cœurs, elle met tout en armes

Pour cette liberté que détruisent ses charmes ;
Elle rougit des fers qu'on apporte en ces lieux,
Et n'y saurait souffrir de tyrans que ses yeux.
Il faut servir, ma sœur, son illustre colère ;
Il faut aller...

CLÉOFILE.

Eh bien ! perdez-vous pour lui plaire ;
De ces tyrans si chers suivez l'arrêt fatal.
Servez-les : ou plutôt servez votre rival ;
De vos propres lauriers souffrez qu'on le couronne ;
Combattez pour Porus, Axiane l'ordonne ;
Et, par de beaux exploits appuyant sa rigueur,
Assurez à Porus l'empire de son cœur.

TAXILE.

Ah, ma sœur ! croyez-vous que Porus...

CLÉOFILE.

Mais vous-même
Doutez-vous en effet qu'Axiane ne l'aime ?
Quoi ! ne voyez-vous pas avec quelle chaleur
L'ingrate à vos yeux même étale sa valeur ?
Quelque brave qu'on soit, si nous la voulons croire,
Ce n'est qu'autour de lui que vole la victoire ;
Vous formeriez sans lui d'inutiles desseins ;
La liberté de l'Inde est toute entre ses mains ;
Sans lui déjà nos murs seraient réduits en cendre ;
Lui seul peut arrêter les progrès d'Alexandre :
Elle se fait un dieu de ce prince charmant,
Et vous doutez encor qu'elle en fasse un amant !

TAXILE.

Je tâchais d'en douter, cruelle Cléofile.
Hélas ! dans son erreur affermissez Taxile :
Pourquoi lui peignez-vous cet objet odieux ?
Aidez-le bien plutôt à démentir ses yeux :
Dites-lui qu'Axiane est une beauté fière,
Telle à tous les mortels qu'elle est à votre frère.
Flattez de quelque espoir...

CLÉOFILE.

Espérez, j'y consens :
Mais n'espérez plus rien de vos soins impuissants.
Pouquoi dans les combats chercher une conquête
Qu'à vous livrer lui-même Alexandre s'apprête ?

Ce n'est pas contre lui qu'il la faut disputer ;
Porus est l'ennemi qui prétend vous l'ôter.
Pour ne vanter que lui, l'injuste renommée
Semble oublier les noms du reste de l'armée :
Quoi qu'on fasse, lui seul en ravit tout l'éclat ;
Et comme ses sujets il vous mène au combat.
Ah! si ce nom vous plaît, si vous cherchez à l'être,
Les Grecs et les Persans vous enseignent un maître,
Vous trouverez cent rois compagnons de vos fers ;
Porus y viendra même avec tout l'univers.
Mais Alexandre enfin ne vous tend point de chaînes ;
Il laisse à votre front ces marques souveraines
Qu'un orgueilleux rival ose ici dédaigner.
Porus vous fait servir ; il vous fera régner :
Au lieu que de Porus vous êtes la victime,
Vous serez... Mais voici ce rival magnanime.

TAXILE.

Ah, ma sœur! je me trouble ; et mon cœur alarmé,
En voyant mon rival, me dit qu'il est aimé.

CLÉOFILE.

Le temps vous presse. Adieu. C'est à vous de vous rendre
L'esclave de Porus, ou l'ami d'Alexandre.

SCÈNE II. — PORUS, TAXILE.

PORUS.

Seigneur, ou je me trompe, ou nos fiers ennemis
Feront moins de progrès qu'ils ne s'étaient promis.
Nos chefs et nos soldats, brûlant d'impatience,
Font lire sur leur front une mâle assurance ;
Ils s'animent l'un l'autre, et nos moindres guerriers
Se promettent déjà des moissons de lauriers.
J'ai vu de rang en rang cette ardeur répandue
Par des cris généreux éclater à ma vue :
Ils se plaignent qu'au lieu d'éprouver leur grand cœur,
L'oisiveté d'un camp consume leur vigueur.
Laisserons-nous languir tant d'illustres courages?
Notre ennemi, seigneur, cherche ses avantages,
Il se sent faible encore ; et, pour nous retenir,
Éphestion demande à nous entretenir,
Et par de vains discours...

TAXILE.
Seigneur, il faut l'entendre;
Nous ignorons encor ce que veut Alexandre :
Peut-être est-ce la paix qu'il nous veut présenter.
PORUS.
La paix! Ah! de sa main pourriez-vous l'accepter?
Hé quoi! nous l'aurons vu, par tant d'horribles guerres,
Troubler le calme heureux dont jouissaient nos terres,
Et, le fer à la main, entrer dans nos États
Pour attaquer des rois qui ne l'offensaient pas;
Nous l'aurons vu piller des provinces entières,
Du sang de nos sujets faire enfler nos rivières :
Et, quand le ciel s'apprête à nous l'abandonner,
J'attendrai qu'un tyran daigne nous pardonner!
TAXILE.
Ne dites point, seigneur, que le ciel l'abandonne;
D'un soin toujours égal sa faveur l'environne;
Un roi qui fait trembler tant d'États sous ses lois
N'est pas un ennemi que méprisent les rois.
PORUS.
Loin de le mépriser j'admire son courage;
Je rends à sa valeur un légitime hommage :
Mais je veux à mon tour mériter les tributs
Que je me sens forcé de rendre à ses vertus.
Oui, je consens qu'au ciel on élève Alexandre :
Mais si je puis, seigneur, je l'en ferai descendre,
Et j'irai l'attaquer jusque sur les autels
Que lui dresse en tremblant le reste des mortels.
C'est ainsi qu'Alexandre estima tous ces princes
Dont sa valeur pourtant a conquis les provinces :
Si son cœur dans l'Asie eût montré quelque effroi,
Darius en mourant l'aurait-il vu son roi?
TAXILE.
Seigneur, si Darius avait su se connaître,
Il règnerait encore où règne un autre maître.
Cependant cet orgueil qui causa son trépas
Avait un fondement que vos mépris n'ont pas.
La valeur d'Alexandre à peine était connue;
Ce foudre était encore enfermé dans la nue;
Dans un calme profond Darius endormi
Ignorait jusqu'au nom d'un si faible ennemi.

Il le connut bientôt ; et son âme, étonnée,
De tout ce grand pouvoir se vit abandonnée ;
Il se vit terrassé d'un bras victorieux ;
Et la foudre en tombant lui fit ouvrir les yeux.

PORUS.

Mais encore, à quel prix croyez-vous qu'Alexandre
Mette l'indigne paix dont il veut vous surprendre?
Demandez-le, seigneur, à cent peuples divers
Que cette paix trompeuse a jetés dans les fers.
Non, ne nous flattons point : sa douceur nous outrage ;
Toujours son amitié traîne un long esclavage ;
En vain on prétendrait n'obéir qu'à demi,
Si l'on n'est son esclave, on est son ennemi.

TAXILE.

Seigneur, sans se montrer lâche ni téméraire,
Par quelque vain hommage on peut le satisfaire.
Flattons par des respects ce prince ambitieux
Que son bouillant orgueil appelle en d'autre lieux.
C'est un torrent qui passe, et dont la violence
Sur tout ce qui l'arrête exerce sa puissance ;
Qui, grossi du débris de cent peuples divers,
Veut du bruit de son cours remplir tout l'univers.
Que sert de l'irriter par un orgueil sauvage?
D'un favorable accueil honorons son passage ;
Et, lui cédant des droits que nous reprendrons bien,
Rendons-lui des devoirs qui ne nous coûtent rien.

PORUS.

Qui ne nous coûtent rien, seigneur? l'osez-vous croire?
Compterai-je pour rien la perte de ma gloire?
Votre empire et le mien seraient trop achetés
S'ils coûtaient à Porus les moindres lâchetés.
Mais croyez-vous qu'un prince enflé de tant d'audace
De son passage ici ne laissât point de trace?
Combien de rois, brisés à ce funeste écueil,
Ne règnent plus qu'autant qu'il plaît à son orgueil!
Nos couronnes, d'abord devenant ses conquêtes,
Tant que nous régnerions flotteraient sur nos têtes ;
Et nos sceptres, en proie à ses moindres dédains,
Dès qu'il aurait parlé tomberaient de nos mains.
Ne dites point qu'il court de province en province :
Jamais de ses liens il ne dégage un prince ;

Et, pour mieux asservir les peuples sous ses lois,
Souvent dans la poussière il leur cherche des rois.
Mais ces indignes soins touchent peu mon courage,
Votre seul intérêt m'inspire ce langage.
Porus n'a point de part dans tout cet entretien,
Et quand la gloire parle il n'écoute plus rien.

TAXILE.

J'écoute, comme vous, ce que l'honneur m'inspire,
Seigneur ; mais il m'engage à sauver mon empire.

PORUS.

Si vous voulez sauver l'un et l'autre aujourd'hui,
Prévenons Alexandre, et marchons contre lui.

TAXILE.

L'audace et le mépris sont d'infidèles guides.

PORUS.

La honte suit de près les courages timides.

TAXILE.

Le peuple aime les rois qui savent l'épargner.

PORUS.

Il estime encor plus ceux qui savent régner.

TAXILE.

Ces conseils ne plairont qu'à des âmes hautaines.

PORUS.

Ils plairont à des rois, et peut-être à des reines.

TAXILE.

La reine, à vous ouïr, n'a des yeux que pour vous.

PORUS.

Un esclave est pour elle un objet de courroux.

TAXILE.

Mais croyez-vous, seigneur, que l'amour vous ordonne
D'exposer avec vous son peuple et sa personne?
Non, non : sans vous flatter avouez qu'en ce jour
Vous suivez votre haine, et non pas votre amour.

PORUS.

Eh bien! je l'avouerai que ma juste colère
Aime la guerre autant que la paix vous est chère ;
J'avouerai que, brûlant d'une noble chaleur,
Je vais contre Alexandre éprouver ma valeur.
Du bruit de ses exploits mon âme importunée
Attend depuis longtemps cette heureuse journée.
Avant qu'il me cherchât, un orgueil inquiet

M'avait déjà rendu son ennemi secret.
Dans le noble transport de cette jalousie,
Je le trouvais trop lent à traverser l'Asie ;
Je l'attirais ici par des vœux si puissants,
Que je portais envie au bonheur des Persans :
Et maintenant encor, s'il trompait mon courage,
Pour sortir de ces lieux s'il cherchait un passage,
Vous me verriez moi-même, armé pour l'arrêter,
Lui refuser la paix qu'il nous veut présenter.

TAXILE.

Oui, sans doute, une ardeur si haute et si constante
Vous promet dans l'histoire une place éclatante ;
Et, sous ce grand dessein dussiez-vous succomber,
Au moins c'est avec bruit qu'on vous verra tomber.
La reine vient. Adieu. Vantez-lui votre zèle ;
Découvrez cet orgueil qui vous rend digne d'elle.
Pour moi, je troublerais un si noble entretien ;
Et vos cœurs rougiraient des faiblesses du mien.

SCÈNE III. — PORUS, AXIANE.

AXIANE.

Quoi ! Taxile me fuit ! Quelle cause inconnue...?

PORUS.

Il fait bien de cacher sa honte à votre vue :
Et, puisqu'il n'ose plus s'exposer aux hasards,
De quel front pourrait-il soutenir vos regards ?
Mais laissons-le, madame ; et puisqu'il veut se rendre,
Qu'il aille avec sa sœur adorer Alexandre.
Retirons-nous d'un camp où, l'encens à la main,
Le fidèle Taxile attend son souverain.

AXIANE.

Mais, seigneur, que dit-il ?

PORUS.

     Il en fait trop paraître :
Cet esclave déjà m'ose vanter son maître ;
Il veut que je le serve...

AXIANE.

     Ah ! sans vous emporter,
Souffrez que mes efforts tâchent de l'arrêter :
Ses soupirs, malgré moi, m'assurent qu'il m'adore.

Quoi qu'il en soit, souffrez que je lui parle encore;
Et ne le forçons point, par ce cruel mépris,
D'achever un dessein qu'il peut n'avoir pas pris.
PORUS.
Hé quoi! vous en doutez; et votre âme s'assure
Sur la foi d'un amant infidèle et parjure,
Qui veut à son tyran vous livrer aujourd'hui,
Et croit, en vous donnant, vous obtenir de lui!
Eh bien! aidez-le donc à vous trahir vous-même,
Il vous peut arracher à mon amour extrême;
Mais il ne peut m'ôter, par ses efforts jaloux,
La gloire de combattre et de mourir pour vous.
AXIANE.
Et vous croyez qu'après une telle insolence
Mon amitié, seigneur, serait sa récompense!
Vous croyez que, mon cœur s'engageant sous sa loi,
Je souscrirais au don qu'on lui ferait de moi!
Pouvez-vous sans rougir m'accuser d'un tel crime?
Ai-je fait pour ce prince éclater tant d'estime?
Entre Taxile et vous s'il fallait prononcer,
Seigneur, le croyez-vous qu'on me vit balancer?
Sais-je pas que Taxile est une âme incertaine?
Que l'amour le retient quand la crainte l'entraîne?
Sais-je pas que, sans moi, sa timide valeur
Succomberait bientôt aux ruses de sa sœur?
Vous savez qu'Alexandre en fit sa prisonnière,
Et qu'enfin cette sœur retourna vers son frère;
Mais je connus bientôt qu'elle avait entrepris
De l'arrêter au piége où son cœur était pris.
PORUS.
Et vous pouvez encor demeurer auprès d'elle!
Que n'abandonnez-vous cette sœur criminelle?
Pourquoi, par tant de soins, voulez-vous épargner
Un prince...
AXIANE.
C'est pour vous que je le veux gagner.
Vous verrai-je, accablé du soin de nos provinces,
Attaquer seul un roi vainqueur de tant de princes?
Je vous veux dans Taxile offrir un défenseur
Qui combatte Alexandre en dépit de sa sœur.
Que n'avez-vous pour moi cette ardeur empressée!
Mais d'un soin si commun votre âme est peu blessée;

Pourvu que ce grand cœur périsse noblement,
Ce qui suivra sa mort le touche faiblement.
Vous me voulez livrer, sans secours, sans asile,
Au courroux d'Alexandre, à l'amour de Taxile,
Qui, me traitant bientôt en superbe vainqueur,
Pour prix de votre mort demandera mon cœur.
Eh bien ! seigneur, allez, contentez votre envie ;
Combattez ; oubliez le soin de votre vie ;
Oubliez que le ciel, favorable à vos vœux,
Vous préparait peut-être un sort assez heureux.
Peut-être qu'à son tour Axiane charmée
Allait... Mais non, seigneur, courez vers votre armée,
Un si long entretien vous serait ennuyeux ;
Et c'est vous retenir trop longtemps en ces lieux.

PORUS.

Ah, madame ! arrêtez, et connaissez ma flamme ;
Ordonnez de mes jours, disposez de mon âme :
La gloire y peut beaucoup, je ne m'en cache pas ;
Mais que n'y peuvent point tant de divins appas !
Je ne vous dirai point que pour vaincre Alexandre
Vos soldats et les miens allaient tout entreprendre ;
Que c'était pour Porus un bonheur sans égal
De triompher tout seul aux yeux de son rival :
Je ne vous dis plus rien. Parlez en souveraine ;
Mon cœur met à vos pieds et sa gloire et sa haine.

AXIANE.

Ne craignez rien ; ce cœur qui veut bien m'obéir
N'est pas entre des mains qui le puissent trahir :
Non, je ne prétends pas, jalouse de sa gloire,
Arrêter un héros qui court à la victoire.
Contre un fier ennemi précipitez vos pas ;
Mais de vos alliés ne vous séparez pas :
Ménagez-les, seigneur ; et, d'une âme tranquille,
Laissez agir mes soins sur l'esprit de Taxile ;
Montrez en sa faveur des sentiments plus doux :
Je le vais engager à combattre pour vous.

PORUS.

Eh bien, madame, allez, j'y consens avec joie :
Voyons Éphestion, puisqu'il faut qu'on le voie,
Mais, sans perdre l'espoir de le suivre de près,
J'attends Éphestion, et le combat après.

ACTE DEUXIÈME.

SCÈNE PREMIÈRE. — CLÉOFILE, ÉPHESTION.

ÉPHESTION.

Oui, tandis que vos rois délibèrent ensemble,
Et que tout se prépare au conseil qui s'assemble,
Madame, permettez que je vous parle aussi
Des secrètes raisons qui m'amènent ici.
Fidèle confident du beau feu de mon maître,
Souffrez que je l'explique aux yeux qui l'ont fait naître;
Et que pour ce héros j'ose vous demander
Le repos qu'à vos rois il veut bien accorder.
Après tant de soupirs, que faut-il qu'il espère?
Attendez-vous encore après l'aveu d'un frère?
Voulez-vous que son cœur, incertain et confus,
Ne se donne jamais sans craindre vos refus?
Faut-il mettre à vos pieds le reste de la terre?
Faut-il donner la paix? faut-il faire la guerre?
Prononcez : Alexandre est tout prêt d'y courir,
Ou pour vous mériter, ou pour vous conquérir.

CLÉOFILE.

Puis-je croire qu'un prince au comble de la gloire
De mes faibles attraits garde encor la mémoire;
Que, traînant après lui la victoire et l'effroi,
Il se puisse abaisser à soupirer pour moi?
Des captifs comme lui brisent bientôt leur chaîne;
A de plus hauts desseins la gloire les entraîne;
Et l'amour dans leurs cœurs, interrompu, troublé,
Sous le faix des lauriers est bientôt accablé.
Tandis que ce héros me tint sa prisonnière,
J'ai pu toucher son cœur d'une atteinte légère :
Mais je pense, seigneur, qu'en rompant mes liens
Alexandre à son tour brisa bientôt les siens.

ÉPHESTION.

Ah! si vous l'aviez vu, brûlant d'impatience,
Compter les tristes jours d'une si longue absence,
Vous sauriez que, l'amour précipitant ses pas,

Il ne cherchait que vous en courant aux combats.
C'est pour vous qu'on l'a vu, vainqueur de tant de princes,
D'un cours impétueux traverser vos provinces,
Et briser en passant, sous l'effort de ses coups,
Tout ce qui l'empêchait de s'approcher de vous.
On voit en même champ vos drapeaux et les nôtres,
De ses retranchements il découvre les vôtres ;
Mais, après tant d'exploits, ce timide vainqueur
Craint qu'il ne soit encor bien loin de votre cœur.
Que lui sert de courir de contrée en contrée,
S'il faut que de ce cœur vous lui fermiez l'entrée ;
Si, pour ne point répondre à de sincères vœux,
Vous cherchez chaque jour à douter de ses feux ;
Si votre esprit, armé de mille défiances...

CLÉOFILE.

Hélas! de tels soupçons sont de faibles défenses ;
Et nos cœurs, se formant mille soins superflus,
Doutent toujours du bien qu'ils souhaitent le plus.
Oui, puisque ce héros veut que j'ouvre mon âme,
J'écoute avec plaisir le récit de sa flamme :
Je craignais que le temps n'en eût borné le cours ;
Je souhaite qu'il m'aime, et qu'il m'aime toujours.
Je dis plus : quand son bras força notre frontière,
Et dans les murs d'Omphis m'arrêta prisonnière,
Mon cœur, qui le voyait maître de l'univers,
Se consolait déjà de languir dans ses fers ;
Et, loin de murmurer contre un destin si rude,
Il s'en fit, je l'avoue, une douce habitude ;
Et de sa liberté perdant le souvenir,
Même en la demandant, craignait de l'obtenir :
Jugez si son retour me doit combler de joie.
Mais tout couvert de sang veut-il que je le voie?
Est-ce comme ennemi qu'il se vient présenter?
Et ne me cherche-t-il que pour me tourmenter?

ÉPHESTION.

Non, madame ; vaincu du pouvoir de vos charmes
Il suspend aujourd'hui la terreur de ses armes ;
Il présente la paix à des rois aveuglés,
Et retire la main qui les eût accablés.
Il craint que la victoire, à ses vœux trop facile,
Ne conduise ses coups dans le sein de Taxile :

Son courage, sensible à vos justes douleurs,
Ne veut point de lauriers arrosés de vos pleurs.
Favorisez les soins où son amour l'engage;
Exemptez sa valeur d'un si triste avantage;
Et disposez des rois qu'épargne son courroux
A recevoir un bien qu'ils ne doivent qu'à vous.

CLÉOFILE.

N'en doutez point, seigneur, mon âme, inquiétée,
D'une crainte si juste est sans cesse agitée;
Je tremble pour mon frère, et crains que son trépas
D'un ennemi si cher n'ensanglante le bras.
Mais en vain je m'oppose à l'ardeur qui l'enflamme,
Axiane et Porus tyrannisent son âme;
Les charmes d'une reine et l'exemple d'un roi,
Dès que je veux parler, s'élèvent contre moi.
Que n'ai-je point à craindre en ce désordre extrême !
Je crains pour lui, je crains pour Alexandre même.
Je sais qu'en l'attaquant cent rois se sont perdus;
Je sais tous ses exploits: mais je connais Porus.
Nos peuples, qu'on a vus triomphants à sa suite
Repousser les efforts du Persan et du Scythe,
Et tout fiers des lauriers dont il les a chargés,
Vaincront à son exemple, ou périront vengés.
Et je crains...

ÉPHESTION.

Ah ! quittez une crainte si vaine;
Laissez courir Porus où son malheur l'entraîne,
Que l'Inde en sa faveur arme tous ses États,
Et que le seul Taxile en détourne ses pas.
Mais les voici.

CLÉOFILE.

Seigneur, achevez votre ouvrage;
Par vos sages conseils dissipez cet orage:
Ou, s'il faut qu'il éclate, au moins souvenez-vous
De le faire tomber sur d'autres que sur nous.

SCÈNE II. — PORUS, TAXILE, ÉPHESTION.

ÉPHESTION.

Avant que le combat qui menace vos têtes
Mette tous vos États au rang de nos conquêtes,

Alexandre veut bien différer ses exploits,
Et vous offrir la paix pour la dernière fois.
Vos peuples, prévenus de l'espoir qui vous flatte,
Prétendaient arrêter le vainqueur de l'Euphrate;
Mais l'Hydaspe, malgré tant d'escadrons épars,
Voit enfin sur ses bords flotter nos étendards :
Vous les verriez plantés jusque sur vos tranchées,
Et de sang et de morts vos campagnes jonchées,
Si ce héros, couvert de tant d'autres lauriers,
N'eût lui-même arrêté l'ardeur de nos guerriers.
Il ne vient point ici, souillé du sang des princes,
D'un triomphe barbare effrayer vos provinces,
Et, cherchant à briller d'une triste splendeur,
Sur le tombeau des rois élever sa grandeur :
Mais vous-mêmes, trompés d'un vain espoir de gloire,
N'allez point dans ses bras irriter la victoire;
Et lorsque son courroux demeure suspendu,
Princes, contentez-vous de l'avoir attendu.
Ne différez point tant à lui rendre l'hommage
Que vos cœurs, malgré vous, rendent à son courage;
Et, recevant l'appui que vous offre son bras,
D'un si grand défenseur honorez vos États.
Voilà ce qu'un grand roi veut bien vous faire entendre,
Prêt à quitter le fer, et prêt à le reprendre.
Vous savez son dessein : choisissez aujourd'hui
Si vous voulez tout perdre, ou tout tenir de lui.

TAXILE.

Seigneur, ne croyez point qu'une fierté barbare
Nous fasse méconnaître une vertu si rare;
Et que dans leur orgueil nos peuples affermis
Prétendent, malgré vous, être vos ennemis.
Nous rendons ce qu'on doit aux illustres exemples :
Vous adorez des dieux qui nous doivent leurs temples :
Des héros qui chez vous passaient pour des mortels
En venant parmi nous ont trouvé des autels.
Mais en vain l'on prétend, chez des peuples si braves,
Au lieu d'adorateurs se faire des esclaves :
Croyez-moi, quelque éclat qui les puisse toucher,
Ils refusent l'encens qu'on leur veut arracher.
Assez d'autres États devenus vos conquêtes,
De leurs rois, sous le joug, ont vu ployer les têtes,

Après tous ces États qu'Alexandre a soumis,
N'est-il pas temps, seigneur, qu'il cherche des amis?
Tout ce peuple captif, qui tremble au nom d'un maître,
Soutient mal un pouvoir qui ne fait que de naître.
Ils ont pour s'affranchir les yeux toujours ouverts:
Votre empire n'est plein que d'ennemis couverts.
Ils pleurent en secret leurs rois sans diadèmes:
Vos fers trop étendus se relâchent d'eux-mêmes;
Et déjà dans leur cœur les Scythes mutinés
Vont sortir de la chaîne où vous nous destinez.
Essayez, en prenant notre amitié pour gage,
Ce que peut une foi qu'aucun serment n'engage;
Laissez un peuple, au moins, qui puisse quelquefois
Applaudir sans contrainte au bruit de vos exploits.
Je reçois à ce prix l'amitié d'Alexandre;
Et je l'attends déjà comme un roi doit attendre
Un héros dont la gloire accompagne les pas,
Qui peut tout sur mon cœur, et rien sur mes États.

PORUS.

Je croyais, quand l'Hydaspe, assemblant ses provinces
Au secours de ses bords fit voler tous ses princes,
Qu'il n'avait avec moi, dans des desseins si grands,
Engagé que des rois ennemis des tyrans:
Mais puisqu'un roi, flattant la main qui nous menace,
Parmi ses alliés brigue une indigne place,
C'est à moi de répondre aux vœux de mon pays,
Et de parler pour ceux que Taxile a trahis.
  Que vient chercher ici le roi qui vous envoie?
Quel est ce grand secours que son bras nous octroie?
De quel front ose-t-il prendre sous son appui
Des peuples qui n'ont point d'autre ennemi que lui?
Avant que sa fureur ravageât tout le monde,
L'Inde se reposait dans une paix profonde;
Et, si quelques voisins en troublaient les douceurs,
Il portait dans son sein d'assez bons défenseurs.
Pourquoi nous attaquer? Par quelle barbarie
A-t-on de votre maître excité la furie?
Vit-on jamais chez lui nos peuples en courroux
Désoler un pays inconnu parmi nous?
Faut-il que tant d'États, de déserts, de rivières,
Soient entre nous et lui d'impuissantes barrières?

Et ne saurait-on vivre au bout de l'univers
Sans connaître son nom et le poids de ses fers?
Quelle étrange valeur, qui, ne cherchant qu'à nuire,
Embrasse tout sitôt qu'elle commence à luire;
Qui n'a que son orgueil pour règle et pour raison;
Qui veut que l'univers ne soit qu'une prison,
Et que, maître absolu de tous tant que nous sommes,
Ses esclaves en nombre égalent tous les hommes!
Plus d'États, plus de rois : ses sacriléges mains
Dessous un même joug rangent tous les humains.
Dans son avide orgueil je sais qu'il nous dévore :
De tant de souverains nous seuls régnons encore.
Mais que dis-je, nous seuls? il ne reste que moi
Où l'on découvre encor les vestiges d'un roi.
Mais c'est pour mon courage une illustre matière :
Je vois d'un œil content trembler la terre entière,
Afin que par moi seul les mortels secourus,
S'ils sont libres, le soient de la main de Porus;
Et qu'on dise partout, dans une paix profonde :
« Alexandre vainqueur eût dompté tout le monde ;
» Mais un roi l'attendait au bout de l'univers,
» Par qui le monde entier a vu briser ses fers. »

ÉPHESTION.

Votre projet du moins nous marque un grand courage;
Mais, seigneur, c'est bien tard s'opposer à l'orage :
Si le monde penchant n'a plus que cet appui,
Je le plains, et vous plains vous-même autant que lui.
Je ne vous retiens point; marchez contre mon maître :
Je voudrais seulement qu'on vous l'eût fait connaître;
Et que la renommée eût voulu, par pitié,
De ses exploits au moins vous conter la moitié;
Vous verriez...

PORUS.

   Que verrais-je, et que pourrais-je apprendre
Qui m'abaisse si fort au-dessous d'Alexandre?
Serait-ce sans efforts les Persans subjugués,
Et vos bras tant de fois de meurtres fatigués?
Quelle gloire en effet d'accabler la faiblesse
D'un roi déjà vaincu par sa propre mollesse,
D'un peuple sans vigueur et presque inanimé,
Qui gémissait sous l'or dont il était armé,

4.

Et qui, tombant en foule, au lieu de se défendre,
N'opposait que des morts au grand cœur d'Alexandre ?
Les autres, éblouis de ses moindres exploits,
Sont venus à genoux lui demander des lois ;
Et, leur crainte écoutant je ne sais quels oracles,
Ils n'ont pas cru qu'un dieu pût trouver des obstacles.
Mais nous, qui d'un autre œil jugeons des conquérants,
Nous savons que les dieux ne sont pas des tyrans ;
Et, de quelque façon qu'un esclave le nomme,
Le fils de Jupiter passe ici pour un homme.
Nous n'allons point de fleurs parfumer son chemin ;
Il nous trouve partout les armes à la main :
Il voit à chaque pas arrêter ses conquêtes ;
Un seul rocher ici lui coûte plus de têtes,
Plus de soins, plus d'assauts, et presque plus de temps,
Que n'en coûte à son bras l'empire des Persans.
Ennemis du repos qui perdit ces infâmes,
L'or qui naît sous nos pas ne corrompt point nos âmes ;
La gloire est le seul bien qui nous puisse tenter,
Et le seul que mon cœur cherche à lui disputer ;
C'est elle...

ÉPHESTION, en se levant.

Et c'est aussi ce que cherche Alexandre :
A de moindres objets son cœur ne peut descendre.
C'est ce qui, l'arrachant du sein de ses États,
Au trône de Cyrus lui fit porter ses pas,
Et, du plus ferme empire ébranlant les colonnes,
Attaquer, conquérir, et donner les couronnes.
Et puisque votre orgueil ose lui disputer
La gloire du pardon qu'il vous fait présenter,
Vos yeux, dès aujourd'hui témoins de sa victoire,
Verront de quelle ardeur il combat pour la gloire :
Bientôt le fer en main vous le verrez marcher.

PORUS.

Allez donc : je l'attends, ou je le vais chercher.

SCÈNE III. — PORUS, TAXILE.

TAXILE.

Quoi ! vous voulez, au gré de votre impatience...

PORUS.

Non, je ne prétends point troubler votre alliance.

Éphestion, aigri seulement contre moi,
De vos soumissions rendra compte à son roi.
Les troupes d'Axiane, à me suivre engagées,
Attendent le combat sous mes drapeaux rangées ;
De son trône et du mien je soutiendrai l'éclat ;
Et vous serez, seigneur, le juge du combat :
A moins que votre cœur, animé d'un beau zèle,
De vos nouveaux amis n'embrasse la querelle.

SCÈNE IV. — AXIANE, PORUS, TAXILE.

AXIANE, à Taxile.

Ah! que dit-on de vous, seigneur! Nos ennemis
Se vantent que Taxile est à moitié soumis ;
Qu'il ne marchera point contre un roi qu'il respecte.

TAXILE.

La foi d'un ennemi doit être un peu suspecte,
Madame ; avec le temps ils me connaîtront mieux.

AXIANE.

Démentez donc, seigneur, ce bruit injurieux ;
De ceux qui l'ont semé confondez l'insolence ;
Allez, comme Porus, les forcer au silence,
Et leur faire sentir, par un juste courroux,
Qu'ils n'ont point d'ennemi plus funeste que vous.

TAXILE.

Madame, je m'en vais disposer mon armée.
Écoutez moins ce bruit qui vous tient alarmée :
Porus fait son devoir ; et je ferai le mien.

SCÈNE V. — AXIANE, PORUS.

AXIANE.

Cette sombre froideur ne m'en dit pourtant rien ;
Lâche ! et ce n'est point là, pour me le faire croire,
La démarche d'un roi qui court à la victoire.
Il n'en faut plus douter, et nous sommes trahis :
Il immole à sa sœur sa gloire et son pays ;
Et sa haine, seigneur, qui cherche à vous abattre,
Attend pour éclater que vous alliez combattre.

PORUS.

Madame, en le perdant, je perds un faible appui ;

Je le connaissais trop pour m'assurer sur lui.
Mes yeux sans se troubler ont vu son inconstance :
Je craignais beaucoup plus sa molle résistance.
Un traître, en nous quittant pour complaire à sa sœur,
Nous affaiblit bien moins qu'un lâche défenseur.

AXIANE.

Et cependant, seigneur, qu'allez-vous entreprendre?
Vous marchez sans compter les forces d'Alexandre ;
Et, courant presque seul au-devant de leurs coups,
Contre tant d'ennemis vous n'opposez que vous.

PORUS.

Hé quoi! voudriez-vous qu'à l'exemple d'un traître
Ma frayeur conspirât à vous donner un maître;
Que Porus, dans un camp se laissant arrêter,
Refusât le combat qu'il vient de présenter?
Non, non, je n'en crois rien. Je connais mieux, madame,
Le beau feu que la gloire allume dans votre âme :
C'est vous, je m'en souviens, dont les puissants appas
Excitaient tous nos rois, les traînaient aux combats ;
Et de qui la fierté, refusant de se rendre,
Ne voulait pour amant qu'un vainqueur d'Alexandre.
Il faut vaincre; et j'y cours, bien moins pour éviter
Le titre de captif, que pour le mériter.
Oui, madame, je vais, dans l'ardeur qui m'entraîne,
Victorieux ou mort, mériter votre chaîne ;
Et puisque mes soupirs s'expliquaient vainement
A ce cœur que la gloire occupe seulement,
Je m'en vais, par l'éclat qu'une victoire donne,
Attacher de si près la gloire à ma personne,
Que je pourrai peut-être amener votre cœur
De l'amour de la gloire à l'amour du vainqueur.

AXIANE.

Eh bien, seigneur, allez. Taxile aura peut-être
Des sujets dans son camp plus braves que leur maître ;
Je vais les exciter par un dernier effort :
Après, dans votre camp j'attendrai votre sort.
Ne vous informez point de l'état de mon âme ;
Triomphez, et vivez.

PORUS.

    Qu'attendez-vous, madame?
Pourquoi dès ce moment ne puis-je pas savoir

Si mes tristes soupirs ont pu vous émouvoir ?
Voulez-vous (car le sort, adorable Axiane,
A ne vous plus revoir peut-être me condamne),
Voulez-vous qu'en mourant un prince infortuné
Ignore à quelle gloire il était destiné ?
Parlez.

AXIANE.

Que vous dirai-je ?

PORUS.

Ah ! divine princesse,
Si vous sentiez pour moi quelque heureuse faiblesse,
Ce cœur, qui me promet tant d'estime en ce jour,
Me pourrait bien encor promettre un peu d'amour.
Contre tant de soupirs peut-il bien se défendre ?
Peut-il...

AXIANE.

Allez, seigneur, marchez contre Alexandre.
La victoire est à vous, si ce fameux vainqueur
Ne se défend pas mieux contre vous que mon cœur.

ACTE TROISIÈME.

SCÈNE PREMIÈRE. — AXIANE, CLÉOFILE.

AXIANE.

Quoi ! madame, en ces lieux on me tient enfermée !
Je ne puis au combat voir marcher mon armée !
Et, commençant par moi sa noire trahison,
Taxile de son camp me fait une prison !
C'est donc là cette ardeur qu'il me faisait paraître !
Cet humble adorateur se déclare mon maître
Et déjà son amour, lassé de ma rigueur,
Captive ma personne au défaut de mon cœur !

CLÉOFILE.

Expliquez mieux les soins et les justes alarmes
D'un roi qui pour vainqueur ne connaît que vos charmes ;
Et regardez, madame, avec plus de bonté
L'ardeur qui l'intéresse à votre sûreté.

Tandis qu'autour de nous deux puissantes armées,
D'une égale chaleur au combat animées,
De leur fureur partout font voler les éclats,
De quel autre côté conduiriez-vous vos pas?
Où pourriez-vous ailleurs éviter la tempête?
Un plein calme en ces lieux assure votre tête.
Tout est tranquille...
    AXIANE.
      Et c'est cette tranquillité
Dont je ne puis souffrir l'indigne sûreté.
Quoi! lorsque mes sujets, mourant dans une plaine,
Sur les pas de Porus combattent pour leur reine;
Qu'au prix de tout leur sang ils signalent leur foi;
Que le cri des mourants vient presque jusqu'à moi;
On me parle de paix! et le camp de Taxile
Garde dans ce désordre une assiette tranquille!
On flatte ma douleur d'un calme injurieux!
Sur des objets de joie on arrête mes yeux!
    CLÉOFILE.
Madame, voulez-vous que l'amour de mon frère,
Abandonne aux périls une tête si chère?
Il sait trop les hasards...
    AXIANE.
      Et pour m'en détourner,
Ce généreux amant me fait emprisonner!
Et, tandis que pour moi son rival se hasarde,
Sa paisible valeur me sert ici de garde!
    CLÉOFILE.
Que Porus est heureux! le moindre éloignement
A votre impatience est un cruel tourment:
Et, si l'on vous croyait, le soin qui vous travaille
Vous le ferait chercher jusqu'au champ de bataille.
    AXIANE.
Je ferais plus, madame: un mouvement si beau
Me le ferait chercher jusque dans le tombeau,
Perdre tous mes États, et voir d'un œil tranquille
Alexandre en payer le cœur de Cléofile.
    CLÉOFILE.
Si vous cherchez Porus, pourquoi m'abandonner?
Alexandre en ces lieux pourra le ramener.
Permettez que, veillant au soin de votre tête,
A cet heureux amant l'on garde sa conquête.

AXIANE.

Vous triomphez, madame ; et déjà votre cœur
Vole vers Alexandre, et le nomme vainqueur.
Mais, sur la seule foi d'un amour qui vous flatte,
Peut-être avant le temps ce grand orgueil éclate ;
Vous poussez un peu loin vos vœux précipités,
Et vous croyez trop tôt ce que vous souhaitez.
Oui, oui...

CLÉOFILE.

Mon frère vient ; et nous allons apprendre
Qui de nous deux, madame, aura pu se méprendre.

AXIANE.

Ah ! je n'en doute plus ; et ce front satisfait
Dit assez à mes yeux que Porus est défait.

SCÈNE II. — TAXILE, AXIANE, CLÉOFILE.

TAXILE.

Madame, si Porus, avec moins de colère,
Eût suivi les conseils d'une amitié sincère,
Il m'aurait en effet épargné la douleur
De vous venir moi-même annoncer son malheur.

AXIANE.

Quoi ! Porus...

TAXILE.

C'en est fait ; et sa valeur trompée
Des maux que j'ai prévus se voit enveloppée.
Ce n'est pas (car mon cœur, respectant sa vertu,
N'accable point encore un rival abattu),
Ce n'est pas que son bras, disputant la victoire,
N'en ait aux ennemis ensanglanté la gloire,
Qu'elle-même, attachée à ses faits éclatants,
Entre Alexandre et lui n'ait douté quelque temps :
Mais enfin contre moi sa vaillance irritée
Avec trop de chaleur s'était précipitée.
J'ai vu ses bataillons rompus et renversés ;
Vos soldats en désordre, et les siens dispersés ;
Et lui-même, à la fin, entraîné dans leur fuite,
Malgré lui du vainqueur éviter la poursuite ;
Et, de son vain courroux trop tard désabusé,
Souhaiter le secours qu'il avait refusé.

AXIANE.

Qu'il avait refusé! Quoi donc! pour ta patrie
Ton indigne courage attend que l'on te prie!
Il faut donc, malgré toi, te traîner aux combats,
Et te forcer toi-même à sauver tes États!
L'exemple de Porus, puisqu'il faut qu'on t'y porte,
Dis-moi, n'était-ce pas une voix assez forte?
Ce héros en péril, ta maîtresse en danger,
Tout l'État périssant n'a pu t'encourager!
Va, tu sers bien le maître à qui ta sœur te donne,
Achève, et fais de moi ce que sa haine ordonne;
Garde à tous les vaincus un traitement égal;
Enchaîne ta maîtresse en livrant ton rival.
Aussi bien c'en est fait, sa disgrâce et ton crime
Ont placé dans mon cœur ce héros magnanime.
Je l'adore: et je veux, avant la fin du jour,
Déclarer à la fois ma haine et mon amour;
Lui vouer, à tes yeux, une amitié fidèle,
Et te jurer, aux siens, une haine immortelle.
Adieu. Tu me connais : aime-moi si tu veux.

TAXILE.

Ah! n'espérez de moi que de sincères vœux,
Madame : n'attendez ni menaces ni chaînes;
Alexandre sait mieux ce qu'on doit à des reines.
Souffrez que sa douceur vous oblige à garder
Un trône que Porus devait moins hasarder :
Et moi-même en aveugle on me verrait combattre
La sacrilége main qui le voudrait abattre.

AXIANE.

Quoi! par l'un de vous deux mon sceptre raffermi
Deviendrait dans mes mains le don d'un ennemi!
Et sur mon propre trône on me verrait placée
Par le même tyran qui m'en aurait chassée!

TAXILE.

Des reines et des rois vaincus par sa valeur
Ont laissé par ses soins adoucir leur malheur.
Voyez de Darius et la femme et la mère;
L'une le traite en fils, l'autre le traite en frère.

AXIANE.

Non, non, je ne sais point vendre mon amitié,
Caresser un tyran, et régner par pitié.

Penses-tu que j'imite une faible Persane ;
Qu'à la cour d'Alexandre ou retienne Axiane ;
Et qu'avec mon vainqueur courant tout l'univers,
J'aille vanter partout la douceur de ses fers ?
S'il donne les États, qu'il te donne les nôtres ;
Qu'il te pare, s'il veut, des dépouilles des autres.
Règne : Porus ni moi n'en serons point jaloux ;
Et tu seras encor plus esclave que nous.
J'espère qu'Alexandre, amoureux de sa gloire,
Et fâché que ton crime ait souillé sa victoire,
S'en lavera bientôt par ton propre trépas.
Des traîtres comme toi font souvent des ingrats :
Et, de quelques faveurs que sa main t'éblouisse,
Du perfide Bessus regarde le supplice.
Adieu.

SCÈNE III. — CLÉOFILE, TAXILE.

CLÉOFILE.

Cédez, mon frère, à ce bouillant transport :
Alexandre et le temps vous rendront le plus fort ;
Et cet âpre courroux, quoi qu'elle en puisse dire,
Ne s'obstinera point au refus d'un empire.
Maître de ses destins, vous l'êtes de son cœur.
Mais, dites-moi, vos yeux ont-ils vu le vainqueur ?
Quel traitement, mon frère, en devons-nous attendre ?
Qu'a-t-il dit ?

TAXILE.

Oui, ma sœur, j'ai vu votre Alexandre.
D'abord, ce jeune éclat qu'on remarque en ses traits
M'a semblé démentir le nombre de ses faits ;
Mon cœur, plein de son nom, n'osait, je le confesse,
Accorder tant de gloire avec tant de jeunesse :
Mais de ce même front l'héroïque fierté,
Le feu de ses regards, sa haute majesté,
Font connaître Alexandre ; et certes son visage
Porte de sa grandeur l'infaillible présage,
Et, sa présence auguste appuyant ses projets,
Ses yeux comme son bras font partout des sujets.
Il sortait du combat. Ébloui de sa gloire,
Je croyais dans ses yeux voir briller la victoire.
Toutefois, à ma vue oubliant sa fierté,

Il a fait à son tour éclater sa bonté.
Ses transports ne m'ont point déguisé sa tendresse :
« Retournez, m'a-t-il dit, auprès de la princesse :
» Disposez ses beaux yeux à revoir un vainqueur
» Qui va mettre à ses pieds sa victoire et son cœur. »
Il marche sur mes pas. Je n'ai rien à vous dire,
Ma sœur : de votre sort je vous laisse l'empire :
Je vous confie encor la conduite du mien.
                    CLÉOFILE.
Vous aurez tout pouvoir, ou je ne pourrai rien.
Tout va vous obéir, si le vainqueur m'écoute.
                    TAXILE.
Je vais donc... Mais on vient. C'est lui-même sans doute.

SCÈNE IV. — ALEXANDRE, TAXILE, CLÉOFILE,
    ÉPHESTION, Suite d'Alexandre.

            ALEXANDRE.
Allez, Éphestion. Que l'on cherche Porus;
Qu'on épargne sa vie et le sang des vaincus.

SCÈNE V. — ALEXANDRE, TAXILE, CLÉOFILE.

            ALEXANDRE, à Taxile.
Seigneur, est-il donc vrai qu'une reine aveuglée
Vous préfère d'un roi la valeur déréglée?
Mais ne le craignez point : son empire est à vous;
D'une ingrate à ce prix fléchissez le courroux.
Maître de deux États, arbitre des siens mêmes,
Allez avec vos vœux offrir trois diadèmes.
                    TAXILE.
Ah! c'en est trop, seigneur : prodiguez un peu moins...
                    ALEXANDRE.
Vous pouvez à loisir reconnaître mes soins.
Ne tardez point, allez où l'amour vous appelle;
Et couronnez vos feux d'une palme si belle.

SCÈNE VI. — ALEXANDRE, CLÉOFILE.

            ALEXANDRE.
Madame, à son amour je promets mon appui :
Ne puis-je rien pour moi quand je puis tout pour lui?

Si prodigue envers lui des fruits de la victoire,
N'en aurai-je pour moi qu'une stérile gloire?
Les sceptres devant vous ou rendus ou donnés,
De mes propres lauriers mes amis couronnés,
Les biens que j'ai conquis répandus sur leurs têtes,
Font voir que je soupire après d'autres conquêtes.
Je vous avais promis que l'effort de mon bras
M'approcherait bientôt de vos divins appas;
Mais, dans ce même temps, souvenez-vous, madame,
Que vous me promettiez quelque place en votre âme.
Je suis venu : l'amour a combattu pour moi;
La victoire elle-même a dégagé ma foi;
Tout cède autour de vous : c'est à vous de vous rendre;
Votre cœur l'a promis, voudra-t-il s'en défendre?
Et lui seul pourrait-il échapper aujourd'hui
A l'ardeur d'un vainqueur qui ne cherche que lui?

CLÉOFILE.

Non, je ne prétends pas que ce cœur inflexible
Garde seul contre vous le titre d'invincible;
Je rends ce que je dois à l'éclat des vertus
Qui tiennent sous vos pieds cent peuples abattus.
Les Indiens domptés sont vos moindres ouvrages;
Vous inspirez la crainte aux plus fermes courages;
Et, quand vous le voudrez, vos bontés, à leur tour,
Dans les cœurs les plus durs inspireront l'amour.
Mais, seigneur, cet éclat, ces victoires, ces charmes,
Me troublent bien souvent par de justes alarmes:
Je crains que, satisfait d'avoir conquis un cœur,
Vous ne l'abandonniez à sa triste langueur;
Qu'insensible à l'ardeur que vous aurez causée,
Votre âme ne dédaigne une conquête aisée.
On attend peu d'amour d'un héros tel que vous :
La gloire fit toujours vos transports les plus doux;
Et peut-être, au moment que ce grand cœur soupire,
La gloire de me vaincre est tout ce qu'il désire.

ALEXANDRE.

Que vous connaissez mal les violents désirs
D'un amour qui vers vous porte tous mes soupirs!
J'avouerai qu'autrefois, au milieu d'une armée,
Mon cœur ne soupirait que pour la renommée;
Les peuples et les rois, devenus mes sujets,

Étaient seuls à mes vœux d'assez dignes objets,
Les beautés de la Perse à mes yeux présentées,
Aussi bien que ses rois, ont paru surmontées :
Mon cœur, d'un fier mépris armé contre leurs traits,
N'a pas du moindre hommage honoré leurs attraits ;
Amoureux de la gloire, et partout invincible,
Il mettait son bonheur à paraître insensible.
Mais, hélas ! que vos yeux, ces aimables tyrans,
Ont produit sur mon cœur des effets différents !
Ce grand nom de vainqueur n'est plus ce qu'il souhaite :
Il vient avec plaisir avouer sa défaite :
Heureux si, votre cœur se laissant émouvoir,
Vos beaux yeux à leur tour avouaient leur pouvoir !
Voulez-vous donc toujours douter de leur victoire,
Toujours de mes exploits me reprocher la gloire ?
Comme si les beaux nœuds où vous me tenez pris
Ne devraient arrêter que de faibles esprits.
Par des faits tout nouveaux je m'en vais vous apprendre
Tout ce que peut l'amour sur le cœur d'Alexandre :
Maintenant que mon bras, engagé sous vos lois,
Doit soutenir mon nom et le vôtre à la fois,
J'irai rendre fameux, par l'éclat de la guerre,
Des peuples inconnus au reste de la terre,
Et vous faire dresser des autels en des lieux
Où leurs sauvages mains en refusent aux dieux.

CLÉOFILE.

Oui, vous y traînerez la victoire captive ;
Mais je doute, seigneur, que l'amour vous y suive.
Tant d'États, tant de mers qui vont nous désunir,
M'effaceront bientôt de votre souvenir.
Quand l'Océan troublé vous verra sur son onde
Achever quelque jour la conquête du monde ;
Quand vous verrez tomber les rois à vos genoux,
Et la terre en tremblant se taire devant vous ;
Songerez-vous, seigneur, qu'une jeune princesse
Au fond de ses États vous regrette sans cesse,
Et rappelle en son cœur les moments bienheureux
Où ce grand conquérant l'assurait de ses feux ?

ALEXANDRE.

Hé quoi ! vous croyez donc qu'à moi-même barbare
J'abandonne en ces lieux une beauté si rare ?

Mais vous-même plutôt voulez-vous renoncer
Au trône de l'Asie, où je vous veux placer?
CLÉOFILE.
Seigneur, vous le savez, je dépends de mon frère.
ALEXANDRE.
Ah! s'il disposait seul du bonheur que j'espère,
Tout l'empire de l'Inde assservi sous ses lois
Bientôt en ma faveur irait briguer son choix.
CLÉOFILE.
Mon amitié pour lui n'est point intéressée.
Apaisez seulement une reine offensée;
Et ne permettez pas qu'un rival aujourd'hui,
Pour vous avoir bravé, soit plus heureux que lui.
ALEXANDRE.
Porus était sans doute un rival magnanime:
Jamais tant de valeur n'attira mon estime.
Dans l'ardeur du combat je l'ai vu, je l'ai joint;
Et je puis dire encor qu'il ne m'évitait point:
Nous nous cherchions l'un l'autre. Une fierté si belle
Allait entre nous deux finir notre querelle,
Lorsqu'un gros de soldats, se jetant entre nous,
Nous a fait dans la foule ensevelir nos coups.

SCÈNE VII. — ALEXANDRE, CLÉOFILE, ÉPHESTION.

ALEXANDRE.
Eh bien! ramène-t-on ce prince téméraire?
ÉPHESTION.
On le cherche partout; mais quoi qu'on puisse faire,
Seigneur, jusques ici sa fuite ou son trépas
Dérobe ce captif aux soins de vos soldats.
Mais un reste des siens entourés dans leur fuite,
Et du soldat vainqueur arrêtant la poursuite,
A nous vendre leur mort semblent se préparer.
ALEXANDRE.
Désarmez les vaincus sans les désespérer.
Madame, allons fléchir une fière princesse,
Afin qu'à mon amour Taxile s'intéresse;
Et, puisque mon repos doit dépendre du sien,
Achevons son bonheur pour établir le mien.

ACTE QUATRIÈME.

SCÈNE PREMIÈRE. — AXIANE.

N'entendrons-nous jamais que des cris de
Qui de mes ennemis me reprochent la gloire?
Et ne pourrai-je au moins, en de si grands malheurs,
M'entretenir moi seule avecque mes douleurs?
D'un odieux amant sans cesse poursuivie,
On prétend, malgré moi, m'attacher à la vie :
On m'observe; on me suit. Mais, Porus, ne crois pas
Qu'on me puisse empêcher de courir sur tes pas.
Sans doute à nos malheurs ton cœur n'a pu survivre :
En vain tant de soldats s'armant pour te poursuivre,
On te découvrirait au bruit de tes efforts;
Et s'il te faut chercher, ce n'est qu'entre les morts.
Hélas! en me quittant, ton ardeur redoublée
Semblait prévoir les maux dont je suis accablée,
Lorsque tes yeux, aux miens découvrant ta langeur,
Me demandaient quel rang tu tenais dans mon cœur;
Que, sans t'inquiéter du succès de tes armes,
Le soin de ton amour te causait tant d'alarmes.
Et pourquoi te cachais-je avec tant de détours
Un secret si fatal au repos de tes jours?
Combien de fois, tes yeux forçant ma résistance,
Mon cœur s'est-il vu près de rompre le silence!
Combien de fois, sensible à tes ardents désirs,
M'est-il en ta présence échappé des soupirs!
Mais je voulais encor douter de ta victoire;
J'expliquais mes soupirs en faveur de la gloire;
Je croyais n'aimer qu'elle. Ah! pardonne, grand roi,
Je sens bien aujourd'hui que je n'aimais que toi.
J'avouerai que la gloire eut sur moi quelque empire;
Je te l'ai dit cent fois : mais je devais te dire
Que toi seul, en effet, m'engageas sous ses lois.
J'appris à la connaître en voyant tes exploits;
Et, de quelque beau feu qu'elle m'eût enflammée,
En un autre que toi je l'aurais moins aimée.

Mais que sert de pousser des soupirs superflus
Qui se perdent en l'air et que tu n'entends plus ?
Il est temps que mon âme, au tombeau descendue,
Te jure une amitié si longtemps attendue ;
Il est temps que mon cœur, pour gage de sa foi,
Montre qu'il n'a pu vivre un moment après toi.
Aussi bien, penses-tu que je voulusse vivre
Sous les lois d'un vainqueur à qui la mort nous livre ?
Je sais qu'il se dispose à me venir parler,
Qu'en me rendant mon sceptre il veut me consoler.
Il croit peut-être, il croit que ma haine étouffée
A sa fausse douceur servira de trophée !
Qu'il vienne. Il me verra, toujours digne de toi,
Mourir en reine, ainsi que tu mourus en roi.

SCÈNE II. — ALEXANDRE, AXIANE.

AXIANE.

Eh bien, seigneur, eh bien, trouvez-vous quelques charmes
A voir couler des pleurs que font verser vos armes ?
Ou si vous m'enviez, en l'état où je suis,
La triste liberté de pleurer mes ennuis ?

ALEXANDRE.

Votre douleur est libre autant que légitime :
Vous regrettez, madame, un prince magnanime.
Je fus son ennemi ; mais je ne l'étais pas
Jusqu'à blâmer les pleurs qu'on donne à son trépas.
Avant que sur ses bords l'Inde me vît paraître,
L'éclat de sa vertu me l'avait fait connaître ;
Entre les plus grands rois il se fit remarquée :
Je savais..

AXIANE.

Pourquoi donc le venir attaquer ?
Par quelle loi faut-il qu'aux deux bouts de la terre
Vous cherchiez la vertu pour lui faire la guerre ?
Le mérite à vos yeux ne peut-il éclater
Sans pousser votre orgueil à le persécuter ?

ALEXANDRE.

Oui, j'ai cherché Porus : mais, quoi qu'on puisse dire,
Je ne le cherchais pas afin de le détruire.
J'avouerai que, brûlant de signaler mon bras,
Je me laissai conduire au bruit de ses combats,

Et qu'au seul nom d'un roi jusqu'alors invincible
A de nouveaux exploits mon cœur devint sensible.
Tandis que je croyais par mes combats divers
Attacher sur moi seul les yeux de l'univers,
J'ai vu de ce guerrier la valeur répandue
Tenir la renommée entre nous suspendue ;
Et voyant de son bras voler partout l'effroi,
L'Inde sembla m'ouvrir un champ digne de moi.
Lassé de voir des rois vaincus sans résistance,
J'appris avec plaisir le bruit de sa vaillance :
Un ennemi si noble a su m'encourager ;
Je suis venu chercher la gloire et le danger.
Son courage, madame, a passé mon attente :
La victoire, à me suivre autrefois si constante,
M'a presque abandonné pour suivre vos guerriers.
Porus m'a disputé jusqu'aux moindres lauriers :
Et j'ose dire encor qu'en perdant la victoire
Mon ennemi lui-même a vu croître sa gloire ;
Qu'une chute si belle élève sa vertu,
Et qu'il ne voudrait pas n'avoir point combattu.

AXIANE.

Hélas ! il fallait bien qu'une si noble envie
Lui fît abandonner tout le soin de sa vie,
Puisque, de toutes parts trahi, persécuté,
Contre tant d'ennemis il s'est précipité.
Mais vous, s'il était vrai que son ardeur guerrière
Eût ouvert à la vôtre une illustre carrière,
Que n'avez-vous, seigneur, dignement combattu ?
Fallait-il par la ruse attaquer sa vertu,
Et, loin de remporter une gloire parfaite,
D'un autre que de vous attendre sa défaite ?
Triomphez : mais sachez que Taxile en son cœur
Vous dispute déjà ce beau nom de vainqueur ;
Que le traître se flatte, avec quelque justice,
Que vous n'avez vaincu que par son artifice.
Et c'est à ma douleur un spectacle assez doux
De le voir partager cette gloire avec vous.

ALEXANDRE.

En vain votre douleur s'arme contre ma gloire :
Jamais on ne m'a vu dérober la victoire,
Et par ces lâches soins, qu'on ne peut m'imputer,

Tromper mes ennemis au lieu de les dompter.
Quoique partout, ce semble, accablé sous le nombre,
Je n'ai pu me résoudre à me cacher dans l'ombre :
Ils n'ont de leur défaite accusé que mon bras ;
Et le jour a partout éclairé mes combats.
Il est vrai que je plains le sort de vos provinces :
J'ai voulu prévenir la perte de vos princes ;
Mais, s'ils avaient suivi mes conseils et mes vœux,
Je les aurais sauvés ou combattus tous deux.
Oui, croyez...

AXIANE.

Je crois tout. Je vous crois invincible :
Mais, seigneur, suffit-il que tout vous soit possible ?
Ne tient-il qu'à jeter tant de rois dans les fers,
Qu'à faire impunément gémir tout l'univers ?
Et que vous avaient fait tant de villes captives,
Tant de morts dont l'Hydaspe a vu couvrir ses rives ?
Qu'ai-je fait, pour venir accabler en ces lieux
Un héros sur qui seul j'ai pu tourner les yeux ?
A-t-il de votre Grèce inondé les frontières ?
Avons-nous soulevé des nations entières,
Et contre votre gloire excité leur courroux ?
Hélas ! nous l'admirions sans en être jaloux.
Contents de nos États, et charmés l'un de l'autre,
Nous attendions un sort plus heureux que le vôtre :
Porus bornait ses vœux à conquérir un cœur
Qui peut-être aujourd'hui l'eût nommé son vainqueur.
Ah ! n'eussiez-vous versé qu'un sang si magnanime ;
Quand on ne vous pourrait reprocher que ce crime ;
Ne vous sentez-vous pas, seigneur, bien malheureux
D'être venu si loin rompre de si beaux nœuds ?
Non, de quelque douceur que se flatte votre âme,
Vous n'êtes qu'un tyran.

ALEXANDRE.

Je le vois bien, madame,
Vous voulez que, saisi d'un indigne courroux,
En reproches honteux j'éclate contre vous :
Peut-être espérez-vous que ma douceur lassée
Donnera quelque atteinte à sa gloire passée.
Mais quand votre vertu ne m'aurait point charmé,
Vous attaquez, madame, un vainqueur désarmé :

5.

Mon âme, malgré vous à vous plaindre engagée,
Respecte le malheur où vous êtes plongée.
C'est ce trouble fatal qui vous ferme les yeux,
Qui ne regarde en moi qu'un tyran odieux :
Sans lui vous avoueriez que le sang et les larmes
N'ont pas toujours souillé la gloire de mes armes ;
Vous verriez...

AXIANE.

Ah ! seigneur, puis-je ne les point voir
Ces vertus dont l'éclat aigrit mon désespoir ?
N'ai-je pas vu partout la victoire modeste
Perdre avec vous l'orgueil qui la rend si funeste ?
Ne vois-je pas le Scythe et le Perse abattus
Se plaire sous le joug et vanter vos vertus,
Et disputer enfin, par une aveugle envie,
A vos propres sujets le soin de votre vie ?
Mais que sert à ce cœur que vous persécutez
De voir partout ailleurs adorer vos bontés ?
Pensez-vous que ma haine en soit moins violente,
Pour voir baiser partout la main qui me tourmente ?
Tant de rois par vos soins vengés ou secourus,
Tant de peuples contents, me rendent-ils Porus ?
Non, seigneur : je vous hais d'autant plus qu'on vous aime,
D'autant plus qu'il me faut vous admirer moi-même ;
Que l'univers entier m'en impose la loi,
Et que personne enfin ne vous hait avec moi.

ALEXANDRE.

J'excuse les transports d'une amitié si tendre.
Mais, madame, après tout, ils doivent me surprendre :
Si la commune voix ne m'a point abusé,
Porus d'aucun regard ne fut favorisé ;
Entre Taxile et lui votre cœur en balancé,
Tant qu'ont duré ses jours, a gardé le silence ;
Et lorsqu'il ne peut plus vous entendre aujourd'hui,
Vous commencez, madame, à prononcer pour lui.
Pensez-vous que, sensible à cette ardeur nouvelle,
Sa cendre exige encor que vous brûliez pour elle ?
Ne vous accablez point d'inutiles douleurs ;
Des soins plus importants vous appellent ailleurs.
Vos larmes ont assez honoré sa mémoire :
Régnez, et de ce rang soutenez mieux la gloire ;

Et, redonnant le calme à vos sens désolés,
Rassurez vos États par sa chute ébranlés.
Parmi tant de grands rois choisissez-leur un maître.
Plus ardent que jamais, Taxile....

AXIANE.

Quoi! le traître!...

ALEXANDRE.

Hé! de grâce, prenez des sentiments plus doux;
Aucune trahison ne le souille envers vous.
Maître de ses États, il a pu se résoudre
A se mettre avec eux à couvert de la foudre :
Ni serment ni devoir ne l'avaient engagé
A courir dans l'abîme où Porus s'est plongé.
Enfin, souvenez-vous qu'Alexandre lui-même
S'intéresse au bonheur d'un prince qui vous aime :
Songez que, réunis par un si juste choix,
L'Inde et l'Hydaspe entiers couleront sous vous lois;
Que pour vos intérêts tout me sera facile
Quand je les verrai joints avec ceux de Taxile.
Il vient. Je ne veux point contraindre ses soupirs;
Je le laisse lui-même expliquer ses désirs :
Ma présence à vos yeux n'est déjà que trop rude.
L'entretien des amants cherche la solitude :
Je ne vous trouble point.

SCÈNE III. — AXIANE, TAXILE.

AXIANE.

Approche, puissant roi,
Grand monarque de l'Inde; on parle ici de toi :
On veut en ta faveur combattre ma colère;
On dit que tes désirs n'aspirent qu'à me plaire,
Que mes rigueurs ne font qu'affermir ton amour :
On fait plus, et l'on veut que je t'aime à mon tour.
Mais sais-tu l'entreprise où s'engage ta flamme?
Sais-tu par quels secrets on peut toucher mon âme?
Es-tu prêt...

TAXILE.

Ah, madame! éprouvez seulement
Ce que peut sur mon cœur un espoir si charmant.
Que faut-il faire?

AXIANE.
Il faut, s'il est vrai que l'on m'aime,
Aimer la gloire autant que je l'aime moi-même,
Ne m'expliquer ces vœux que par mille beaux faits,
Et haïr Alexandre autant que je le hais;
Il faut marcher sans crainte au milieu des alarmes;
Il faut combattre, vaincre, ou périr sous les armes.
Jette, jette les yeux sur Porus et sur toi;
Et juge qui des deux était digne de moi.
Oui, Taxile, mon cœur, douteux en apparence,
D'un esclave et d'un roi faisait la différence.
Je l'aimai; je l'adore : et puisqu'un sort jaloux
Lui défend de jouir d'un spectacle si doux,
C'est toi que je choisis pour témoin de sa gloire :
Mes pleurs feront toujours revivre sa mémoire;
Toujours tu me verras, au fort de mon ennui,
Mettre tout mon plaisir à te parler de lui.
TAXILE.
Ainsi je brûle en vain pour une âme glacée,
L'image de Porus n'en peut être effacée :
Quand j'irais, pour vous plaire, affronter le trépas,
Je me perdrais, madame, et ne vous plairais pas.
Je ne puis donc....
AXIANE.
Tu peux recouvrer mon estime.
Dans le sang ennemi tu peux laver ton crime.
L'occasion te rit : Porus dans le tombeau
Rassemble ses soldats autour de son drapeau;
Son ombre seule encor semble arrêter leur fuite :
Les tiens même, les tiens honteux de ta conduite,
Font lire sur leurs fronts justement courroucés
Le repentir du crime où tu les a forcés :
Va seconder l'ardeur du feu qui les dévore;
Venge nos libertés qui respirent encore;
De mon trône et du tien deviens le défenseur;
Cours, et donne à Porus un digne successeur...
Tu ne me réponds rien! Je vois, sur ton visage,
Qu'un si noble dessein étonne ton courage.
Je te propose en vain l'exemple d'un héros;
Tu veux servir. Va, sers; et me laisse en repos.
TAXILE.
Madame, c'en est trop. Vous oubliez peut-être

Que, si vous m'y forcez, je puis parler en maître;
Que je puis me lasser de souffrir vos dédains;
Que vous et vos États, tout est entre mes mains;
Qu'après tant de respects, qui vous rendent plus fière,
Je pourrai...

AXIANE.

Je t'entends. Je suis ta prisonnière :
Tu veux peut-être encor captiver mes désirs ;
Que mon cœur, en tremblant, réponde à tes soupirs.
Eh bien! dépouille enfin cette douceur contrainte ;
Appelle à ton secours la terreur et la crainte ;
Parle en tyran tout prêt à me persécuter ;
Ma haine ne peut croître, et tu peux tout tenter.
Surtout ne me fais point d'inutiles menaces.
Ta sœur vient t'inspirer ce qu'il faut que tu fasses.
Adieu. Si ses conseils et mes vœux en sont crus,
Tu m'aideras bientôt à rejoindre Porus.

TAXILE.

Ah! plutôt...

SCÈNE IV. — TAXILE, CLÉOFILE.

CLÉOFILE.

Ah! quittez cette ingrate princesse,
Dont la haine a juré de nous troubler sans cesse;
Qui met tout son plaisir à vous désespérer.
Oubliez...

TAXILE.

Non, ma sœur, je la veux adorer.
Je l'aime : et quand les vœux que je pousse pour elle
N'en obtiendraient jamais qu'une haine immortelle,
Malgré tous ses mépris, malgré tous vos discours,
Malgré moi-même, il faut que je l'aime toujours.
Sa colère, après tout, n'a rien qui me surprenne;
C'est à vous, c'est à moi qu'il faut que je m'en prenne.
Sans vous, sans vos conseils, ma sœur, qui m'ont trahi,
Si je n'étais aimé, je serais moins haï ;
Je la verrais, sans vous, par mes soins défendue,
Entre Porus et moi demeurer suspendue,
Et ne serait-ce pas un bonheur trop charmant
Que de l'avoir réduite à douter un moment?

Non, je ne puis plus vivre accablé de sa haine;
Il faut que je me jette aux pieds de l'inhumaine.
J'y cours : je vais m'offrir à servir son courroux
Même contre Alexandre, et même contre vous.
Je sais de quelle ardeur vous brûlez l'un pour l'autre :
Mais c'est trop oublier mon repos pour le vôtre;
Et, sans m'inquiéter du succès de vos feux,
Il faut que tout périsse, ou que je sois heureux.

CLÉOFILE.

Allez donc, retournez sur le champ de bataille;
Ne laissez point languir l'ardeur qui vous travaille,
A quoi s'arrête ici ce courage inconstant?
Courez : on est aux mains; et Porus vous attend.

TAXILE.

Quoi! Porus n'est point mort? Porus vient de paraître?

CLÉOFILE.

C'est lui. De si grands coups le font trop reconnaître.
Il l'avait bien prévu : le bruit de son trépas
D'un vainqueur trop crédule a retenu le bras.
Il vient surprendre ici leur valeur endormie,
Troubler une victoire encor mal affermie.
Il vient, n'en doutez point, en amant furieux,
Enlever sa maîtresse, ou périr à ses yeux.
Que dis-je? votre camp, séduit par cette ingrate,
Prêt à suivre Porus, en murmures éclate.
Allez vous-même, allez, en généreux amant,
Au secours d'un rival aimé si tendrement.
Adieu.

SCÈNE V. — TAXILE.

Quoi! la fortune obstinée à me nuire
Ressuscite un rival armé pour me détruire!
Cet amant reverra les yeux qui l'ont pleuré,
Qui, tout mort qu'il était, me l'avaient préféré.
Ah! c'en est trop. Voyons ce que le sort m'apprête;
A qui doit demeurer cette noble conquête.
Allons. N'attendons pas, dans un lâche courroux,
Qu'un si grand différend se termine sans nous.

ACTE CINQUIÈME.

SCÈNE PREMIÈRE. — ALEXANDRE, CLÉOFILE.

ALEXANDRE.

Quoi ! vous craigniez Porus même après sa défaite !
Ma victoire à vos yeux semblait-elle imparfaite ?
Non, non ; c'est un captif qui n'a pu m'échapper,
Que mes ordres partout ont fait envelopper.
Loin de le craindre encor, ne songez qu'à le plaindre.

CLÉOFILE.

Et c'est en cet état que Porus est à craindre.
Quelque brave qu'il fût, le bruit de sa valeur
M'inquiétait bien moins que ne fait son malheur.
Tant qu'on l'a vu suivi d'une puissante armée,
Ses forces, ses exploits ne m'ont point alarmée ;
Mais, seigneur, c'est un roi malheureux et soumis ;
Et dès lors je le compte au rang de vos amis.

ALEXANDRE.

C'est un rang où Porus n'a plus droit de prétendre ;
Il a trop recherché la haine d'Alexandre.
Il sait bien qu'à regret je m'y suis résolu ;
Mais enfin je le hais autant qu'il l'a voulu.
Je dois même un exemple au reste de la terre :
Je dois venger sur lui tous les maux de la guerre ;
Le punir des malheurs qu'il a pu prévenir,
Et de m'avoir forcé moi-même à le punir.
Vaincu deux fois, haï de ma belle princesse...

CLÉOFILE.

Je ne hais point Porus, seigneur, je le confesse ;
Et s'il m'était permis d'écouter aujourd'hui
La voix de ses malheurs qui me parle pour lui,
Je vous dirais qu'il fut le plus grand de nos princes ;
Que son bras fut longtemps l'appui de nos provinces ;
Qu'il a voulu peut-être, en marchant contre vous,
Qu'on le crût digne au moins de tomber sous vos coups,
Et qu'un même combat signalant l'un et l'autre
Son nom volât partout à la suite du vôtre.

Mais si je le défends, des soins si généreux
Retombent sur mon frère et détruisent ses vœux.
Tant que Porus vivra, que faut-il qu'il devienne?
Sa perte est infaillible, et peut-être la mienne.
Oui, oui, si son amour ne peut rien obtenir,
Il m'en rendra coupable, et m'en voudra punir,
Et maintenant encor que votre cœur s'apprête
A voler de nouveau de conquête en conquête;
Quand je verrai le Gange entre mon frère et vous,
Qui retiendra, seigneur, son injuste courroux?
Mon âme, loin de vous, languira solitaire.
Hélas! s'il condamnait mes soupirs à se taire,
Que deviendrait alors ce cœur infortuné?
Où sera le vainqueur à qui je l'ai donné?

ALEXANDRE.

Ah! c'en est trop, madame; et si ce cœur se donne,
Je saurai le garder, quoi que Taxile ordonne,
Bien mieux que tant d'Etats qu'on m'a vu conquérir,
Et que je n'ai gardés que pour vous les offrir.
Encore une victoire, et je reviens, madame,
Borner toute ma gloire à régner sur votre âme,
Vous obéir moi-même, et mettre entre vos mains
Le destin d'Alexandre et celui des humains.
Le Mallien m'attend, prêt à me rendre hommage.
Si près de l'Océan, que faut-il davantage
Que d'aller se montrer à ce fier élément,
Comme vainqueur du monde, et comme votre amant?
Alors...

CLÉOFILE.

Mais quoi! seigneur, toujours guerre sur guerre?
Cherchez-vous des sujets au-delà de la terre?
Voulez-vous pour témoins de vos faits éclatants
Des pays inconnus même à leurs habitants?
Qu'espérez-vous combattre en des climats si rudes?
Il vous opposeront de vastes solitudes,
Des déserts que le ciel refuse d'éclairer,
Où la nature semble elle-même expirer.
Et peut-être le sort, dont la secrète envie
N'a pu cacher le cours d'une si belle vie,
Vous attend dans ces lieux, et veut que dans l'oubli
Votre tombeau du moins demeure enseveli.

Pensez-vous y traîner les restes d'une armée
Vingt fois renouvelée et vingt fois consumée?
Vos soldats, dont la vue excite la pitié,
D'eux-mêmes en cent lieux ont laissé la moitié;
Et leurs gémissements vous font assez connaître...
    ALEXANDRE.
Ils marcheront, madame; et je n'ai qu'à paraître :
Ces cœurs qui dans un camp, d'un vain loisir déçus,
Comptent en murmurant les coups qu'ils ont reçus,
Revivront pour me suivre, et, blâmant leurs murmures,
Brigueront à mes yeux de nouvelles blessures.
Cependant de Taxile appuyons les soupirs :
Son rival ne peut plus traverser ses désirs.
Je vous l'ai dit, madame; et j'ose encor vous dire...
    CLÉOFILE.
Seigneur, voici la reine.

SCÈNE II. — ALEXANDRE, CLÉOFILE.

    ALEXANDRE.
    Eh bien, Porus respire.
Le ciel semble, madame, écouter vos souhaits;
Il vous le rend...
    AXIANE.
  Hélas! il me l'ôte à jamais!
Aucun reste d'espoir ne peut flatter ma peine;
Sa mort était douteuse, elle devient certaine :
Il y court; et peut-être il ne s'y vient offrir
Que pour me voir encore, et pour me secourir.
Mais que ferait-il seul contre toute une armée?
En vain ses grands efforts l'ont d'abord alarmée;
En vain quelques guerriers qu'anime son grand cœur
Ont ramené l'effroi dans le camp du vainqueur.
Il faut bien qu'il succombe, et qu'enfin son courage
Tombe sur tant de morts qui ferment son passage.
Encor, si je pouvais, en sortant de ces lieux,
Lui montrer Axiane, et mourir à ses yeux!
Mais Taxile m'enferme; et cependant le traître
Du sang de ce héros est allé se repaître;
Dans les bras de la mort il le va regarder,
Si toutefois encore il ose l'aborder.

ALEXANDRE.

Non, madame, mes soins ont assuré sa vie :
Son retour va bientôt contenter votre envie.
Vous le verrez.

AXIANE.

Vos soins s'étendraient jusqu'à lui?
Le bras qui l'accablait deviendrait son appui!
J'attendrais son salut de la main d'Alexandre!
Mais quel miracle enfin n'en dois-je point attendre?
Je m'en souviens, seigneur, vous me l'avez promis,
Qu'Alexandre vainqueur n'avait plus d'ennemis.
Ou plutôt ce guerrier ne fut jamais le vôtre :
La gloire également vous arma l'un et l'autre.
Contre un si grand courage il voulut s'éprouver ;
Et vous ne l'attaquiez qu'afin de le sauver.

ALEXANDRE.

Ses mépris redoublés qui bravent ma colère
Mériteraient sans doute un vainqueur plus sévère ;
Son orgueil en tombant semble s'être affermi :
Mais je veux bien cesser d'être son ennemi ;
J'en dépouille, madame, et la haine et le titre.
De mes ressentiments je fais Taxile arbitre :
Seul il peut, à son choix, le perdre ou l'épargner ;
Et c'est lui seul enfin que vous devez gagner.

AXIANE.

Moi, j'irais à ses pieds mendier un asile !
Et vous me renvoyez aux bontés de Taxile !
Vous voulez que Porus cherche un appui si bas !
Ah, seigneur ! votre haine a juré son trépas.
Non, vous ne le cherchiez qu'afin de le détruire.
Qu'une âme généreuse est facile à séduire !
Déjà mon cœur crédule, oubliant son courroux,
Admirait des vertus qui ne sont point en vous.
Armez-vous donc, seigneur, d'une valeur cruelle ;
Ensanglantez la fin d'une course si belle :
Après tant d'ennemis qu'on vous vit relever,
Perdez le seul enfin que vous deviez sauver.

ALEXANDRE.

Eh bien, aimez Porus sans détourner sa perte ;
Refusez la faveur qui vous était offerte ;
Soupçonnez ma pitié d'un sentiment jaloux ;

Mais enfin, s'il périt, n'en accusez que vous.
Le voici. Je veux bien le consulter lui-même.
Que Porus de son sort soit l'arbitre suprême.

SCÈNE III. — PORUS, ALEXANDRE, AXIANE,
CLÉOFILE, Gardes d'Alexandre.

ALEXANDRE.

Eh bien, de votre orgueil, Porus, voilà le fruit!
Où sont ces beaux succès qui vous avaient séduit?
Cette fierté si haute est enfin abaissée.
Je dois une victime à ma gloire offensée :
Rien ne vous peut sauver. Je veux bien toutefois
Vous offrir un pardon refusé tant de fois.
Cette reine, elle seule à mes bontés rebelle,
Aux dépens de vos jours veut vous être fidèle ;
Et que, sans balancer, vous mouriez seulement
Pour porter au tombeau le nom de son amant.
N'achetez point si cher une gloire inutile :
Vivez ; mais consentez au bonheur de Taxile.

PORUS.

Taxile!

ALEXANDRE.

Oui.

PORUS.

Tu fais bien ; et j'approuve tes soins :
Ce qu'il a fait pour toi ne mérite pas moins.
C'est lui qui m'a des mains arraché la victoire ;
Il t'a donné sa sœur ; il t'a vendu sa gloire ;
Il t'a livré Porus : que feras-tu jamais
Qui te puisse acquitter d'un seul de ses bienfaits?
Mais j'ai su prévenir le soin qui te travaille :
Va le voir expirer sur le champ de bataille.

ALEXANDRE.

Quoi! Taxile!

CLÉOFILE.

Qu'entends-je!

ÉPHESTION.

Oui, seigneur, il est mort ;
Il s'est livré lui-même aux rigueurs de son sort :
Porus était vaincu : mais, au lieu de se rendre,

Il semblait attaquer, et non pas se défendre.
Ses soldats, à ses pieds étendus et mourants,
Le mettaient à l'abri de leurs corps expirants.
Là, comme dans un fort, son audace enfermée
Se soutenait encor contre toute une armée ;
Et, d'un bras qui portait la terreur et la mort,
Aux plus hardis guerriers en défendait l'abord.
Je l'épargnais toujours : sa vigueur affaiblie
Bientôt en mon pouvoir aurait laissé sa vie ;
Quand sur ce champ fatal Taxile descendu :
« Arrête, c'est à moi que ce captif est dû.
» C'en est fait, a-t-il dit, et ta perte est certaine,
» Porus ; il faut périr, ou me céder la reine. »
Porus, à cette voix ranimant son courroux,
A relevé ce bras lassé de tant de coups ;
Et cherchant son rival d'un œil fier et tranquille :
« N'entends-je pas, dit-il, l'infidèle Taxile,
» Ce traître à sa patrie, à sa maîtresse, à moi?
» Viens, lâche, poursuit-il ; Axiane est à toi :
» Je veux bien te céder cette illustre conquête ;
» Mais il faut que ton bras l'emporte avec ma tête.
» Approche. » A ce discours, ces rivaux irrités
L'un sur l'autre à la fois se sont précipités.
Nous nous sommes en foule opposés à leur rage :
Mais Porus parmi nous court et s'ouvre un passage,
Joint Taxile, le frappe ; et, lui perçant le cœur,
Content de sa victoire, il se rend au vainqueur.

CLÉOFILE.

Seigneur, c'est donc à moi de répandre des larmes,
C'est sur moi qu'est tombé tout le faix de vos armes.
Mon frère a vainement recherché votre appui ;
Et votre gloire, hélas ! n'est funeste qu'à lui.
Que lui sert au tombeau l'amitié d'Alexandre ?
Sans le venger, seigneur, l'y verrez-vous descendre ?
Souffrirez-vous qu'après l'avoir percé de coups
On en triomphe aux yeux de sa sœur et de vous ?

AXIANE.

Oui, seigneur, écoutez les pleurs de Cléofile.
Je la plains. Elle a droit de regretter Taxile :
Tous ses efforts en vain l'ont voulu conserver ;
Elle en a fait un lâche, et ne l'a pu sauver.

Ce n'est point que Porus ait attaqué son frère;
Il s'est offert lui-même à sa juste colère.
Au milieu du combat que venait-il chercher?
Au courroux du vainqueur venait-il l'arracher?
Il venait accabler dans son malheur extrême
Un roi que respectait la victoire elle-même.
Mais pourquoi vous ôter un prétexte si beau?
Que voulez-vous de plus? Taxile est au tombeau :
Immolez-lui, seigneur, cette grande victime;
Vengez-vous. Mais songez que j'ai part à son crime.
Oui, oui, Porus, mon cœur n'aime point à demi;
Alexandre le sait, Taxile en a gémi :
Vous seul vous l'ignoriez; mais ma joie est extrême
De pouvoir, en mourant, vous le dire à vous-même.

PORUS.

Alexandre, il est temps que tu sois satisfait :
Tout vaincu que j'étais, tu vois ce que j'ai fait :
Crains Porus; crains encor cette main désarmée
Qui venge sa défaite au milieu d'une armée.
Mon nom peut soulever de nouveaux ennemis,
Et réveiller cent rois dans leurs fers endormis :
Étouffe dans mon sang ces semences de guerre;
Va vaincre en sûreté le reste de la terre.
Aussi bien n'attends pas qu'un cœur comme le mien
Reconnaisse un vainqueur, et te demande rien.
Parle : et, sans espérer que je blesse ma gloire,
Voyons comme tu sais user de la victoire.

ALEXANDRE.

Votre fierté, Porus, ne se peut abaisser :
Jusqu'au dernier soupir vous m'osez menacer.
En effet, ma victoire en doit être alarmée,
Votre nom peut encor plus que toute une armée :
Je m'en dois garantir. Parlez donc, dites-moi,
Comment prétendez-vous que je vous traite?

PORUS.

En roi.

ALEXANDRE.

Eh bien! c'est donc en roi qu'il faut que je vous traite :
Je ne laisserai point ma victoire imparfaite;
Vous l'avez souhaité, vous ne vous plaindrez pas.
Régnez toujours, Porus; je vous rends vos États.

Avec mon amitié recevez Axiane :
A des liens si doux tous deux je vous condamne.
Vivez, régnez tous deux, et seuls de tant de rois
Jusques aux bords du Gange allez donner vos lois.
A Cléofile.
Ce traitement, madame, a droit de vous surprendre :
Mais enfin c'est ainsi que se venge Alexandre.
Je vous aime ; et mon cœur, touché de vos soupirs,
Voudrait par mille morts venger vos déplaisirs.
Mais vous-même pourriez prendre pour une offense
La mort d'un ennemi qui n'est plus en défense :
Il en triompherait ; et, bravant ma rigueur,
Porus dans le tombeau descendrait en vainqueur.
Souffrez que, jusqu'au bout achevant ma carrière,
J'apporte à vos beaux yeux ma vertu tout entière.
Laissez régner Porus couronné par mes mains ;
Et commandez vous-même au reste des humains.
Prenez les sentiments que ce rang vous inspire ;
Faites, dans sa naissance, admirer votre empire ;
Et, regardant l'éclat qui se répand sur vous,
De la sœur de Taxile oubliez le courroux.
AXIANE.
Oui, madame, régnez ; et souffrez que moi-même
J'admire le grand cœur d'un héros qui vous aime.
Aimez, et possédez l'avantage charmant
De voir toute la terre adorer voire amant.
PORUS.
Seigneur, jusqu'à ce jour l'univers en alarmes
Me forçait d'admirer le bonheur de vos armes :
Mais rien ne me forçait, en ce commun effroi,
De reconnaître en vous plus de vertus qu'en moi.
Je me rends ; je vous cède une pleine victoire :
Vos vertus, je l'avoue, égalent votre gloire.
Allez, seigneur, rangez l'univers sous vos lois ;
Il me verra moi-même appuyer vos exploits :
Je vous suis ; et je crois devoir tout entreprendre
Pour lui donner un maître aussi grand qu'Alexandre.
CLÉOFILE.
Seigneur, que vous peut dire un cœur triste, abattu ?
Je ne murmure point contre votre vertu :
Vous rendez à Porus la vie et la couronne ;

Je veux croire qu'ainsi votre gloire l'ordonne.
Mais ne me pressez point : en l'état où je suis,
Je ne puis que me taire, et pleurer mes ennuis.
ALEXANDRE.
Oui, madame, pleurons un ami si fidèle ;
Faisons en soupirant éclater notre zèle ;
Et qu'un tombeau superbe instruise l'avenir
Et de votre douleur et de mon souvenir.

FIN D'ALEXANDRE LE GRAND.

ANDROMAQUE

TRAGÉDIE. — 1667.

PRÉFACE.

Virgile, au troisième livre de l'*Énéide*; c'est Énée qui parle :

Littoraque Epiri legimus, portuque subimus
Chaonio, et celsam Buthroti ascendimus urbem.....
....
....
Solemnes tum forte dapes et tristia dona....,
....
Libabat cineri Andromache, Manesque vocabat
Hectoreum ad tumulum, viridi quem cespite inanem,
Et geminas, causam lacrymis, sacraverat aras...
....
Dejecit vultum, et demissa voce locuta est:
« O felix una ante alias Priameia virgo,
» Hostilem ad tumulum, Trojæ sub mœnibus altis,
» Jussa mori, quæ sortitus non pertulit ullos,
» Nec victoris heri tetigit captiva cubile!
» Nos, patria incensa, diversa per æquora vectæ,
» Stirpis Achilleæ fastus, juvenemque superbum,
» Servitio enixæ, tulimus; qui deinde secutus
» Ledæam Hermionem, Lacedæmoniosque hymenæos...
....
« Ast illum, ereptæ magno inflammatus amore
» Conjugis, et scelerum furiis agitatus, Orestes
» Excipit incautum, patriasque obtruncat ad aras. »

Voilà en peu de vers tout le sujet de cette tragédie; voilà le lieu de la scène, l'action qui s'y passe; les quatre principaux acteurs, et même leurs caractères, excepté celui d'Hermione, dont la jalousie et les emportements sont assez marqués dans l'Andromaque d'Euripide. C'est presque la seule chose que j'emprunte de cet auteur; car, quoique ma tragédie porte le même nom que la sienne, le sujet en est pourtant très-différent. Andromaque, dans Euripide, craint pour la vie de Molossus, qui est un fils qu'elle a eu de Pyrrhus, et qu'Hermione veut faire mourir avec sa mère. Mais ici il ne s'agit point de Molossus; Andromaque ne connaît point d'autre mari qu'Hector, ni d'autre fils qu'Astyanax. J'ai cru en cela me conformer à l'idée que nous avons maintenant de cette princesse. La plupart de ceux qui ont entendu parler d'Andromaque ne la connaissent guère que pour la veuve d'Hector et pour la mère d'Astyanax; on ne croit point qu'elle doive aimer ni un autre mari ni un autre fils; et je doute que les larmes d'Andromaque eussent fait sur l'esprit de mes spectateurs l'impression qu'elles y ont faite, si elles avaient coulé pour un autre fils que celui qu'elle avait d'Hector.

Il est vrai que j'ai été obligé de faire vivre Astyanax un peu plus qu'il n'a vécu : mais j'écris dans un pays où cette liberté ne pouvait pas être mal reçue; car, sans parler de Ronsard, qui a choisi ce même Astyanax pour le héros de sa Franciade, qui ne sait que l'on fait descendre nos anciens rois de ce fils d'Hector, et que nos vieilles chroniques sauvent la vie à ce jeune prince. après la désolation de son pays, pour en faire le fondateur de notre monarchie?

Combien Euripide a-t-il été plus hardi dans sa tragédie d'Hélène! il y choque ouvertement la créance commune de toute la Grèce. Il suppose qu'Hélène n'a jamais mis le pied dans Troie, et qu'après l'embrasement de cette ville, Ménélas trouve sa femme en Égypte, d'où elle n'était point partie : tout cela fondé sur une opinion qui n'était reçue que parmi les Égyptiens, comme on peut le voir dans Hérodote.

Je ne crois pas que j'eusse besoin de cet exemple d'Euripide pour justifier le peu de liberté que j'ai prise : car il y a bien de la différence entre détruire le principal fondement d'une fable, et en altérer quelques incidents, qui changent presque de face dans toutes les mains qui les traitent. Ainsi Achille, selon la plupart des poëtes, ne peut être blessé qu'au talon, quoique Homère le fasse blesser au bras, et ne le croie invulnérable en aucune partie de son corps. Ainsi Sophocle fait mourir Jocaste aussitôt après la reconnaissance d'Œdipe ; tout au contraire d'Euripide, qui la fait vivre jusqu'au combat et à la mort de ses deux fils. Et c'est à propos de quelque contrariété de cette nature, qu'un ancien commentateur de Sophocle remarque fort bien [1] « qu'il ne faut point s'amuser à chicaner les poëtes pour » quelques changements qu'ils ont pu faire dans la fable ; mais qu'il » faut s'attacher à considérer l'excellent usage qu'ils ont fait de ces » changements, et la manière ingénieuse dont ils ont su accommoder » la fable à leur sujet. »

PERSONNAGES.

ANDROMAQUE, veuve d'Hector, captive de Pyrrhus.
PYRRHUS, fils d'Achille, roi d'Épire.
ORESTE, fils d'Agamemnon, amant d'Hermione.
HERMIONE, fille d'Hélène, accordée avec Pyrrhus.
PYLADE, ami d'Oreste.
CLÉONE, confidente d'Hermione.
CÉPHISE, confidente d'Andromaque.
PHŒNIX, gouverneur d'Achille, et ensuite de Pyrrhus.
SUITE D'ORESTE.

La scène est à Buthrote, ville d'Épire, dans une salle du palais de Pyrrhus.

ACTE PREMIER.

SCÈNE PREMIÈRE. — ORESTE.

ORESTE.
Oui, puisque je retrouve un ami si fidèle,
Ma fortune va prendre une face nouvelle ;
Et déjà son courroux semble s'être adouci
Depuis qu'elle a pris soin de nous rejoindre ici.
Qui l'eût dit, qu'un rivage à mes yeux si funeste
Présenterait d'abord Pylade aux yeux d'Oreste ;
Qu'après plus de six mois que je t'avais perdu,

[1] Sophoclis Electra.

A la cour de Pyrrhus tu me serais rendu!

PYLADE.

J'en rends grâces au ciel, qui m'arrêtant sans cesse
Semblait m'avoir fermé le chemin de la Grèce,
Depuis le jour fatal que la fureur des eaux,
Presque aux yeux de l'Épire, écarta nos vaisseaux.
Combien dans cet exil ai-je souffert d'alarmes,
Combien à vos malheurs ai-je donné de larmes,
Craignant toujours pour vous quelque nouveau danger
Que ma triste amitié ne pouvait partager!
Surtout je redoutais cette mélancolie
Où j'ai vu si longtemps votre âme ensevelie:
Je craignais que le ciel, par un cruel secours,
Ne vous offrît la mort que vous cherchiez toujours.
Mais je vous vois, seigneur; et, si j'ose le dire,
Un destin plus heureux vous conduit en Épire:
Le pompeux appareil qui suit ici vos pas
N'est point d'un malheureux qui cherche le trépas.

ORESTE.

Hélas! qui peut savoir le destin qui m'amène?
L'amour me fait ici chercher une inhumaine:
Mais qui sait ce qu'il doit ordonner de mon sort,
Et si je viens chercher ou la vie ou la mort?

PYLADE.

Quoi! votre âme à l'amour en esclave asservie
Se repose sur lui du soin de votre vie?
Par quel charme, oubliant tant de tourments soufferts,
Pouvez-vous consentir à rentrer dans ses fers?
Pensez-vous qu'Hermione, à Sparte inexorable,
Vous prépare en Épire un sort plus favorable?
Honteux d'avoir poussé tant de vœux superflus,
Vous l'abhorriez: enfin, vous ne m'en parliez plus.
Vous me trompiez, seigneur.

ORESTE.

Je me trompais moi-même!
Ami, n'accable point un malheureux qui t'aime:
T'ai-je jamais caché mon cœur et mes désirs?
Tu vis naître ma flamme et mes premiers soupirs:
Enfin, quand Ménélas disposa de sa fille
En faveur de Pyrrhus, vengeur de sa famille,
Tu vis mon désespoir; et tu m'as vu depuis

Traîner de mers en mers ma chaîne et mes ennuis.
Je te vis à regret, en cet état funeste,
Prêt à suivre partout le déplorable Oreste,
Toujours de ma fureur interrompre le cours,
Et de moi-même enfin me sauver tous les jours.
Mais quand je me souvins que, parmi tant d'alarmes,
Hermione à Pyrrhus prodiguait tous ses charmes,
Tu sais de quel courroux mon cœur alors épris
Voulut en l'oubliant punir tous ses mépris.
Je fis croire et je crus ma victoire certaine;
Je pris tous mes transports pour des transports de haine,
Détestant ses rigueurs, rabaissant ses attraits,
Je défiais ses yeux de me troubler jamais.
Voilà comme je crus étouffer ma tendresse.
En ce calme trompeur j'arrivai dans la Grèce;
Et je trouvai d'abord ses princes rassemblés,
Qu'un péril assez grand semblait avoir troublés.
J'y courus. Je pensais que la guerre et la gloire
De soins plus importants rempliraient ma mémoire;
Que, mes sens reprenant leur première vigueur,
L'amour achèverait de sortir de mon cœur.
Mais admire avec moi le sort, dont la poursuite
Me fait courir alors au piége que j'évite.
J'entends de tous côtés qu'on menace Pyrrhus:
Toute la Grèce éclate en murmures confus:
On se plaint qu'oubliant son sang et sa promesse
Il élève en sa cour l'ennemi de la Grèce,
Astyanax, d'Hector jeune et malheureux fils,
Reste de tant de rois sous Troie ensevelis.
J'apprends que pour ravir son enfance au supplice
Andromaque trompa l'ingénieux Ulysse,
Tandis qu'un autre enfant arraché de ses bras
Sous le nom de son fils fut conduit au trépas.
On dit que, peu sensible aux charmes d'Hermione,
Mon rival porte ailleurs son cœur et sa couronne.
Ménélas, sans le croire, en paraît affligé,
Et se plaint d'un hymen si longtemps négligé.
Parmi les déplaisirs où son âme se noie,
Il s'élève en la mienne une secrète joie:
Je triomphe; et pourtant je me flatte d'abord
Que la seule vengeance excite ce transport,

Mais l'ingrate en mon cœur reprit bientôt sa place :
De mes feux mal éteints je reconnus la trace :
Je sentis que ma haine allait finir son cours ;
Ou plutôt je sentis que je l'aimais toujours.
Ainsi de tous les Grecs je brigue le suffrage.
On m'envoie à Pyrrhus : j'entreprends ce voyage.
Je viens voir si l'on peut arracher de ses bras
Cet enfant dont la vie alarme tant d'États.
Heureux si je pouvais, dans l'ardeur qui me presse,
Au lieu d'Astyanax, lui ravir ma princesse !
Car enfin n'attends pas que mes feux redoublés
Des périls les plus grands puissent être troublés.
Puisqu'après tant d'efforts ma résistance est vaine,
Je me livre en aveugle au transport qui m'entraîne.
J'aime : je viens chercher Hermione en ces lieux,
La fléchir, l'enlever, ou mourir à ses yeux.
Toi qui connais Pyrrhus, que penses-tu qu'il fasse ?
Dans sa cour, dans son cœur, dis-moi ce qui se passe.
Mon Hermione encor le tient-elle asservi ?
Me rendra-t-il, Pylade, un bien qu'il m'a ravi ?

PYLADE.

Je vous abuserais si j'osais vous promettre
Qu'entre vos mains, seigneur, il voulût la remettre :
Non que de sa conquête il paraisse flatté.
Pour la veuve d'Hector ses feux ont éclaté ;
Il l'aime : mais enfin cette veuve inhumaine
N'a payé jusqu'ici son amour que de haine ;
Et chaque jour encore on lui voit tout tenter
Pour fléchir sa captive, ou pour l'épouvanter.
De son fils qu'il lui cache il menace la tête,
Et fait couler des pleurs qu'aussitôt il arrête.
Hermione elle-même a vu plus de cent fois
Cet amant irrité revenir sous ses lois,
Et, de ses vœux troublés lui rapportant l'hommage,
Soupirer à ses pieds moins d'amour que de rage.
Ainsi n'attendez pas que l'on puisse aujourd'hui
Vous répondre d'un cœur si peu maître de lui :
Il peut, seigneur, il peut, dans ce désordre extrême,
Épouser ce qu'il hait, et perdre ce qu'il aime.

ORESTE.

Mais dis-moi de quel œil Hermione peut voir

Son hymen différé, ses charmes sans pouvoir.
PYLADE.
Hermione, seigneur, au moins en apparence,
Semble de son amant dédaigner l'inconstance,
Et croit que, trop heureux de fléchir sa rigueur,
Il la viendra presser de reprendre son cœur.
Mais je l'ai vue enfin me confier ses larmes :
Elle pleure en secret le mépris de ses charmes ;
Toujours prête à partir, et demeurant toujours,
Quelquefois elle appelle Oreste à son secours.
ORESTE
Ah ! si je le croyais, j'irais bientôt, Pylade,
Me jeter...
PYLADE.
Achevez, seigneur, votre ambassade.
Vous attendez le roi. Parlez, et lui montrez
Contre le fils d'Hector tous les Grecs conjurés.
Loin de leur accorder ce fils de sa maîtresse,
Leur haine ne fera qu'irriter sa tendresse :
Plus on les veut brouiller, plus on va les unir.
Pressez : demandez tout, pour ne rien obtenir.
Il vient.
ORESTE.
Eh bien ! va donc disposer la cruelle
A revoir un amant qui ne vient que pour elle.

SCÈNE II. — PYRRHUS, ORESTE, PHŒNIX.

ORESTE.
Avant que tous les Grecs vous parlent par ma voix,
Souffrez que j'ose ici me flatter de leur choix,
Et qu'à vos yeux, seigneur, je montre quelque joie
De voir le fils d'Achille et le vainqueur de Troie.
Oui, comme ses exploits nous admirons vos coups ;
Hector tomba sous lui, Troie expira sous vous ;
Et vous avez montré, par une heureuse audace,
Que le fils seul d'Achille a pu remplir sa place.
Mais, ce qu'il n'eût point fait, la Grèce avec douleur
Vous voit du sang troyen relever le malheur,
Et, vous laissant toucher d'une pitié funeste,
D'une guerre si longue entretenir le reste.

Ne vous souvient-il plus, seigneur, quel fut Hector ?
Nos peuples affaiblis s'en souviennent encor :
Son nom seul fait frémir nos veuves et nos filles ;
Et dans toute la Grèce il n'est point de familles
Qui ne demandent compte à ce malheureux fils
D'un père ou d'un époux qu'Hector leur a ravis.
Et qui sait ce qu'un jour ce fils peut entreprendre ?
Peut-être dans nos ports nous le verrons descendre,
Tel qu'on a vu son père, embraser nos vaisseaux,
Et, la flamme à la main, les suivre sur les eaux.
Oserai-je, seigneur, dire ce que je pense ?
Vous-même de vos soins craignez la récompense,
Et que dans votre sein ce serpent élevé
Ne vous punisse un jour de l'avoir conservé.
Enfin, de tous les Grecs satisfaites l'envie,
Assurez leur vengeance, assurez votre vie :
Perdez un ennemi d'autant plus dangereux
Qu'il s'essaiera sur vous à combattre contre eux.

PYRRHUS.

La Grèce en ma faveur est trop inquiétée :
De soins plus importants je l'ai crue agitée,
Seigneur ; et, sur le nom de son ambassadeur,
J'avais dans ses projets conçu plus de grandeur.
Qui croirait en effet qu'une telle entreprise
Du fils d'Agamemnon méritât l'entremise ;
Qu'un peuple tout entier, tant de fois triomphant,
N'eût daigné conspirer que la mort d'un enfant ?
Mais à qui prétend-on que je le sacrifie ?
La Grèce a-t-elle encor quelque droit sur sa vie ?
Et seul de tous les Grecs ne m'est-il pas permis
D'ordonner des captifs que le sort m'a soumis ?
Oui, seigneur, lorsqu'au pied des murs fumants de Troie
Les vainqueurs tout sanglants partagèrent leur proie,
Le sort, dont les arrêts furent alors suivis,
Fit tomber en mes mains Andromaque et son fils.
Hécube près d'Ulysse acheva sa misère ;
Cassandre dans Argos a suivi votre père :
Sur eux, sur leurs captifs, ai-je étendu mes droits ?
Ai-je enfin disposé du fruit de leurs exploits ?
On craint qu'avec Hector Troie un jour ne renaisse !
Son fils peut me ravir le jour que je lui laisse !

Seigneur, tant de prudence entraîne trop de soin ;
Je ne sais point prévoir les malheurs de si loin.
Je songe quelle était autrefois cette ville
Si superbe en remparts, en héros si fertile,
Maîtresse de l'Asie ; et je regarde enfin
Quel fut le sort de Troie, et quel est son destin :
Je ne vois que des tours que la cendre a couvertes,
Un fleuve teint de sang, des campagnes désertes,
Un enfant dans les fers ; et je ne puis songer
Que Troie en cet état aspire à se venger.
Ah ! si du fils d'Hector la perte était jurée,
Pourquoi d'un an entier l'avons-nous différée ?
Dans le sein de Priam n'a-t-on pu l'immoler ?
Sous tant de morts, sous Troie, il fallait l'accabler.
Tout était juste alors : la vieillesse et l'enfance
En vain sur leur faiblesse appuyaient leur défense ;
La victoire et la nuit, plus cruelles que nous,
Nous excitaient au meurtre et confondaient nos coups.
Mon courroux aux vaincus ne fut que trop sévère.
Mais que ma cruauté survive à ma colère,
Que, malgré la pitié dont je me sens saisir,
Dans le sang d'un enfant je me baigne à loisir ?
Non, seigneur. Que les Grecs cherchent quelque autre [proie ;
Qu'ils poursuivent ailleurs ce qui reste de Troie :
De mes inimitiés le cours est achevé ;
L'Épire sauvera ce que Troie a sauvé.

ORESTE.

Seigneur, vous savez trop avec quel artifice
Un faux Astyanax fut offert au supplice
Où le seul fils d'Hector devait être conduit.
Ce n'est pas les Troyens, c'est Hector qu'on poursuit.
Oui, les Grecs sur le fils persécutent le père ;
Il a par trop de sang acheté leur colère :
Ce n'est que dans le sien qu'elle peut expirer ;
Et jusque dans l'Épire il les peut attirer.
Prévenez-les.

PYRRHUS.

Non, non. J'y consens avec joie ;
Qu'ils cherchent dans l'Épire une seconde Troie ;
Qu'ils confondent leur haine, et ne distinguent plus
Le sang qui les fit vaincre, et celui des vaincus.

Aussi bien ce n'est pas la première injustice
Dont la Grèce d'Achille a payé le service.
Hector en profita, seigneur; et quelque jour
Son fils en pourrait bien profiter à son tour.

ORESTE.

Ainsi la Grèce en vous trouve un enfant rebelle ?

PYRRHUS.

Et je n'ai donc vaincu que pour dépendre d'elle!

ORESTE.

Hermione, seigneur, arrêtera vos coups :
Ses yeux s'opposeront entre son père et vous.

PYRRHUS.

Hermione, seigneur, peut m'être toujours chère;
Je puis l'aimer, sans être esclave de son père :
Et je saurai peut-être accorder quelque jour
Les soins de ma grandeur et ceux de mon amour.
Vous pouvez cependant voir la fille d'Hélène :
Du sang qui vous unit je sais l'étroite chaine.
Après cela, seigneur, je ne vous retiens plus,
Et vous pourrez aux Grecs annoncer mon refus.

SCÈNE III. — PYRRHUS, PHŒNIX.

PHŒNIX.

Ainsi vous l'envoyez aux pieds de sa maîtresse !

PYRRHUS.

On dit qu'il a longtemps brûlé pour la princesse.

PHŒNIX.

Mais si ce feu, seigneur, vient à se rallumer,
S'il lui rendait son cœur, s'il s'en faisait aimer?

PYRRHUS.

Ah! qu'ils s'aiment, Phœnix! J'y consens: qu'elle parte;
Que, charmés l'un de l'autre, ils retournent à Sparte.
Tous nos ports sont ouverts et pour elle et pour lui.
Qu'elle m'épargnerait de contrainte et d'ennui !

PHŒNIX.

Seigneur....

PYRRHUS.

    Une autre fois je t'ouvrirais mon âme ;
Andromaque paraît.

SCÈNE IV. — PYRRHUS, ANDROMAQUE, PHŒNIX, CÉPHISE.

PYRRHUS.
Me cherchiez-vous, madame?
Un espoir si charmant me serait-il permis?
ANDROMAQUE.
Je passais jusqu'aux lieux où l'on garde mon fils.
Puisqu'une fois le jour vous souffrez que je voie
Le seul bien qui me reste et d'Hector et de Troie,
J'allais, seigneur, pleurer un moment avec lui:
Je ne l'ai point encore embrassé d'aujourd'hui!
PYRRHUS.
Ah! madame! les Grecs, si j'en crois leurs alarmes,
Vous donneront bientôt d'autres sujets de larmes.
ANDROMAQUE.
Et quelle est cette peur dont leur cœur est frappé,
Seigneur? Quelque Troyen vous est-il échappé?
PYRRHUS.
Leur haine pour Hector n'est pas encore éteinte:
Ils redoutent son fils.
ANDROMAQUE.
Digne objet de leur crainte!
Un enfant malheureux, qui ne sait pas encor
Que Pyrrhus est son maître, et qu'il est fils d'Hector!
PYRRHUS.
Tel qu'il est, tous les Grecs demandent qu'il périsse.
Le fils d'Agamemnon vient hâter son supplice.
ANDROMAQUE.
Et vous prononcerez un arrêt si cruel?
Est-ce mon intérêt qui le rend criminel?
Hélas! on ne craint point qu'il venge un jour son père,
On craint qu'il n'essuyât les larmes de sa mère.
Il m'aurait tenu lieu d'un père et d'un époux:
Mais il me faut tout perdre, et toujours par vos coups.
PYRRHUS.
Madame, mes refus ont prévenu vos larmes.
Tous les Grecs m'ont déjà menacé de leurs armes:
Mais, dussent-ils encore, en repassant les eaux,
Demander votre fils avec mille vaisseaux:

Coûtât-il tout le sang qu'Hélène a fait répandre;
Dussé-je après dix ans voir mon palais en cendre;
Je ne balance point, je vole à son secours,
Je défendrai sa vie aux dépens de mes jours.
Mais, parmi ces périls où je cours pour vous plaire,
Me refuserez-vous un regard moins sévère?
Haï de tous les Grecs, pressé de tous côtés,
Me faudra-t-il combattre encor vos cruautés?
Je vous offre mon bras. Puis-je espérer encore
Que vous accepterez un cœur qui vous adore?
En combattant pour vous, me sera-t-il permis
De ne vous point compter parmi mes ennemis?

ANDROMAQUE.

Seigneur, que faites-vous, et que dira la Grèce?
Faut-il qu'un si grand cœur montre tant de faiblesse?
Voulez-vous qu'un dessein si beau, si généreux,
Passe pour le transport d'un esprit amoureux?
Captive, toujours triste, importune à moi-même,
Pouvez-vous souhaiter qu'Andromaque vous aime?
Quels charmes ont pour vous des yeux infortunés
Qu'à des pleurs éternels vous avez condamnés?
Non, non: d'un ennemi respecter la misère,
Sauver des malheureux, rendre un fils à sa mère,
De cent peuples pour lui combattre la rigueur
Sans me faire payer son salut de mon cœur,
Malgré moi, s'il le faut, lui donner un asile;
Seigneur, voilà des soins dignes du fils d'Achille.

PYRRHUS.

Hé quoi! votre courroux n'a-t-il pas eu son cours?
Peut-on haïr sans cesse? et punit-on toujours?
J'ai fait des malheureux, sans doute; et la Phrygie
Cent fois de votre sang a vu ma main rougie:
Mais que vos yeux sur moi se sont bien exercés!
Qu'ils m'ont vendu bien cher les pleurs qu'ils ont versés!
De combien de remords m'ont-ils rendu la proie!
Je souffre tous les maux que j'ai faits devant Troie.
Vaincu, chargé de fers, de regrets consumé,
Brûlé de plus de feux que je n'en allumai,
Tant de soins, tant de pleurs, tant d'ardeurs inquiètes...
Hélas! fus-je jamais si cruel que vous l'êtes?
Mais enfin, tour à tour, c'est assez nous punir;

Nos ennemis communs devraient nous réunir :
Madame, dites-moi seulement que j'espère,
Je vous rends votre fils, et je lui sers de père ;
Je l'instruirai moi-même à venger les Troyens ;
J'irai punir les Grecs de vos maux et des miens.
Animé d'un regard, je puis tout entreprendre :
Votre Ilion encor peut sortir de sa cendre ;
Je puis, en moins de temps que les Grecs ne l'ont pris,
Dans ses murs relevés couronner votre fils.

ANDROMAQUE.

Seigneur, tant de grandeurs ne nous touchent plus guère ;
Je les lui promettais tant qu'a vécu son père.
Non, vous n'espérez plus de nous revoir encor,
Sacrés murs, que n'a pu conserver mon Hector !
A de moindres faveurs des malheureux prétendent,
Seigneur ; c'est un exil que mes pleurs vous demandent :
Souffrez que, loin des Grecs, et même loin de vous,
J'aille cacher mon fils, et pleurer mon époux.
Votre amour contre nous allume trop de haine :
Retournez, retournez à la fille d'Hélène.

PYRRHUS.

Et le puis-je, madame ? Ah ! que vous me gênez !
Comment lui rendre un cœur que vous me retenez ?
Je sais que de mes vœux on lui promit l'empire ;
Je sais que pour régner elle vint dans l'Epire :
Le sort vous y voulut l'une et l'autre amener,
Vous, pour porter des fers, elle, pour en donner.
Cependant ai-je pris quelque soin de lui plaire ?
Et ne dirait-on pas, en voyant au contraire
Vos charmes tout-puissants, et les siens dédaignés,
Qu'elle est ici captive, et que vous y régnez ?
Ah ! qu'un seul des soupirs que mon cœur vous envoie,
S'il s'échappait vers elle, y porterait de joie !

ANDROMAQUE.

Et pourquoi vos soupirs seraient-ils repoussés ?
Aurait-elle oublié vos services passés ?
Troie, Hector, contre vous révoltent-ils son âme ?
Aux cendres d'un époux doit-elle enfin sa flamme ?
Et quel époux encore ! Ah ! souvenir cruel !
Sa mort seule a rendu votre père immortel ;
Il doit au sang d'Hector tout l'éclat de ses armes ;

Et vous n'êtes tous deux connus que par mes larmes.

PYRRHUS.

Eh bien, madame, eh bien, il faut vous obéir :
Il faut vous oublier, ou plutôt vous haïr.
Oui, mes vœux ont trop loin poussé leur violence,
Pour ne plus s'arrêter que dans l'indifférence :
Songez-y bien ; il faut désormais que mon cœur,
S'il n'aime avec transport, haïsse avec fureur.
Je n'épargnerai rien dans ma juste colère :
Le fils me répondra des mépris de la mère ;
La Grèce le demande ; et je ne prétends pas
Mettre toujours ma gloire à sauver des ingrats.

ANDROMAQUE.

Hélas ! il mourra donc ! il n'a pour sa défense
Que les pleurs de sa mère, et que son innocence...
Et peut-être après tout, en l'état où je suis,
Sa mort avancera la fin de mes ennuis :
Je prolongeais pour lui ma vie et ma misère ;
Mais enfin sur ses pas j'irai revoir son père.
Ainsi, tous trois, seigneur, par vos soins réunis,
Nous vous...

PYRRHUS.

Allez, madame, allez voir votre fils.
Peut-être, en le voyant, votre amour plus timide
Ne prendra pas toujours sa colère pour guide.
Pous savoir nos destins j'irai vous retrouver :
Madame, en l'embrassant, songez à le sauver.

ACTE DEUXIÈME.

SCÈNE PREMIÈRE. — HERMIONE, CLÉONE.

HERMIONE.

Je fais ce que tu veux. Je consens qu'il me voie ;
Je lui veux bien encore accorder cette joie.
Pylade va bientôt conduire ici ses pas ;
Mais, si je m'en croyais, je ne le verrais pas.

CLÉONE.
Et qu'est-ce que sa vue a pour vous de funeste ?
Madame, n'est-ce pas toujours le même Oreste
Dont vous avez cent fois souhaité le retour,
Et dont vous regrettiez la constance et l'amour?
HERMIONE.
C'est cet amour payé de trop d'ingratitude
Qui me rend en ces lieux sa présence si rude.
Quelle honte pour moi, quel triomphe pour lui,
De voir mon infortune égaler son ennui!
Est-ce là, dira-t-il, cette fière Hermione?
Elle me dédaignait; un autre l'abandonne :
L'ingrate, qui mettait son cœur à si haut prix,
Apprend donc, à son tour, à souffrir des mépris!
Ah dieux!
CLÉONE.
Ah! dissipez ces indignes alarmes :
Il a trop bien senti le pouvoir de vos charmes.
Vous croyez qu'un amant vienne vous insulter?
Il vous rapporte un cœur qu'il n'a pu vous ôter.
Mais vous ne dites point ce que vous mande un père?
HERMIONE.
Dans ses retardements si Pyrrhus persévère,
A la mort du Troyen s'il ne veut consentir,
Mon père avec les Grecs m'ordonne de partir.
CLÉONE.
Eh bien, madame, eh bien, écoutez donc Oreste :
Pyrrhus a commencé; faites au moins le reste.
Pour bien faire il faudrait que vous le prévinssiez :
Ne m'avez-vous pas dit que vous le haïssiez?
HERMIONE.
Si je le hais, Cléone! il y va de ma gloire,
Après tant de bontés dont il perd la mémoire;
Lui qui me fut si cher, et qui m'a pu trahir!
Ah! je l'ai trop aimé, pour ne point le haïr.
CLÉONE.
Fuyez-le donc, madame; et puisqu'on vous adore...
HERMIONE.
Ah! laisse à ma fureur le temps de croître encore?
Contre mon ennemi laisse-moi m'assurer :
Cléone, avec horreur je m'en veux séparer.

Il n'y travaillera que trop bien, l'infidèle !
CLÉONE.
Quoi ! vous en attendez quelque injure nouvelle ?
Aimer une captive, et l'aimer à vos yeux,
Tout cela n'a donc pu vous le rendre odieux ?
Après ce qu'il a fait, que saurait-il donc faire ?
Il vous aurait déplu, s'il pouvait vous déplaire.
HERMIONE.
Pourquoi veux-tu, cruelle, irriter mes ennuis ?
Je crains de me connaître en l'état où je suis.
De tout ce que tu vois tâche de ne rien croire :
Crois que je n'aime plus ; vante-moi ma victoire :
Crois que dans son dépit mon cœur est endurci ;
Hélas ! et s'il se peut, fais-le-moi croire aussi !
Tu veux que je le fuie ? Eh bien ! rien ne m'arrête.
Allons, n'envions plus son indigne conquête :
Que sur lui sa captive étende son pouvoir,
Fuyons... Mais si l'ingrat rentrait dans son devoir ;
Si la foi dans son cœur retrouvait quelque place ;
S'il venait à mes pieds me demander sa grâce ;
Si sous mes lois, Amour, tu pouvais l'engager ;
S'il voulait... Mais l'ingrat ne veut que m'outrager.
Demeurons toutefois pour troubler leur fortune,
Prenons quelque plaisir à leur être importune ;
Ou, le forçant de rompre un nœud si solennel,
Aux yeux de tous les Grecs rendons-le criminel.
J'ai déjà sur le fils attiré leur colère :
Je veux qu'on vienne encor lui demander la mère.
Rendons-lui les tourments qu'elle me fait souffrir ;
Qu'elle le perde, ou bien qu'il la fasse périr.
CLÉONE.
Vous pensez que des yeux toujours ouverts aux larmes
Se plaisent à troubler le pouvoir de vos charmes,
Et qu'un cœur accablé de tant de déplaisirs
De son persécuteur ait brigué les soupirs ?
Voyez si sa douleur en paraît soulagée :
Pourquoi donc les chagrins où son âme est plongée ?
Contre un amant qui plaît pourquoi tant de fierté ?
HERMIONE.
Hélas ! pour mon malheur, je l'ai trop écouté.
Je n'ai point du silence affecté le mystère :

Je croyais sans péril pouvoir être sincère;
Et, sans armer mes yeux d'un moment de rigueur,
Je n'ai pour lui parler consulté que mon cœur.
Et qui ne se serait comme moi déclarée
Sur la foi d'une amour si saintement jurée?
Me voyait-il de l'œil qu'il me voit aujourd'hui?
Tu t'en souviens encor, tout conspirait pour lui :
Ma famille vengée, et les Grecs dans la joie,
Nos vaisseaux tout chargés des dépouilles de Troie,
Les exploits de son père effacés par les siens,
Ses feux que je croyais plus ardents que les miens,
Mon cœur, toi-même enfin de sa gloire ébloui;
Avant qu'il me trahît, vous m'avez tous trahie.
Mais c'en est trop, Cléone : et, quel que soit Pyrrhus,
Hermione est sensible, Oreste a des vertus :
Il sait aimer du moins, et même sans qu'on l'aime;
Et peut-être il saura se faire aimer lui-même.
Allons. Qu'il vienne enfin.

CLÉONE.
Madame, le voici.
HERMIONE.
Ah! je ne croyais pas qu'il fût si près d'ici.

SCÈNE II. — HERMIONE, ORESTE, CLÉONE.

HERMIONE.
Le croirai-je, seigneur, qu'un reste de tendresse
Vous fasse ici chercher une triste princesse?
Ou ne dois-je imputer qu'à votre seul devoir
L'heureux empressement qui vous porte à me voir?
ORESTE.
Tel est de mon amour l'aveuglement funeste,
Vous le savez, madame; et le destin d'Oreste
Est de venir sans cesse adorer vos attraits,
Et de jurer toujours qu'il n'y viendra jamais.
Je sais que vos regards vont rouvrir mes blessures,
Que tous mes pas vers vous sont autant de parjures :
Je le sais, j'en rougis. Mais j'atteste les dieux,
Témoins de la fureur de mes derniers adieux,
Que j'ai couru partout où ma perte certaine
Dégageait mes serments et finissait ma peine.

J'ai mendié la mort chez des peuples cruels
Qui n'apaisaient leurs dieux que du rang des mortels :
Ils m'ont fermé leur temple ; et ces peuples barbares
De mon sang prodigué sont devenus avares.
Enfin je viens à vous, et je me vois réduit
A chercher dans vos yeux une mort qui me fuit.
Mon désespoir n'attend que leur indifférence :
Ils n'ont qu'à m'interdire un reste d'espérance ;
Ils n'ont pour avancer cette mort où je cours
Qu'à me dire une fois ce qu'ils m'ont dit toujours.
Voilà, depuis un an, le seul soin qui m'anime.
Madame, c'est à vous de perdre une victime
Que les Scythes auraient dérobée à vos coups.

HERMIONE.

Quittez, seigneur, quittez ce funeste langage :
A des soins plus pressants la Grèce vous engage.
Que parlez-vous du Scythe et de mes cruautés ?
Songez à tous ces rois que vous représentez.
Faut-il que d'un transport leur vengeance dépende ?
Est-ce le sang d'Oreste enfin qu'on vous demande ?
Dégagez-vous des soins dont vous êtes chargé.

ORESTE.

Les refus de Pyrrhus m'ont assez dégagé,
Madame : il me renvoie ; et quelque autre puissance
Lui fait du fils d'Hector embrasser la défense.

HERMIONE.

L'infidèle !

ORESTE.

Ainsi donc, tout prêt à le quitter,
Sur mon propre destin je viens vous consulter.
Déjà même je crois entendre la réponse
Qu'en secret contre moi votre haine prononce.

HERMIONE.

Hé quoi ! toujours injuste en vos tristes discours,
De mon inimitié vous plaindrez-vous toujours ?
Quelle est cette rigueur tant de fois alléguée ?
J'ai passé dans l'Épire, où j'étais reléguée :
Mon père l'ordonnait ; mais qui sait si depuis
Je n'ai point en secret partagé vos ennuis ?
Pensez-vous avoir seul éprouvé des alarmes ;
Que l'Épire jamais n'ait vu couler mes larmes ?

Enfin, qui vous a dit que, malgré mon devoir,
Je n'ai pas quelquefois souhaité de vous voir?
ORESTE.
Souhaité de me voir! Ah! divine princesse...
Mais, de grâce, est-ce à moi que ce discours s'adresse?
Ouvrez vos yeux; songez qu'Oreste est devant vous,
Oreste, si longtemps l'objet de leur courroux.
HERMIONE.
Oui, c'est vous dont l'amour, naissant avec leurs charmes,
Leur apprit le premier le pouvoir de leurs armes;
Vous, que mille vertus me forçaient d'estimer;
Vous, que j'ai plaint, enfin que je voudrais aimer.
ORESTE.
Je vous entends. Tel est mon partage funeste:
Le cœur est pour Pyrrhus, et les vœux pour Oreste.
HERMIONE.
Ah! ne souhaitez pas le destin de Pyrrhus,
Je vous haïrais trop.
ORESTE.
    Vous m'en aimeriez plus.
Ah! que vous me verriez d'un regard bien contraire!
Vous me voulez aimer, et je ne puis vous plaire;
Et, l'amour seul alors se faisant obéir,
Vous m'aimeriez, madame, en me voulant haïr.
O dieux! tant de respects, une amitié si tendre...
Que de raisons pour moi, si vous pouviez m'entendre!
Vous seule pour Pyrrhus disputez aujourd'hui,
Peut-être malgré vous, sans doute malgré lui:
Car enfin il vous hait; son âme ailleurs éprise
N'a plus...
HERMIONE.
    Qui vous l'a dit, seigneur, qu'il me méprise?
Ses regards, ses discours vous l'ont-ils donc appris?
Jugez-vous que ma vue inspire des mépris;
Qu'elle allume en un cœur des feux si peu durables?
Peut-être d'autres yeux me sont plus favorables.
ORESTE.
Poursuivez: il est beau de m'insulter ainsi.
Cruelle, c'est donc moi qui vous méprise ici?
Vos yeux n'ont pas assez éprouvé ma constance?
Je suis donc un témoin de leur peu de puissance?

Je les ai méprisés ! Ah ! qu'ils voudraient bien voir
Mon rival comme moi mépriser leur pouvoir !
                    HERMIONE.
Que m'importe, seigneur, sa haine ou sa tendresse ?
Allez contre un rebelle armer toute la Grèce ;
Rapportez-lui le prix de sa rébellion ;
Qu'on fasse de l'Épire un second Ilion :
Allez. Après cela direz-vous que je l'aime ?
                    ORESTE.
Madame, faites plus, et venez-y vous-même.
Voulez-vous demeurer pour otage en ces lieux ?
Venez dans tous les cœurs faire parler vos yeux.
Faisons de notre haine une commune attaque.
                    HERMIONE.
Mais, seigneur, cependant s'il épouse Andromaque ?
                    ORESTE.
Hé madame !
                    HERMIONE.
            Songez quelle honte pour nous
Si d'une Phrygienne il devenait l'époux !
                    ORESTE.
Et vous le haïssez ? Avouez-le, madame,
L'amour n'est pas un feu qu'on renferme en une âme ;
Tout nous trahit, la voix, le silence, les yeux ;
Et les feux mal couverts n'en éclatent que mieux.
                    HERMIONE.
Seigneur, je le vois bien, votre âme prévenue
Répand sur mes discours un venin qui la tue,
Toujours dans mes raisons cherche quelque détour,
Et croit qu'en moi la haine est un effort d'amour.
Il faut donc m'expliquer : vous agirez ensuite.
Vous savez qu'en ces lieux mon devoir m'a conduite :
Mon devoir m'y retient ; et je n'en puis partir
Que mon père, ou Pyrrhus, ne m'en fasse sortir.
De la part de mon père allez lui faire entendre
Que l'ennemi des Grecs ne peut être son gendre :
Du Troyen ou de moi faites-le décider :
Qu'il songe qui des deux il veut rendre ou garder ;
Enfin qu'il me renvoie, ou bien qu'il vous le livre.
Adieu. S'il y consent, je suis prête à vous suivre.

SCÈNE III. — ORESTE.

Oui, oui, vous me suivrez, n'en doutez nullement;
Je vous réponds déjà de son consentement.
Je ne crains pas enfin que Pyrrhus la retienne :
Il n'a devant les yeux que sa chère Troyenne;
Tout autre objet le blesse; et peut-être aujourd'hui
Il n'attend qu'un prétexte à l'éloigner de lui.
Nous n'avons qu'à parler : c'en est fait. Quelle joie
D'enlever à l'Épire une si belle proie!
Sauve tout ce qui reste et de Troie et d'Hector,
Garde son fils, sa veuve, et mille autres encor,
Épire; c'est assez qu'Hermione rendue
Perde à jamais tes bords et ton prince de vue.
Mais un heureux destin le conduit en ces lieux,
Parlons. A tant d'attraits, Amour, ferme ses yeux!

SCÈNE IV. — PYRRHUS, ORESTE PHŒNIX.

PYRRHUS.

Je vous cherchais, seigneur. Un peu de violence
M'a fait de vos raisons combattre la puissance,
Je l'avoue; et depuis que je vous ai quitté,
J'en ai senti la force et connu l'équité.
J'ai songé comme vous, qu'à la Grèce, à mon père,
A moi-même, en un mot, je devenais contraire;
Que je relevais Troie, et rendais imparfait
Tout ce qu'a fait Achille, et tout ce que j'ai fait.
Je ne condamne plus un courroux légitime;
Et l'on vous va, seigneur, livrer votre victime.

ORESTE.

Seigneur, par ce conseil prudent et rigoureux,
C'est acheter la paix du sang d'un malheureux.

PYRRHUS.

Oui : mais je veux, seigneur, l'assurer davantage :
D'une éternelle paix Hermione est le gage;
Je l'épouse. Il semblait qu'un spectale si doux
N'attendit en ces lieux qu'un témoin tel que vous :
Vous y représentez tous les Grecs et son père,
Puisqu'en vous Ménélas voit revivre son frère.
Voyez-la donc. Allez. Dites-lui que demain
J'attends avec la paix son cœur de votre main.

ORESTE, à part.

Ah dieux !

SCÈNE V. — PYRRHUS, PHŒNIX.

PYRRHUS.
Eh bien, Phœnix, l'amour est-il le maître ?
Tes yeux refusent-ils encor de me connaître ?

PHŒNIX.
Ah ! je vous reconnais ; et ce juste courroux,
Ainsi qu'à tous les Grecs, seigneur, vous rend à vous.
Ce n'est plus le jouet d'une flamme servile :
C'est Pyrrhus, c'est le fils et le rival d'Achille,
Que la gloire à la fin ramène sous ses lois,
Qui triomphe de Troie une seconde fois.

PYRRHUS.
Dis plutôt qu'aujourd'hui commence ma victoire :
D'aujourd'hui seulement je jouis de ma gloire ;
Et mon cœur, aussi fier que tu l'as vu soumis,
Croit avoir en l'amour vaincu mille ennemis.
Considère, Phœnix, les troubles que j'évite ;
Quelle foule de maux l'amour traîne à sa suite ;
Que d'amis, de devoirs, j'allais sacrifier ;
Quels périls... un regard m'eût tout fait oublier :
Tous les Grecs conjurés fondaient sur un rebelle.
Je trouvais du plaisir à me perdre pour elle.

PHŒNIX.
Oui, je bénis, seigneur, l'heureuse cruauté
Qui vous rend...

PYRRHUS.
Tu l'as vu comme elle m'a traité.
Je pensais, en voyant sa tendresse alarmée,
Que son fils me la dût renvoyer désarmée :
J'allais voir le succès de ses embrassements ;
Je n'ai trouvé que pleurs mêlés d'emportements.
Sa misère l'aigrit ; et, toujours plus farouche,
Cent fois le nom d'Hector est sorti de sa bouche.
Vainement à son fils j'assurais mon secours,
« C'est Hector, disait-elle en l'embrassant toujours ;
» Voilà ses yeux, sa bouche, et déjà son audace ;
» C'est lui-même : c'est toi, cher époux, que j'embrasse. »

Hé! quelle est sa pensée? attend-elle en ce jour
Que je lui laisse un fils pour nourrir son amour?
PHŒNIX.
Sans doute; c'est le prix que vous gardait l'ingrate.
Mais laissez-la, seigneur.
PYRRHUS.
Je vois ce qui la flatte :
Sa beauté la rassure; et, malgré son courroux,
L'orgueilleuse m'attend encore à ses genoux.
Je la verrais aux miens, Phœnix, d'un œil tranquille.
Elle est veuve d'Hector, et je suis fils d'Achille :
Trop de haine sépare Andromaque et Pyrrhus.
PHŒNIX.
Commencez donc, seigneur, à ne m'en parler plus.
Allez voir Hermione; et, content de lui plaire,
Oubliez à ses pieds jusqu'à votre colère.
Vous-même à cet hymen venez la disposer :
Est-ce sur un rival qu'il s'en faut reposer?
Il ne l'aime que trop.
PYRRHUS.
Crois-tu, si je l'épouse,
Qu'Andromaque en son cœur n'en sera pas jalouse?
PHŒNIX.
Quoi! toujours Andromaque occupe votre esprit!
Que vous importe, ô dieux! sa joie ou son dépit?
Quel charme, malgré vous, vers elle vous attire?
PYRRHUS.
Non, je n'ai pas bien dit tout ce qu'il lui faut dire:
Ma colère à ses yeux n'a paru qu'à demi;
Elle ignore à quel point je suis son ennemi.
Retournons-y : je veux la braver à sa vue,
Et donner à ma haine une libre étendue.
Viens voir tous ses attraits, Phœnix, humiliés.
Allons.
PHŒNIX.
Allez, seigneur, vous jeter à ses pieds :
Allez, en lui jurant que votre âme l'adore,
A de nouveaux mépris l'encourager encore.
PYRRHUS.
Je le vois bien, tu crois que, prêt à l'excuser,
Mon cœur court après elle, et cherche à s'apaiser.

PHŒNIX.
Vous aimez : c'est assez.

PYRRHUS.
Moi, l'aimer? une ingrate
Qui me hait d'autant plus que mon amour la flatte?
Sans parents, sans amis, sans espoir que sur moi?
Je puis perdre son fils, peut-être je le doi;
Étrangère... que dis-je? esclave dans l'Épire,
Je lui donne son fils, mon âme, mon empire :
Et je ne puis gagner dans son perfide cœur
D'autre rang que celui de son persécuteur?
Non, non, je l'ai juré, ma vengeance est certaine;
Il faut bien une fois justifier sa haine :
J'abandonne son fils... Que de pleurs vont couler!
De quel nom sa douleur me va-t-elle appeler!
Quel spectacle pour elle aujourd'hui se dispose!
Elle en mourra, Phœnix; et j'en serai la cause :
C'est lui mettre moi-même un poignard dans le sein.

PHŒNIX.
Et pourquoi donc en faire éclater le dessein?
Que ne consultiez-vous tantôt votre faiblesse?

PYRRHUS.
Je t'entends. Mais excuse un reste de tendresse.
Crains-tu pour ma colère un si faible combat?
D'un amour qui s'éteint c'est le dernier éclat.
Allons. A tes conseils, Phœnix, je m'abandonne.
Faut-il livrer son fils? faut-il voir Hermione?

PHŒNIX.
Oui, voyez-la, seigneur; et par des vœux soumis
Protestez-lui...

PYRRHUS.
Faisons tout ce que j'ai promis.

ACTE TROISIÈME.

SCÈNE PREMIÈRE. — ORESTE, PYLADE.

PYLADE.
Modérez donc, Seigneur, cette fureur extrême :

Je ne vous connais plus ; vous n'êtes plus vous-même.
Souffrez...

ORESTE.

Non, tes conseils ne sont plus de saison,
Pylade ; je suis las d'écouter la raison.
C'est traîner trop longtemps ma vie et mon supplice :
Il faut que je l'enlève, ou bien que je périsse.
Le dessein en est pris ; je le veux achever :
Oui, je le veux.

PYLADE.

Eh bien, il la faut enlever ;
J'y consens. Mais songez cependant où vous êtes.
Que croira-t-on de vous, à voir ce que vous faites ?
Dissimulez : calmez ce transport inquiet ;
Commandez à vos yeux de garder le secret.
Ces gardes, cette cour, l'air qui vous environne,
Tout dépend de Pyrrhus, et surtout d'Hermione.
A ses regards surtout cachez votre courroux.
O dieux ! en cet état pourquoi la cherchiez-vous ?

ORESTE.

Que sais-je ? De moi-même étais-je alors le maître ?
La fureur m'emportait, et je venais peut-être
Menacer à la fois l'ingrate et son amant.

PYLADE.

Et quel était le fruit de cet emportement ?

ORESTE.

Et quelle âme, dis-moi, ne serait éperdue
Du coup dont ma raison vient d'être confondue ?
Il épouse, dit-il, Hermione demain ;
Il veut, pour m'honorer, la tenir de ma main.
Ah ! plutôt cette main dans le sang du barbare...

PYLADE.

Vous l'accusez, seigneur, de ce destin bizarre :
Cependant, tourmenté de ses propres desseins,
Il est peut-être à plaindre autant que je vous plains.

ORESTE.

Non, non ; je le connais, mon désespoir le flatte ;
Sans moi, sans mon amour, il dédaignait l'ingrate ;
Ses charmes jusque-là n'avaient pu le toucher :
Le cruel ne la prend que pour me l'arracher.
Ah dieux ! c'en était fait : Hermione gagnée

Pour jamais de sa vue allait être éloignée;
Son cœur, entre l'amour et le dépit confus,
Pour se donner à moi n'attendait qu'un refus :
Ses yeux s'ouvraient, Pylade; elle écoutait Oreste,
Lui parlait, le plaignait. Un mot eût fait le reste.

PYLADE.

Vous le croyez?

ORESTE.

Hé quoi! ce courroux enflammé
Contre un ingrat...

PYLADE.

Jamais il ne fut plus aimé.
Pensez-vous, quand Pyrrhus vous l'aurait accordée,
Qu'un prétexte tout prêt ne l'eût pas retardée?
M'en croirez-vous? Lassé de ses trompeurs attraits,
Au lieu de l'enlever, fuyez-la pour jamais.
Quoi! votre amour se veut charger d'une furie
Qui vous détestera, qui, toute votre vie,
Regrettant un hymen tout prêt à s'achever,
Voudra...

ORESTE.

C'est pour cela que je veux l'enlever.
Tout lui rirait, Pylade : et moi, pour mon partage,
Je n'emporterais donc qu'une inutile rage?
J'irais loin d'elle encor tâcher de l'oublier?
Non, non : à mes tourments je veux l'associer;
C'est trop gémir tout seul. Je suis las qu'on me plaigne :
Je prétends qu'à mon tour l'inhumaine me craigne,
Et que ses yeux cruels, à pleurer condamnés,
Me rendent tous les noms que je leur ai donnés.

PYLADE.

Voilà donc le succès qu'aura votre ambassade!
Oreste ravisseur!

ORESTE.

Et qu'importe, Pylade?
Quand nos États vengés jouiront de mes soins,
L'ingrate de mes pleurs jouira-t-elle moins?
Et que me servira que la Grèce m'admire,
Tandis que je serai la fable de l'Épire?
Que veux-tu? Mais s'il faut ne te rien déguiser,
Mon innocence enfin commence à me peser.

Je ne sais de tout temps quelle injuste puissance
Laisse le crime en paix, et poursuit l'innocence.
De quelque part sur moi que je tourne les yeux,
Je ne vois que malheurs qui condamnent les dieux.
Méritons leur courroux, justifions leur haine,
Et que le fruit du crime en précède la peine.
Mais toi, par quelle erreur veux-tu toujours sur toi
Détourner un courroux qui ne cherche que moi ?
Assez et trop longtemps mon amitié t'accable :
Évite un malheureux, abandonne un coupable.
Cher Pylade, crois-moi, ta pitié te séduit :
Laisse-moi des périls dont j'attends tout le fruit.
Porte aux Grecs cet enfant que Pyrrhus m'abandonne.
Va-t'en.

PYLADE.

Allons, seigneur, enlevons Hermione :
Au travers des périls un grand cœur se fait jour :
Que ne peut l'amitié conduite par l'amour !
Allons de tous vos Grecs encourager le zèle :
Nos vaisseaux sont tout prêts et le vent nous appelle.
Je sais de ce palais tous les détours obscurs :
Vous voyez que la mer en vient battre les murs ;
Et cette nuit, sans peine, une secrète voie
Jusqu'en votre vaisseau conduira votre proie.

ORESTE.

J'abuse, cher ami, de ton trop d'amitié :
Mais pardonne à des maux dont toi seul as pitié.
Excuse un malheureux qui perd tout ce qu'il aime,
Que tout le monde hait, et qui se hait lui-même.
Que ne puis-je à mon tour, dans un sort plus heureux...

PYLADE.

Dissimulez, seigneur ; c'est tout ce que je veux.
Gardez qu'avant le coup votre dessein n'éclate :
Oubliez jusque-là qu'Hermione est ingrate ;
Oubliez votre amour. Elle vient, je la voi.

ORESTE.

Va-t'en. Réponds-moi d'elle, et je réponds de moi.

SCÈNE II. — HERMIONE, ORESTE, CLÉONE.

ORESTE.

Eh bien! mes soins vous ont rendu votre conquête :
J'ai vu Pyrrhus, madame, et votre hymen s'apprête.

HERMIONE.

On le dit; et de plus on vient de m'assurer
Que vous ne me cherchiez que pour m'y préparer.

ORESTE.

Et votre âme à ses vœux ne sera pas rebelle?

HERMIONE.

Qui l'eût cru que Pyrrhus ne fût pas infidèle?
Que sa flamme attendait si tard pour éclater?
Qu'il reviendrait à moi quand je l'allais quitter?
Je veux croire avec vous qu'il redoute la Grèce:
Qu'il suit son intérêt plutôt que sa tendresse;
Que mes yeux sur votre âme étaient plus absolus.

ORESTE.

Non, madame : il vous aime, et je n'en doute plus.
Vos yeux ne font-ils pas tout ce qu'ils veulent faire?
Et vous ne vouliez pas, sans doute, lui déplaire.

HERMIONE.

Mais que puis-je, seigneur? on a promis ma foi :
Lui ravirai-je un bien qu'il ne tient pas de de moi?
L'amour ne règle pas le sort d'une princesse :
La gloire d'obéir est tout ce qu'on nous laisse.
Cependant je partais; et vous avez pu voir
Combien je relâchais pour vous de mon devoir.

ORESTE.

Ah! que vous savez bien, cruelle... Mais, madame,
Chacun peut à son choix disposer de son âme.
La vôtre était à vous; j'espérais : mais enfin
Vous l'avez pu donner sans me faire un larcin.
Je vous accuse aussi bien moins que la fortune.
Et pourquoi vous lasser d'une plainte importune?
Tel est votre devoir; je l'avoue : et le mien
Est de vous épargner un si triste entretien.

SCÈNE III. — HERMIONE, CLÉONE.

HERMIONE.

Attendais-tu, Cléone, un courroux si modeste?
CLÉONE.
La douleur qui se tait n'en est que plus funeste.
Je le plains d'autant plus qu'auteur de son ennui,
Le coup qui l'a perdu n'est parti que de lui.
Comptez depuis quel temps votre hymen se prépare :
Il a parlé, madame; et Pyrrhus se déclare.
HERMIONE.
Tu crois que Pyrrhus craint? Et que craint-il encor?
Des peuples qui, dix ans, ont fui devant Hector;
Qui cent fois, effrayés de l'absence d'Achille,
Dans leurs vaisseaux brûlants ont cherché leur asile;
Et qu'on verrait encor, sans l'appui de son fils,
Redemander Hélène aux Troyens impunis?
Non, Cléone, il n'est point ennemi de lui-même :
Il veut tout ce qu'il fait; et s'il m'épouse, il m'aime :
Mais qu'Oreste, à son gré, m'impute ses douleurs;
N'avons-nous d'entretien que celui de ses pleurs?
Pyrrhus revient à nous. Eh bien, chère Cléone,
Conçois-tu les transports de l'heureuse Hermione?
Sais-tu quel est Pyrrhus? T'es-tu fait raconter
Le nombre des exploits... Mais qui les peut compter?
Intrépide, et partout suivi de la victoire,
Charmant, fidèle; enfin rien ne manque à sa gloire.
Songe...
CLÉONE.
Dissimulez : votre rivale en pleurs
Vient à vos pieds, sans doute, apporter ses douleurs.
HERMIONE.
Dieux! ne puis-je à ma joie abandonner mon âme!
Sortons. Que lui dirai-je?

SCÈNE IV. — ANDROMAQUE, HERMIONE, CLÉONE, CÉPHISE.

ANDROMAQUE.

Où fuyez-vous, madame?
N'est-ce point à vos yeux un spectacle assez doux

Que la veuve d'Hector pleurant à vos genoux?
Je ne viens point ici, par de jalouses larmes,
Vous envier un cœur qui se rend à vos charmes.
Par une main cruelle, hélas! j'ai vu percer
Le seul où mes regards prétendaient s'adresser :
Ma flamme par Hector fut jadis allumée;
Avec lui dans la tombe elle s'est enfermée.
Mais il me reste un fils. Vous saurez quelque jour,
Madame, pour un fils jusqu'où va notre amour :
Mais vous ne saurez pas, du moins je le souhaite,
En quel trouble mortel son intérêt nous jette,
Lorsque de tant de biens qui pouvaient nous flatter
C'est le seul qui nous reste, et qu'on veut nous l'ôter.
Hélas! lorsque, lassés de dix ans de misère,
Les Troyens en courroux menaçaient votre mère,
J'ai su de mon Hector lui procurer l'appui :
Vous pouvez sur Pyrrhus ce que j'ai pu sur lui.
Que craint-on d'un enfant qui survit à sa perte?
Laissez-moi le cacher en quelque île déserte :
Sur les soins de sa mère on peut s'en assurer :
Et mon fils avec moi n'apprendra qu'à pleurer.

HERMIONE.

Je conçois vos douleurs : mais un devoir austère,
Quand mon père a parlé, m'ordonne de me taire.
C'est lui qui de Pyrrhus fait agir le courroux.
S'il faut fléchir Pyrrhus, qui le peut mieux que vous?
Vos yeux assez longtemps ont régné sur mon âme.
Faites-le prononcer : j'y souscrirai, madame.

SCÈNE V. — ANDROMAQUE, CÉPHISE.

ANDROMAQUE.

Quel mépris la cruelle attache à ses refus!

CÉPHISE.

Je croirais ses conseils, et je verrais Pyrrhus.
Un regard confondrait Hermione et la Grèce...
Mais lui-même il vous cherche.

SCÈNE VI. — PYRRHUS, ANDROMAQUE,
PHŒNIX, CÉPHISE.

PYRRHUS, à Phœnix.

Où donc est la princesse?

ACTE TROISIÈME.

Ne m'avais-tu pas dit qu'elle était en ces lieux?
PHŒNIX.
Je le croyais.
ANDROMAQUE à Céphise.
Tu vois le pouvoir de mes yeux.
PYRRHUS.
Que dit-elle, Phœnix?
ANDROMAQUE.
Hélas! tout m'abandonne!
PHŒNIX.
Allons, seigneur, marchons sur les pas d'Hermione.
CÉPHISE.
Qu'attendez-vous? Rompez ce silence obstiné.
ANDROMAQUE.
Il a promis mon fils.
CÉPHISE.
Il ne l'a pas donné.
ANDROMAQUE.
Non, non, j'ai beau pleurer, sa mort est résolue.
PYRRHUS.
Daigne-t-elle sur nous tourner au moins la vue?
Quel orgueil!
ANDROMAQUE.
Je ne fais que l'irriter encor.
Sortons.
PYRRHUS.
Allons aux Grecs livrer le fils d'Hector.
ANDROMAQUE, se jetant aux pieds de Pyrrhus.
Ah! seigneur! arrêtez! que prétendez-vous faire?
Si vous livrez le fils, livrez-leur donc la mère!
Vos serments m'ont tantôt juré tant d'amitié?
Dieux! ne pourrai-je au moins toucher votre pitié!
Sans espoir de pardon m'avez-vous condamnée?
PYRRHUS.
Phœnix vous le dira, ma parole est donnée.
ANDROMAQUE.
Vous qui braviez pour moi tant de périls divers!
PYRRHUS.
J'étais aveugle alors; mes yeux se sont ouverts.
Sa grâce à vos désirs pouvait être accordée;
Mais vous ne l'avez pas seulement demandée;
C'en est fait.

ANDROMAQUE.
Ah, seigneur ! vous entendiez assez
Des soupirs qui craignaient de se voir repoussés.
Pardonnez à l'éclat d'une illustre fortune
Ce reste de fierté qui craint d'être importune.
Vous ne l'ignorez pas : Andromaque, sans vous,
N'aurait jamais d'un maître embrassé les genoux.

PYRRHUS.
Non, vous me haïssez ? et dans le fond de l'âme
Vous craignez de devoir quelque chose à ma flamme.
Ce fils même, ce fils, l'objet de tant de soins,
Si je l'avais sauvé, vous l'en aimeriez moins.
La haine, le mépris, contre moi tout s'assemble ;
Vous me haïssez plus que tous les Grecs ensemble.
Jouissez à loisir d'un si noble courroux.
Allons, Phœnix.

ANDROMAQUE.
Allons rejoindre mon époux.

CÉPHISE.
Madame...

ANDROMAQUE, à Céphise.
Et que veux-tu que je lui dise encore ?
Auteur de tous mes maux, crois-tu qu'il les ignore ?
(A Pyrrhus.)
Seigneur, voyez l'état où vous me réduisez :
J'ai vu mon père mort et nos murs embrasés ;
J'ai vu trancher les jours de ma famille entière,
Et mon époux sanglant traîné sur la poussière,
Son fils, seul avec moi, réservé pour les fers ;
Mais que ne peut un fils ! je respire, je sers.
J'ai fait plus ; je me suis quelquefois consolée
Qu'ici plutôt qu'ailleurs le sort m'eût exilée ;
Qu'heureux dans son malheur, le fils de tant de rois,
Puisqu'il devait servir, fût tombé sous vos lois ;
J'ai cru que sa prison deviendrait son asile.
Jadis Priam soumis fut respecté d'Achille ;
J'attendais de son fils encor plus de bonté.
Pardonne, cher Hector, à ma crédulité :
Je n'ai pu soupçonner ton ennemi d'un crime ;
Malgré lui-même enfin je l'ai cru magnanime.
Ah ! s'il l'était assez pour nous laisser du moins

ACTE TROISIÈME.

Au tombeau qu'à ta cendre ont élevé mes soins;
Et que, finissant là sa haine et nos misères,
Il ne séparât point des dépouilles si chères!

PYRRHUS.

Va m'attendre, Phœnix.

SCÈNE VII. — PYRRHUS, ANDROMAQUE, CÉPHISE.

PYRRHUS.
Madame, demeurez,
On peut vous rendre encor ce fils que vous pleurez.
Oui, je sens à regret qu'en excitant vos larmes
Je ne fais contre moi que vous donner des armes :
Je croyais apporter plus de haine en ces lieux.
Mais, madame, du moins tournez vers moi les yeux;
Voyez si mes regards sont d'un juge sévère,
S'ils sont d'un ennemi qui cherche à vous déplaire.
Pourquoi me forcez-vous vous-même à vous trahir?
Au nom de votre fils, cessons de nous haïr.
A le sauver enfin c'est moi qui vous convie.
Faut-il que mes soupirs vous demandent sa vie?
Faut-il qu'en sa faveur j'embrasse vos genoux?
Pour la dernière fois, sauvez-le, sauvez-vous.
Je sais de quels serments je romps pour vous les chaînes;
Combien je vais sur moi faire éclater de haines.
Je renvoie Hermione, et je mets sur son front,
Au lieu de ma couronne, un éternel affront :
Je vous conduis au temple où son hymen s'apprête;
Je vous ceins du bandeau préparé pour sa tête.
Mais ce n'est plus, madame, une offre à dédaigner;
Je vous le dis : il faut ou périr, ou régner.
Mon cœur, désespéré d'un an d'ingratitude,
Ne peut plus de son sort souffrir l'incertitude :
C'est craindre, menacer, et gémir trop longtemps.
Je meurs si je vous perds; mais je meurs si j'attends.
Songez-y : je vous laisse, et je viendrai vous prendre
Pour vous mener au temple où ce fils doit m'attendre;
Et là vous me verrez, soumis ou furieux,
Vous couronner, madame, ou le perdre à vos yeux.

SCÈNE VIII. — ANDROMAQUE, CÉPHISE.

CÉPHISE.
Je vous l'avais prédit, qu'en dépit de la Grèce
De votre sort encor vous seriez la maîtresse.

ANDROMAQUE.
Hélas ! de quel effet tes discours sont suivis !
Il ne me restait plus qu'à condamner mon fils.

CÉPHISE.
Madame, à votre époux c'est être assez fidèle :
Trop de vertu pourrait vous rendre criminelle.
Lui-même il porterait votre âme à la douceur.

ANDROMAQUE.
Quoi ! je lui donnerais Pyrrhus pour successeur ?

CÉPHISE.
Ainsi le veut son fils, que les Grecs vous ravissent.
Pensez-vous qu'après tout ses mânes en rougissent?
Qu'il méprisât, madame, un roi victorieux
Qui vous fait remonter au rang de vos aïeux,
Qui foule aux pieds pour vous vos vainqueurs en colère,
Qui ne se souvient plus qu'Achille était son père,
Qui dément ses exploits et les rend superflus ?

ANDROMAQUE.
Dois-je les oublier, s'il ne s'en souvient plus ?
Dois-je oublier Hector privé de funérailles,
Et traîné sans honneur autour de nos murailles?
Dois-je oublier mon père à mes pieds renversé,
Ensanglantant l'autel qu'il tenait embrassé?
Songe, songe, Céphise, à cette nuit cruelle,
Qui fut pour tout un peuple une nuit éternelle ;
Figure-toi Pyrrhus, les yeux étincelants,
Entrant à la lueur de nos palais brûlants,
Sur tous mes frères morts se faisant un passage,
Et, de sang tout couvert, échauffant le carnage ;
Songe aux cris des vainqueurs, songe aux cris des [mourants]
Dans la flamme étouffés, sous le fer expirants ;
Peins-toi dans ces horreurs Andromaque éperdue :
Voilà comme Pyrrhus vint s'offrir à ma vue,
Voilà par quels exploits il sut se couronner ;
Enfin, voilà l'époux que tu me veux donner.
Non, je ne serai point complice de ses crimes :

Qu'il nous prenne, s'il veut, pour dernières victimes.
Tous mes ressentiments lui seraient asservis!
CÉPHISE.
Eh bien, allons donc voir expirer votre fils :
On n'attend plus que vous... Vous frémissez, madame?
ANDROMAQUE.
Ah! de quel souvenir viens-tu frapper mon âme!
Quoi! Céphise, j'irais voir expirer encor
Ce fils, ma seule joie, et l'image d'Hector?
Ce fils, que de sa flamme il me laissa pour gage?
Hélas! je m'en souviens : le jour que son courage
Lui fit chercher Achille, ou plutôt le trépas,
Il demanda son fils, et le prit dans ses bras :
« Chère épouse, dit-il, en essuyant mes larmes,
» J'ignore quel succès le sort garde à mes armes ;
» Je te laisse mon fils pour gage de ma foi :
» S'il me perd, je prétends qu'il me retrouve en toi.
» Si d'un heureux hymen la mémoire t'est chère,
» Montre au fils à quel point tu chérissais le père. »
Et je puis voir répandre un sang si précieux?
Et je laisse avec lui périr tous ses aïeux?
Roi barbare, faut-il que mon crime l'entraîne?
Si je te hais, est-il coupable de ma haine?
T'a-t-il de tous les siens reproché le trépas?
S'est-il plaint à tes yeux des maux qu'il ne sent pas?
Mais cependant, mon fils, tu meurs si je n'arrête
Le fer que le cruel tient levé sur ta tête.
Je l'en puis détourner, et je t'y vais offrir!...
Non, tu ne mourras point, je ne le puis souffrir.
Allons trouver Pyrrhus. Mais non, chère Céphise,
Va le trouver pour moi.
CÉPHISE.
   Que faut-il que je dise?
ANDROMAQUE.
Dis-lui que de mon fils l'amour est assez fort...
Crois-tu que dans son cœur il ait juré sa mort?
L'amour peut-il si loin pousser sa barbarie?
CÉPHISE.
Madame, il va bientôt revenir en furie.
ANDROMAQUE.
Eh bien, va l'assurer...

CÉPHISE.
De quoi? de votre fait?
ANDROMAQUE.
Hélas! pour la promettre est-elle encore à moi?
O cendres d'un époux! ô Troyens! ô mon père!
O mon fils, que tes jours coûtent cher à ta mère!
Allons.
CÉPHISE.
Où donc, madame? et que résolvez-vous?
ANDROMAQUE.
Allons sur son tombeau consulter mon époux.

ACTE QUATRIÈME.

SCÈNE PREMIÈRE. — ANDROMAQUE, CÉPHISE.

CÉPHISE.
Ah! je n'en doute point: c'est votre époux, madame,
C'est Hector qui produit ce miracle en votre âme:
Il veut que Troie encor se puisse relever
Avec cet heureux fils qu'il vous fait conserver.
Pyrrhus vous l'a promis. Vous venez de l'entendre;
Madame: il n'attendait qu'un mot pour vous le rendre.
Croyez-en ses transports: père, sceptre, alliés,
Content de votre cœur, il met tout à vos pieds;
Sur lui, sur tout son peuple il vous rend souveraine.
Est-ce là ce vainqueur digne de tant de haine?
Déjà contre les Grecs plein d'un noble courroux,
Le soin de votre fils le touche autant que vous:
Il prévient leur fureur; il lui laisse sa garde.
Pour ne pas l'exposer, lui-même il se hasarde.
Mais tout s'apprête au temple; et vous avez promis...
ANDROMAQUE.
Oui, je m'y trouverai. Mais allons voir mon fils.
CÉPHISE.
Madame, qui vous presse? Il suffit que sa vue
Désormais à vos yeux ne soit plus défendue.

Vous lui pourrez bientôt prodiguer vos bontés;
Et vos embrassements ne seront plus comptés.
Quel plaisir d'élever un enfant qu'on voit croître
Non plus comme un esclave élevé pour son maître,
Mais pour voir avec lui renaître tant de fois!
ANDROMAQUE.
Céphise, allons le voir pour la dernière fois.
CÉPHISE.
Que dites-vous? O dieux!
ANDROMAQUE.
O ma chère Céphise,
Ce n'est point avec toi que mon cœur se déguise.
Ta foi dans mon malheur s'est montrée à mes yeux;
Mais j'ai cru qu'à mon tour tu me connaissais mieux.
Quoi donc! as-tu pensé qu'Andromaque infidèle
Pût trahir un époux qui croit revivre en elle;
Et que, de tant de morts réveillant la douleur,
Le soin de mon repos me fît troubler le leur?
Est-ce là cette ardeur tant promise à sa cendre?
Mais son fils périssait; il l'a fallu défendre.
Pyrrhus en m'épousant s'en déclare l'appui;
Il suffit: je veux bien m'en reposer sur lui.
Je sais quel est Pyrrhus: violent, mais sincère,
Céphise, il fera plus qu'il n'a promis de faire.
Sur le courroux des Grecs je m'en repose encor;
Leur haine va donner un père au fils d'Hector.
Je vais donc, puisqu'il faut que je me sacrifie,
Assurer à Pyrrhus le reste de ma vie;
Je vais, en recevant sa foi sur les autels,
L'engager à mon fils par des nœuds immortels.
Mais aussitôt ma main, à moi seule funeste,
D'une infidèle vie abrégera le reste,
Et, sauvant ma vertu, rendra ce que je doi
A Pyrrhus, à mon fils, à mon époux, à moi.
Voilà de mon amour l'innocent stratagème;
Voilà ce qu'un époux m'a commandé lui-même.
J'irai seule rejoindre Hector et mes aïeux.
Céphise, c'est à toi de me fermer les yeux.
CÉPHISE.
Ah! ne prétendez pas que je puisse survivre...
ANDROMAQUE.
Non, non, je te défends, Céphise, de me suivre;

Je confie à tes soins mon unique trésor :
Si tu vivais pour moi, vis pour le fils d'Hector.
De l'espoir des Troyens seule dépositaire,
Songe à combien de rois tu deviens nécessaire.
Veille auprès de Pyrrhus ; fais-lui garder sa foi :
S'il le faut, je consens qu'on lui parle de moi.
Fais-lui valoir l'hymen où je me suis rangée :
Dis-lui qu'avant ma mort je lui fus engagée ;
Que ses ressentiments doivent être effacés ;
Qu'en lui laissant mon fils, c'est l'estimer assez.
Fais connaître à mon fils les héros de sa race ;
Autant que tu pourras, conduis-le sur leur trace :
Dis-lui par quels exploits leurs noms ont éclaté,
Plutôt ce qu'ils ont fait que ce qu'ils ont été ;
Parle-lui tous les jours des vertus de son père ;
Et quelquefois aussi parle-lui de sa mère.
Mais qu'il ne songe plus, Céphise, à nous venger :
Nous lui laissons un maître, il le doit ménager.
Qu'il ait de ses aïeux un souvenir modeste :
Il est du sang d'Hector, mais il en est le reste ;
Et pour ce reste enfin j'ai moi-même, en un jour,
Sacrifié mon sang, ma haine et mon amour.

CÉPHISE.

Hélas !

ANDROMAQUE.

Ne me suis point, si ton cœur en alarmes
Prévoit qu'il ne pourra commander à tes larmes.
On vient. Cache tes pleurs, Céphise ; et souviens-toi
Que le sort d'Andromaque est commis à ta foi.
C'est Hermione. Allons, fuyons sa violence.

SCÈNE II. — HERMIONE, CLÉONE.

CLÉONE.

Non, je ne puis assez admirer ce silence.
Vous vous taisez, madame ; et ce cruel mépris
N'a pas du moindre trouble agité vos esprits !
Vous soutenez en paix une si rude attaque,
Vous qu'on voyait frémir au seul nom d'Andromaque !
Vous qui sans désespoir ne pouviez endurer
Que Pyrrhus d'un regard le voulût honorer !

Il l'épouse; il lui donne, avec son diadème,
La foi que vous venez de recevoir vous-même;
Et votre bouche encor, muette à tant d'ennui,
N'a pas daigné s'ouvrir pour se plaindre de lui!
Ah! que je crains, madame, un calme si funeste!
Et qu'il vaudrait bien mieux...

HERMIONE.

Fais-tu venir Oreste?

CLÉONE.

Il vient, madame, il vient; et vous pouvez juger
Que bientôt à vos pieds il allait se ranger,
Prêt à servir toujours sans espoir de salaire :
Vos yeux ne sont que trop assurés de lui plaire.
Mais il entre.

SCÈNE III. — ORESTE, HERMIONE, CLÉONE.

ORESTE.

Ah, madame! est-il vrai qu'une fois
Oreste, en vous cherchant, obéisse à vos lois?
Ne m'a-t-on point flatté d'une fausse espérance?
Avez-vous en effet souhaité ma présence?
Croirai-je que vos yeux, à la fin désarmés,
Veulent...

HERMIONE.

Je veux savoir, seigneur, si vous m'aimez.

ORESTE.

Si je vous aime! ô dieux! mes serments, mes parjures,
Ma fuite, mon retour, mes respects, mes injures,
Mon désespoir, mes yeux de pleurs toujours noyés;
Quels témoins croirez-vous, si vous ne les croyez?

HERMIONE.

Vengez-moi, je crois tout.

ORESTE.

Eh bien, allons, madame :
Mettons encore un coup toute la Grèce en flamme;
Prenons, en signalant mon bras et votre nom,
Vous, la place d'Hélène, et moi, d'Agamemnon :
De Troie en ce pays réveillons les misères;
Et qu'on parle de nous ainsi que de nos pères.
Partons, je suis tout prêt.

HERMIONE.

Non, seigneur, demeurons :
Je ne veux pas si loin porter de tels affronts.
Quoi! de mes ennemis couronnant l'insolence,
J'irais attendre ailleurs une lente vengeance?
Et je m'en remettrais au destin des combats,
Qui peut-être à la fin ne me vengerait pas?
Je veux qu'à mon départ toute l'Épire pleure.
Mais, si vous me vengez, vengez-moi dans une heure.
Tous vos retardements sont pour moi des refus.
Courez au temple. Il faut immoler...

ORESTE.

Qui?

HERMIONE.

Pyrrhus.

ORESTE.

Pyrrhus, madame!

HERMIONE.

Hé quoi! votre haine chancelle?
Ah! courez, et craignez que je ne vous rappelle :
N'alléguez point des droits que je veux oublier;
Et ce n'est pas à vous à le justifier.

ORESTE.

Moi, je l'excuserais! Ah! vos bontés, madame,
Ont gravé trop avant ses crimes dans mon âme.
Vengeons-nous, j'y consens, mais par d'autres chemins :
Soyons ses ennemis, et non ses assassins;
Faisons de sa ruine une juste conquête.
Quoi! pour réponse aux Grecs porterai-je sa tête?
Et n'ai-je pris sur moi le soin de tout l'État,
Que pour m'en acquitter par un assassinat?
Souffrez, au nom des dieux! que la Grèce s'explique,
Et qu'il meure chargé de la haine publique.
Souvenez-vous qu'il règne, et qu'un front couronné...

HERMIONE.

Ne vous suffit-il pas que je l'ai condamné?
Ne vous suffit-il pas que ma gloire offensée
Demande une victime à moi seule adressée;
Qu'Hermione est le prix d'un tyran opprimé;
Que je le hais; enfin, seigneur, que je l'aimai?
Je ne m'en cache point : l'ingrat m'avait su plaire,

Soit qu'ainsi l'ordonnât mon amour ou mon père,
N'importe; mais enfin réglez-vous là-dessus.
Malgré mes vœux, seigneur, honteusement déçus,
Malgré la juste horreur que son crime me donne,
Tant qu'il vivra, craignez que je ne lui pardonne.
Doutez jusqu'à sa mort d'un courroux incertain;
S'il ne meurt aujourd'hui, je puis l'aimer demain.
                    ORESTE.
Eh bien! il faut le perdre, et prévenir sa grâce:
Il faut... Mais cependant que faut-il que je fasse?
Comment puis-je sitôt servir votre courroux?
Quel chemin jusqu'à lui peut conduire mes coups?
A peine suis-je encore arrivé dans l'Epire,
Vous voulez par mes mains renverser un empire;
Vous voulez qu'un roi meure; et pour son châtiment
Vous ne donnez qu'un jour, qu'une heure, qu'un moment.
Aux yeux de tout son peuple il faut que je l'opprime.
Laissez-moi vers l'autel conduire ma victime,
Je ne m'en défends plus; et je ne veux qu'aller
Reconnaître la place où je dois l'immoler:
Cette nuit je vous sers, cette nuit je l'attaque.
                    HERMIONE.
Mais cependant, ce jour, il épouse Andromaque;
Dans le temple déjà le trône est élevé,
Ma honte est confirmée, et son crime achevé.
Enfin qu'attendez-vous? il vous offre sa tête:
Sans gardes, sans défense, il marche à cette fête;
Autour du fils d'Hector il les fait tous ranger:
Il s'abandonne au bras qui me voudra venger.
Voulez-vous, malgré lui, prendre soin de sa vie?
Armez, avec vos Grecs, tous ceux qui m'ont suivie;
Soulevez vos amis; tous les miens sont à vous:
Il me trahit, vous trompe, et nous méprise tous.
Mais quoi! déjà leur haine est égale à la mienne;
Elle épargne à regret l'époux d'une Troyenne.
Parlez; mon ennemi ne vous peut échapper;
Ou plutôt il ne faut que les laisser frapper.
Conduisez ou suivez une fureur si belle;
Revenez tout couvert du sang de l'infidèle;
Allez : en cet état soyez sûr de mon cœur.
                    ORESTE.
Mais, madame, songez...

HERMIONE.

Ah! c'en est trop, seigneur.
Tant de raisonnements offensent ma colère.
Rendre Oreste content : mais enfin je vois bien
Qu'il veut toujours se plaindre, et ne mériter rien.
Partez : allez ailleurs vanter votre constance,
Et me laissez ici le soin de ma vengeance.
De mes lâches bontés mon courage est confus;
Et c'est trop en un jour essuyer de refus.
Je m'en vais seule au temple où leur hymen s'apprête,
Où vous n'osez aller mériter ma conquête :
Là, de mon ennemi je saurai m'approcher ;
Je percerai le cœur que je n'ai pu toucher;
Et mes sanglantes mains, sur moi-même tournées,
Aussitôt, malgré lui, joindront nos destinées :
Et, tout ingrat qu'il est, il me sera plus doux
De mourir avec lui, que de vivre avec vous.

ORESTE.

Non, je vous priverai de ce plaisir funeste,
Madame, il ne mourra que de la main d'Oreste.
Vos ennemis par moi vont vous être immolés,
Et vous reconnaîtrez mes soins, si vous voulez.

HERMIONE.

Allez. De votre sort laissez-moi la conduite,
Et que tous vos vaisseaux soient prêts pour notre fuite.

SCÈNE IV. — HERMIONE, CLÉONE.

CLÉONE.

Vous vous perdez, madame ; et vous devez songez...

HERMIONE.

Que je me perde ou non, je songe à me venger.
Je ne sais même encor, quoi qu'il m'ait pu promettre,
Sur d'autres que sur moi si je dois m'en remettre :
Pyrrhus n'est pas coupable à ses yeux comme aux miens.
Et je tiendrais mes coups bien plus sûrs que les siens.
Quel plaisir de venger moi-même mon injure,
De retirer mon bras teint du sang du parjure,
Et, pour rendre sa peine et mes plaisirs plus grands,
De cacher ma rivale à ses regards mourants!
Ah! si du moins Oreste, en punissant son crime,

Lui laissait le regret de mourir ma victime!
Va le trouver : dis-lui qu'il apprenne à l'ingrat
Qu'on l'immole à ma haine, et non pas à l'État.
Chère Cléone, cours : ma vengeance est perdue,
S'il ignore en mourant que c'est moi qui le tue.

CLÉONE.

Je vous obéirai. Mais qu'est-ce que je voi?
O Dieux! qui l'aurait cru, madame? c'est le roi!

HERMIONE.

Ah! cours après Oreste; et dis-lui, ma Cléone,
Qu'il n'entreprenne rien sans revoir Hermione.

SCÈNE V. — PYRRHUS, HERMIONE, PHŒNIX.

PYRRHUS.

Vous ne m'attendiez pas, madame; et je vois bien
Que mon abord ici trouble votre entretien.
Je ne viens point, armé d'un indigne artifice,
D'un voile d'équité couvrir mon injustice :
Il suffit que mon cœur me condamne tout bas;
Et je soutiendrais mal ce que je ne crois pas.
J'épouse une Troyenne; oui, madame : et j'avoue
Que je vous ai promis la foi que je lui voue.
Un autre vous dirait que, dans les champs troyens,
Nos deux pères, sans nous, formèrent ces liens;
Et que, sans consulter ni mon choix ni le vôtre,
Nous fûmes, sans amour, attachés l'un à l'autre :
Mais c'est assez pour moi que je me sois soumis.
Par mes ambassadeurs mon cœur vous fut promis;
Loin de les révoquer, je voulus y souscrire :
Je vous vis avec eux arriver en Épire;
Et, quoique d'un autre œil l'éclat victorieux
Eût déjà prévenu le pouvoir de vos yeux,
Je ne m'arrêtai point à cette ardeur nouvelle,
Je voulus m'obstiner à vous être fidèle;
Je vous reçus en reine, et jusques à ce jour
J'ai cru que mes serments me tiendraient lieu d'amour.
Mais cet amour l'emporte; et, par un coup funeste,
Andromaque m'arrache un cœur qu'elle déteste :
L'un par l'autre entraînés, nous courons à l'autel
Nous jurer, malgré nous, un amour immortel.

Après cela, madame, éclatez contre un traître,
Qui l'est avec douleur, et qui pourtant veut l'être.
Pour moi, loin de contraindre un si juste courroux,
Il me soulagera peut-être autant que vous.
Donnez-moi tous les noms destinés aux parjures :
Je crains votre silence, et non pas vos injures :
Et mon cœur, soulevant mille secrets témoins,
M'en dira d'autant plus que vous m'en direz moins.

HERMIONE.

Seigneur, dans cet aveu, dépouillé d'artifice,
J'aime à voir que du moins vous vous rendiez justice :
Et que, voulant bien rompre un nœud si solennel,
Vous vous abandonniez au crime en criminel.
Est-il juste, après tout, qu'un conquérant s'abaisse
Sous la servile loi de garder sa promesse ?
Non, non, la perfidie a de quoi vous tenter ;
Et vous ne me cherchez que pour vous en vanter.
Quoi ! sans que ni serment ni devoir vous retienne,
Rechercher une Grecque, amant d'une Troyenne ;
Me quitter, me reprendre, et retourner encor
De la fille d'Hélène à la veuve d'Hector !
Couronner tour à tour l'esclave et la princesse ;
Immoler Troie aux Grecs, au fils d'Hector la Grèce !
Tout cela part d'un cœur toujours maître de soi,
D'un héros qui n'est point esclave de sa foi.
Pour plaire à votre épouse, il vous faudrait peut-être
Prodiguer les doux noms de parjure et de traître.
Vous veniez de mon front observer la pâleur,
Pour aller dans ses bras rire de ma douleur :
Pleurante après son char vous voulez qu'on me voie,
Mais, seigneur, en un jour ce serait trop de joie ;
Et sans chercher ailleurs des titres empruntés,
Ne vous suffit-il pas de ceux que vous portez ?
Du vieux père d'Hector la valeur abattue
Aux pieds de sa famille expirante à sa vue,
Tandis que dans son sein votre bras enfoncé
Cherche un reste de sang que l'âge avait glacé ;
Dans des ruisseaux de sang Troie ardente plongée ;
De votre propre main Polyxène égorgée,
Aux yeux de tous les Grecs indignés contre vous :
Que peut-on refuser à ces généreux coups ?

PYRRHUS.

Madame, je sais trop à quel excès de rage
La vengeance d'Hélène emporta mon courage ;
Je puis me plaindre à vous du sang que j'ai versé :
Mais enfin je consens d'oublier le passé.
Je rends grâces au ciel que votre indifférence
De mes heureux soupirs m'apprenne l'innocence :
Mon cœur, je le vois bien, trop prompt à se gêner,
Devait mieux vous connaître et mieux s'examiner.
Mes remords vous faisaient une injure mortelle :
Il faut se croire aimé pour se croire infidèle.
Vous ne prétendiez point m'arrêter dans vos fers :
J'ai craint de vous trahir, peut-être je vous sers.
Nos cœurs n'étaient point faits dépendants l'un de l'autre :
Je suivais mon devoir, et vous cédiez au vôtre.
Rien ne vous engageait à m'aimer en effet.

HERMIONE.

Je ne t'ai point aimé, cruel ! qu'ai-je donc fait ?
J'ai dédaigné pour toi les vœux de tous nos princes ;
Je t'ai cherché moi-même au fond de tes provinces ;
J'y suis encor, malgré tes infidélités,
Et malgré tous mes Grecs, honteux de mes bontés.
Je leur ai commandé de cacher mon injure ;
J'attendais en secret le retour d'un parjure ;
J'ai cru que tôt ou tard, à ton devoir rendu,
Tu me rapporterais un cœur qui m'était dû.
Je t'aimais inconstant ; qu'aurai-je fait fidèle ?
Et même, en ce moment, où ta bouche cruelle
Vient si tranquillement m'annoncer le trépas,
Ingrat, je doute encor si je ne t'aime pas.
Mais, seigneur, s'il le faut, si le ciel en colère
Réserve à d'autres yeux la gloire de vous plaire,
Achevez votre hymen, j'y consens ; mais, du moins,
Ne forcez pas mes yeux d'en être les témoins.
Pour la dernière fois je vous parle peut-être ;
Différez-le d'un jour, demain vous serez maître...
Vous ne répondez point ?... Perfide ! je le voi,
Tu comptes les moments que tu perds avec moi.
Ton cœur, impatient de revoir ta Troyenne,
Ne souffre qu'à regret qu'une autre t'entretienne
Tu lui parles du cœur, tu la cherches des yeux.

Je ne te retiens plus, sauve-toi de ces lieux :
Va lui jurer la foi que tu m'avais jurée ;
Va profaner des dieux la majesté sacrée.
Ces dieux, ces justes dieux n'auront pas oublié
Que les mêmes serments avec moi t'ont lié.
Porte au pied des autels ce cœur qui m'abandonne ;
Va, cours ; mais crains encor d'y trouver Hermione.

SCÈNE VI. — PYRRHUS, PHŒNIX.

PHŒNIX.

Seigneur, vous entendez. Gardez de négliger
Une amante en fureur qui cherche à se venger.
Elle n'est en ces lieux que trop bien appuyée ;
La querelle des Grecs à la sienne est liée ;
Oreste l'aime encore ; et peut-être à ce prix...

PYRRHUS.

Andromaque m'attend. Phœnix, garde son fils.

ACTE CINQUIÈME.

SCÈNE PREMIÈRE. — HERMIONE.

Où suis-je ? qu'ai-je fait ? que dois-je faire encore ?
Quel transport me saisit ? quel chagrin me dévore ?
Errante et sans dessein, je cours dans ce palais.
Ah ! ne puis-je savoir si j'aime ou si je hais ?
Le cruel ! de quel œil il m'a congédiée !
Sans pitié, sans douleur au moins étudiée !
L'ai-je vu s'attendrir, se troubler un moment ?
En ai-je pu tirer un seul gémissement ?
Muet à mes soupirs, tranquille à mes alarmes,
Semblait-il seulement qu'il eût part à mes larmes ?
Et je le plains encore ! et, pour comble d'ennui,
Mon cœur, mon lâche cœur s'intéresse pour lui !
Je tremble au seul penser du coup qui le menace !
Et, prête à me venger, je lui fais déjà grâce !
Non, ne révoquons point l'arrêt de mon courroux :

ACTE CINQUIÈME.

Qu'il périsse ! aussi bien il ne vit plus pour nous.
Le perfide triomphe, et se rit de ma rage :
Il pense voir en pleurs dissiper cet orage ;
Il croit que, toujours faible, et d'un cœur incertain,
Je parerai d'un bras les coups de l'autre main.
Il juge encor de moi par mes bontés passées.
Mais plutôt la perfide a bien d'autres pensées :
Triomphant dans le temple, il ne s'informe pas
Si l'on souhaite ailleurs sa vie ou son trépas.
Il me laisse, l'ingrat, cet embarras funeste.
Non, non, encore un coup laissons agir Oreste.
Qu'il meure, puisqu'enfin il a dû le prévoir,
Et puisqu'il m'a forcée enfin à le vouloir...
A le vouloir ? Hé quoi ! c'est donc moi qui l'ordonne ?
Sa mort sera l'effet de l'amour d'Hermione ?
Ce prince, dont mon cœur se faisait autrefois
Avec tant de plaisir redire les exploits ;
A qui même en secret je m'étais destinée,
Avant qu'on eût conclu ce fatal hyménée ;
Je n'ai donc traversé tant de mers, tant d'États,
Que pour venir si loin préparer son trépas,
L'assassiner, le perdre ? Ah ! devant qu'il expire...

SCÈNE II. — HERMIONE, CLÉONE.

HERMIONE.

Ah ! qu'ai-je fait, Cléone ? et que viens-tu me dire ?
Que fait Pyrrhus ?

CLÉONE.

        Il est au comble de ses vœux,
Le plus fier des mortels, et le plus amoureux.
Je l'ai vu vers le temple, où son hymen s'apprête,
Mener en conquérant sa nouvelle conquête :
Et, d'un œil où brillait sa joie et son espoir,
S'enivrer en marchant du plaisir de la voir.
Andromaque, au travers de mille cris de joie,
Porte jusqu'aux autels le souvenir de Troie ;
Incapable toujours d'aimer et de haïr,
Sans joie et sans murmure elle semble obéir.

HERMIONE.

Et l'ingrat ? jusqu'au bout il a poussé l'outrage ?

Mais as-tu bien, Cléone, observé son visage ?
Goûte-t-il des plaisirs tranquilles et parfaits ?
N'a-t-il point détourné ses yeux vers le palais ?
Dis-moi, ne t'es-tu point présentée à sa vue ?
L'ingrat a-t-il rougi lorsqu'il t'a reconnue ?
Son trouble avouait-il son infidélité ?
A-t-il jusqu'à la fin soutenu sa fierté ?

CLÉONE.

Madame, il ne voit rien. Son salut et sa gloire
Semblent être avec vous sortis de sa mémoire.
Sans songer qui le suit, ennemis ou sujets,
Il poursuit seulement ses amoureux projets.
Autour du fils d'Hector il a rangé sa garde,
Et croit que c'est lui seul que le péril regarde.
Phœnix même en répond, qui l'a conduit exprès
Dans un fort éloigné du temple et du palais.
Voilà dans ses transports le seul soin qui lui reste.

HERMIONE.

Le perfide ! il mourra. Mais que t'a dit Oreste ?

CLÉONE.

Oreste avec ses Grecs dans le temple est entré.

HERMIONE.

Eh bien ! à me venger n'est-il pas préparé ?

CLÉONE.

Je ne sais.

HERMIONE.

Tu ne sais ! Quoi donc ! Oreste encore,
Oreste me trahit ?

CLÉONE.

Oreste vous adore ;
Mais de mille remords son esprit combattu
Croit tantôt son amour et tantôt sa vertu.
Il respecte en Pyrrhus l'honneur du diadème ;
Il respecte en Pyrrhus Achille et Pyrrhus même :
Il craint les Grecs, il craint l'univers en courroux ;
Mais il se craint, dit-il, soi-même plus que tous.
Il voudrait en vainqueur vous apporter sa tête :
Le seul nom d'assassin l'épouvante et l'arrête.
Enfin il est entré, sans savoir dans son cœur
S'il en devait sortir coupable ou spectateur.

HERMIONE.

Non, non, il les verra triompher sans obstacle ;

ACTE CINQUIÈME.

Il se gardera bien de troubler ce spectacle :
Je sais de quel remords son courage est atteint ;
Le lâche craint la mort, et c'est tout ce qu'il craint.
Quoi ! sans qu'elle employât une seul prière,
Ma mère en sa faveur arma la Grèce entière ;
Ses yeux pour leur querelle, en dix ans de combats,
Virent périr vingt rois qu'ils ne connaissaient pas :
Et moi, je ne prétends que la mort d'un parjure,
Et je charge un amant du soin de mon injure ;
Il peut me conquérir à ce prix sans danger ;
Je me livre moi-même, et ne puis me venger !
Allons, c'est à moi seule à me rendre justice.
Que de cris de douleur le temple retentisse.
De leur hymen fatal troublons l'événement ;
Et qu'ils ne soient unis, s'il se peut, qu'un moment.
Je ne choisirai point dans ce désordre extrême :
Tout me sera Pyrrhus, fût-ce Oreste lui-même.
Je mourrai ; mais au moins ma mort me vengera :
Je ne ne mourrai pas seule, et quelqu'un me suivra.

SCÈNE III. — ORESTE, HERMIONE, CLÉONE.

ORESTE.

Madame, c'en est fait, et vous êtes servie :
Pyrrhus rend à l'autel son infidèle vie.

HERMIONE.

Il est mort !

ORESTE.

Il expire ; et nos Grecs irrités
Ont lavé dans son sang ses infidélités.
Je vous l'avais promis ; et, quoique mon courage
Se fît de ce complot une funeste image,
J'ai couru vers le temple, où nos Grecs dispersés
Se sont jusqu'à l'autel dans la foule glissés.
Pyrrhus m'a reconnu, mais sans changer de face :
Il semblait que ma vue excitât son audace ;
Que tous les Grecs, bravés en leur ambassadeur,
Dussent de son hymen relever la splendeur.
Enfin, avec transport prenant son diadème,
Sur le front d'Andromaque il l'a posé lui-même :
« Je vous donne, a-t-il dit, ma couronne et ma foi ;

» Andromaque, régnez sur l'Épire et sur moi.
» Je voue à votre fils une amitié de père ;
» J'en atteste les dieux, je le jure à sa mère :
» Pour tous mes ennemis je déclare les siens,
» Et je le reconnais pour le roi des Troyens. »
A ces mots, qui du peuple attiraient le suffrage,
Nos Grecs n'ont répondu que par un cri de rage ;
L'infidèle s'est vu partout envelopper,
Et je n'ai pu trouver de place pour frapper :
Chacun se disputait la gloire de l'abattre.
Je l'ai vu dans leurs mains quelque temps se débattre,
Tout sanglant à leurs coups vouloir se dérober ;
Mais enfin à l'autel il est allé tomber.
Du peuple épouvanté j'ai traversé la presse
Pour venir de ces lieux embrasser ma princesse,
Et regagner le port, où bientôt nos amis
Viendront couverts du sang que je vous ai promis.

HERMIONE.

Qu'ont-ils fait !

ORESTE.

Pardonnez à leur impatience ;
Ils ont, je le vois bien, trahi votre vengeance ;
Vous vouliez que ma main portât les premiers coups ;
Qu'il sentît en mourant qu'il expirait pour vous.
Mais c'est moi dont l'ardeur leur a servi d'exemple :
Je les ai pour vous seule entraînés dans le temple,
Madame ; et vous pouvez justement vous flatter
D'une mort que leurs bras n'ont fait qu'exécuter.
Vous seule avez poussé les coups...

HERMIONE.

Tais-toi, perfide,
Et n'impute qu'à toi ton lâche parricide.
Va faire chez tes Grecs admirer ta fureur,
Va : je la désavoue, et tu me fais horreur.
Barbare, qu'as-tu fait ? avec quelle furie
As-tu tranché le cours d'une si belle vie ?
Avez-vous pu, cruels, l'immoler aujourd'hui,
Sans que tout votre sang se soulevât pour lui ?
Mais parle : de son sort qui t'a rendu l'arbitre ?
Pourquoi l'assassiner ? qu'a-t-il fait ? à quel titre ?
Qui te l'a dit ?

ORESTE.

O dieux! quoi ne m'avez-vous pas
Vous-même, ici, tantôt, ordonné son trépas?

HERMIONE.

Ah! fallait-il en croire une amante insensée?
Ne devais-tu pas lire au fond de ma pensée?
Et ne voyais-tu pas, dans mes emportements,
Que mon cœur démentait ma bouche à tous moments?
Quand je l'aurais voulu, fallait-il y souscrire?
N'as-tu pas dû cent fois te le faire redire?
Toi-même avant le coup me venir consulter?
Y revenir encore, ou plutôt m'éviter?
Que ne me laissais-tu le soin de ma vengeance?
Qui t'amène en des lieux où l'on fuit ta présence?
Voilà de ton amour le détestable fruit :
Tu m'apportais, cruel, le malheur qui te suit.
C'est toi dont l'ambassade, à tous les deux fatale,
L'a fait pour son malheur pencher vers ma rivale.
Nous le verrions encor nous partager ses soins :
Il m'aimerait peut-être; il le feindrait du moins.
Adieu. Tu peux partir. Je demeure en Épire,
Je renonce à la Grèce, à Sparte, à son empire,
A toute ma famille; et c'est assez pour moi,
Traître, qu'elle ait produit un monstre tel que toi.

SCÈNE IV. — ORESTE.

ORESTE.

Que vois-je? est-ce Hermione? Et que viens-je d'entendre?
Pour qui coule le sang que je viens de répandre?
Je suis, si je l'en crois, un traître, un assassin.
Est-ce Pyrrhus qui meurt? et suis-je Oreste enfin?
Quoi! j'étouffe en mon cœur la raison qui m'éclaire;
J'assassine à regret un roi que je révère;
Je viole en un jour les droits des souverains,
Ceux des ambassadeurs, et tous ceux des humains,
Ceux même des autels où ma fureur l'assiége;
Je deviens parricide, assassin, sacrilége;
Pour qui? pour une ingrate à qui je le promets,
Qui même, s'il ne meurt, ne me verra jamais,

Dont j'épouse la rage : et quand je l'ai servie,
Elle me redemande et son sang et sa vie !
Elle l'aime ! et je suis un monstre furieux !
Je la vois pour jamais s'éloigner de mes yeux !
Et l'ingrate en fuyant me laisse pour salaire
Tous les noms odieux que j'ai pris pour lui plaire !

SCÈNE V. — ORESTE, PYLADE, Soldats d'Oreste.

PYLADE.

Il faut partir, seigneur. Sortons de ce palais,
Ou bien résolvons-nous de n'en sortir jamais.
Nos Grecs pour un moment en défendent la porte;
Tout le peuple assemblé nous poursuit à main forte.
Aux ordres d'Andromaque ici tout est soumis;
Ils la traitent en reine, et nous comme ennemis.
Andromaque elle-même, à Pyrrhus si rebelle,
Lui rend tous les devoirs d'une veuve fidèle,
Commande qu'on le venge; et peut-être qu'encor
Elle poursuit sur nous la vengeance d'Hector.
Allons, n'attendons pas que l'on nous environne :
Nos Grecs nous rejoindront; et tandis qu'Hermione
Tient encore le peuple autour d'elle arrêté,
Voilà notre chemin, sortons en sûreté.

ORESTE.

Non, non, c'est Hermione, amis, que je veux suivre !
A son dernier arrêt je ne puis plus survivre;
Partez : j'ai fait le crime, et je vais l'expier.

PYLADE.

Hermione, seigneur ? il la faut oublier.
Quoi ! toujours l'instrument et l'objet de sa rage,
Cherchez-vous chez les morts quelque nouvel outrage ?
Et parce qu'elle meurt, faut-il que vous mouriez ?

ORESTE.

Elle meurt ! dieux ! qu'entends-je ?

PYLADE.

Hé quoi ! vous l'ignoriez ?
En rentrant dans ces lieux, nous l'avons rencontrée
Qui courait vers le temple, inquiète, égarée.
Elle a trouvé Pyrrhus porté par des soldats
Que son sang excitait à venger son trépas.

Sans doute à cet objet sa rage s'est émue.
Mais du haut de la porte enfin nous l'avons vue,
Un poignard à la main, sur Pyrrhus se courber,
Lever les yeux au ciel, se frapper et tomber.

ORESTE.

Grâce aux dieux, mon malheur passe mon espérance!
Oui, je te loue, ô ciel, de ta persévérance.
Appliqué sans relâche au soin de me punir,
Au comble des douleurs tu m'as fait parvenir;
Ta haine a pris plaisir à former ma misère;
J'étais né pour servir d'exemple à ta colère,
Pour être du malheur un modèle accompli;
Eh bien! je meurs content et mon sort est rempli.
Où sont ces deux amants? Pour couronner ma joie,
Dans leur sang, dans le mien, il faut que je me noie;
L'un et l'autre en mourant je les veux regarder :
Réunissons trois cœurs qui n'ont pu s'accorder.
Mais quelle épaisse nuit tout à coup m'environne?
De quel côté sortir? D'où vient que je frissonne?
Quelle horreur me saisit? Grâce au ciel, j'entrevoi...
Dieux! quels ruisseaux de sang coulent autour de moi!

PYLADE.

Ah, seigneur!

ORESTE.

Quoi! Pyrrhus, je te rencontre encore!
Trouverai-je partout un rival que j'abhorre?
Percé de tant de coups, comment t'es-tu sauvé?
Tiens, tiens, voilà le coup que je t'ai réservé.
Mais que vois-je? A mes yeux Hermione l'embrasse!
Elle vient l'arracher au coup qui le menace!
Dieux! quels affreux regards elle jette sur moi!
Quels démons, quels serpents traîne-t-elle après soi!
Eh bien! filles d'enfer, vos mains sont-elles prêtes?
Pour qui sont ces serpents qui sifflent sur vos têtes?
A qui destinez-vous l'appareil qui vous suit?
Venez-vous m'enlever dans l'éternelle nuit?
Venez, à vos fureurs Oreste s'abandonne.
Mais non, retirez-vous, laissez faire Hermione :
L'ingrate mieux que vous saura me déchirer;
Et je lui porte enfin mon cœur à dévorer.

PYLADE.
Il perd le sentiment. Amis, le temps nous presse ;
Ménageons les moments que ce transport nous laisse.
Sauvons-le. Nos efforts deviendraient impuissants
S'il reprenait ici sa rage avec ses sens.

FIN D'ANDROMAQUE.

LES PLAIDEURS

COMÉDIE. —1668.

PRÉFACE.

Quand je lus les *Guêpes* d'Aristophane, je ne songeais guère que j'en dusse faire les *Plaideurs*. J'avoue qu'elles me divertirent beaucoup, et j'y trouvai quantité de plaisanteries qui me tentèrent d'en faire part au public; mais c'était en les mettant dans la bouche des Italiens, à qui je les avais destinées, comme une chose qui leur appartenait de plein droit. Le juge qui saute par les fenêtres, le chien criminel, et les larmes de sa famille, me semblaient autant d'incidents dignes de la gravité de Scaramouche. Le départ de cet acteur interrompit mon dessein, et fit naître l'envie à quelques-uns de mes amis de voir sur notre théâtre un échantillon d'Aristophane. Je ne me rendis pas à la première proposition qu'ils m'en firent : je leur dis que, quelque esprit que je trouvasse dans cet auteur, mon inclination ne me porterait pas à le prendre pour modèle, si j'avais à faire une comédie; et que j'aimerais beaucoup mieux imiter la régularité de Ménandre et de Térence, que la liberté de Plaute et d'Aristophane. On me répondit que ce n'était pas une comédie qu'on me demandait, et qu'on voulait seulement voir si les bons mots d'Aristophane auraient quelque grâce dans notre langue. Ainsi, moitié en m'encourageant, moitié en mettant eux-mêmes la main à l'œuvre, mes amis me firent commencer une pièce qui ne tarda guère à être achevée.

Cependant la plupart du monde ne se soucie point de l'intention ni de la diligence des auteurs. On examina d'abord mon amusement comme on aurait fait une tragédie. Ceux même qui s'y étaient le plus divertis eurent peur de n'avoir pas ri dans les règles, et trouvèrent mauvais que je n'eusse pas songé plus sérieusement à les faire rire. Quelques autres s'imaginèrent qu'il était bienséant à eux de s'y ennuyer, et que les matières de palais ne pouvaient pas être un sujet de divertissement pour les gens de cour. La pièce fut bientôt après jouée à Versailles. On ne fit point de scrupule de s'y réjouir; et ceux qui avaient cru se déshonorer de rire à Paris furent peut-être obligés de rire à Versailles pour se faire honneur.

Ils auraient tort à la vérité s'ils me reprochaient d'avoir fatigué leurs oreilles de trop de chicane. C'est une langue qui m'est plus étrangère qu'à personne; et je n'ai employé que quelques mots barbares que je puis avoir appris dans le cours d'un procès que ni mes juges ni moi n'avons jamais bien entendu.

Si j'appréhende quelque chose, c'est que des personnes un peu sérieuses ne traitent de badineries le procès du chien et les extravagances du juge. Mais enfin je traduis Aristophane; et l'on doit se souvenir qu'il avait affaire à des spectateurs assez difficiles : les Athéniens savaient apparemment ce que c'était que le sel attique; et ils étaient bien sûrs, quand ils avaient ri d'une chose, qu'ils n'avaient pas ri d'une sottise.

Pour moi, je trouve qu'Aristophane a eu raison de pousser les choses au delà du vraisemblable. Les juges de l'Aréopage n'auraient pas peut-être trouvé bon qu'il eût marqué au naturel leur avidité de gagner, les bons tours de leurs secrétaires et les forfanteries de leurs avocats. Il était à propos d'outrer un peu les personnages, pour les empêcher de se reconnaître; le public ne laissait pas de discerner le vrai au travers du ridicule, et je m'assure qu'il vaut mieux avoir occupé l'impertinente éloquence de deux orateurs autour d'un chien accusé, que si l'on avait mis sur la sellette un véritable criminel, et qu'on eût intéressé les spectateurs à la vie d'un homme.

Quoi qu'il en soit, je puis dire que notre siècle n'a pas été de plus mauvaise humeur que le sien, et que si le but de ma comédie était de faire rire, jamais comédie n'a mieux attrapé son but. Ce n'est pas que j'attende un grand honneur d'avoir assez longtemps réjoui le monde ; mais je me fais gré de l'avoir fait sans qu'il m'en ait coûté une seule de ces sales équivoques et de ces malhonnêtes plaisanteries qui coûtent maintenant si peu à la plupart de nos écrivains, et qui font retomber le théâtre dans la turpitude d'où quelques auteurs plus modestes l'avaient tiré.

PERSONNAGES.

DANDIN, juge.
LÉANDRE, fils de Dandin.
CHICANEAU, bourgeois.
ISABELLE, fille de Chicaneau.
LA COMTESSE.
PETIT-JEAN, portier.
L'INTIMÉ, secrétaire.
LE SOUFFLEUR.

La scène est dans une ville de Basse-Normandie.

ACTE PREMIER.

SCÈNE PREMIÈRE.

PETIT-JEAN, traînant un gros sac de procès.

Ma foi, sur l'avenir bien fou qui se fiera.
Tel qui rit vendredi, dimanche pleurera.
Un juge, l'an passé, me prit à son service ;
Il m'avait fait venir d'Amiens pour être suisse.
Tous ces Normands voulaient se divertir de nous :
On apprend à hurler, dit l'autre, avec les loups.
Tout Picard que j'étais, j'étais un bon apôtre,
Et je faisais claquer mon fouet tout comme un autre.
Tous les plus gros monsieurs me parlaient chapeau bas !
Monsieur de Petit-Jean, ah ! gros comme le bras !
Mais sans argent l'honneur n'est qu'une maladie.
Ma foi ! j'étais un franc portier de comédie :
On avait beau heurter et m'ôter son chapeau,
On n'entrait point chez nous sans graisser le marteau.
Point d'argent, point de suisse ; et ma porte était close.

Il est vrai qu'à monsieur j'en rendais quelque chose :
Nous comptions quelquefois. On me donnait le soin
De fournir la maison de chandelle et de foin :
Mais je n'y perdais rien. Enfin, vaille que vaille,
J'aurais sur le marché fort bien fourni la paille.
C'est dommage: il avait le cœur trop au métier,
Tous les jours le premier aux plaids, et le dernier;
Et bien souvent tout seul, si l'on l'eût voulu croire,
Il s'y serait couché sans manger et sans boire.
Je lui disais parfois : Monsieur Perrin-Dandin,
Tout franc, vous vous levez tous les jours trop matin.
Qui veut voyager loin ménage sa monture;
Buvez, mangez, dormez, et faisons feu qui dure.
Il n'en a tenu compte. Il a si bien veillé
Et si bien fait, qu'on dit que son timbre est brouillé.
Il nous veut tous juger les uns après les autres.
Il marmotte toujours certaines patenôtres
Où je ne comprends rien. Il veut, bon gré, mal gré,
Ne se coucher qu'en robe et qu'en bonnet carré.
Il fit couper la tête à son coq, de colère,
Pour l'avoir éveillé plus tard qu'à l'ordinaire :
Il disait qu'un plaideur dont l'affaire allait mal
Avait graissé la patte à ce pauvre animal.
Depuis ce bel arrêt, le pauvre homme a beau faire,
Son fils ne souffre plus qu'on lui parle d'affaire.
Il nous le fait garder jour et nuit, et de près :
Autrement, serviteur, et mon homme est aux plaids.
Pour s'échapper de nous, Dieu sait s'il est allègre.
Pour moi, je ne dors plus : aussi je deviens maigre,
C'est pitié. Je m'étends, je ne fais que bâiller.
Mais, veille qui voudra, voici mon oreiller.
Ma foi, pour cette nuit il faut que je m'en donne.
Pour dormir dans la rue on n'offense personne.
Dormons.

Il se couche par terre.

SCÈNE II. — L'INTIMÉ, PETIT-JEAN.

L'INTIMÉ.

Hé, Petit-Jean ! Petit-Jean !

PETIT-JEAN.

L'Intimé.

A part.

Il a déjà bien peur de me voir enrhumé.

L'INTIMÉ.

Que diable ! si matin que fais-tu dans la rue ?

PETIT-JEAN.

Est-ce qu'il faut toujours faire le pied de grue,
Garder toujours un homme, et l'entendre crier ?
Quelle gueule ! Pour moi, je crois qu'il est sorcier.

L'INTIMÉ.

Bon !

PETIT-JEAN.

Je lui disais donc, en me grattant la tête,
Que je voulais dormir. « Présente la requête
Comme tu veux dormir, » m'a-t-il dit gravement.
Je dors en te contant la chose seulement.
Bonsoir.

L'INTIMÉ.

Comment, bonsoir ? Que le diable m'emporte
Si... Mais j'entends du bruit au-dessus de la porte.

SCÈNE III. — DANDIN, L'INTIMÉ, PETIT-JEAN.

DANDIN, à la fenêtre.

Petit-Jean ! l'Intimé !

L'INTIMÉ à Petit-Jean.

Paix !

DANDIN.

Je suis seul ici.
Voilà mes guichetiers en défaut, Dieu merci.
Si je leur donne temps, ils pourront comparaître ;
Çà, pour nous élargir, sautons par la fenêtre.
Hors de cour.

L'INTIMÉ.

Comme il saute !

PETIT-JEAN.

Oh ! monsieur, je vous tien.

DANDIN.

Au voleur ! au voleur !

PETIT-JEAN.

Oh ! nous vous tenons bien.

L'INTIMÉ.

Vous avez beau crier.

DANDIN.
Main forte ! l'on me tue !

SCÈNE IV. — LÉANDRE, DANDIN, L'INTIMÉ, PETIT-JEAN.

LÉANDRE.
Vite un flambeau, j'entends mon père dans la rue.
Mon père, si matin qui vous fait déloger ?
Où courez-vous la nuit ?

DANDIN.
Je veux aller juger.

LÉANDRE.
Et qui juger ? tout dort.

PETIT-JEAN.
Ma foi, je ne dors guères.

LÉANDRE.
Que de sacs ! il en a jusques aux jarretières.

DANDIN.
Je ne veux de trois mois rentrer dans la maison.
De sacs et de procès j'ai fait provision.

LÉANDRE.
Et qui vous nourrira ?

DANDIN.
Le buvetier, je pense.

LÉANDRE.
Mais où dormirez-vous, mon père ?

DANDIN.
A l'audience.

LÉANDRE.
Non, mon père, il vaut mieux que vous ne sortiez pas.
Dormez chez vous ; chez vous faites tous vos repas.
Souffrez que la raison enfin vous persuade :
Et pour votre santé...

DANDIN.
Je veux être malade.

LÉANDRE.
Vous ne l'êtes que trop. Donnez-vous du repos ;
Vous n'avez tantôt plus que la peau sur les os.

DANDIN.
Du repos ! Ah ! sur toi tu veux régler ton père ?

Crois-tu qu'un juge n'ait qu'à faire bonne chère,
Qu'à battre le pavé comme un tas de galants,
Courir le bal la nuit, et le jour les brelans?
L'argent ne nous vient pas si vite que l'on pense.
Chacun de tes rubans me coûte une sentence.
Ma robe vous fait honte. Un fils de juge! Ah, fi!
Tu fais le gentilhomme : eh! Dandin, mon ami,
Regarde dans ma chambre et dans ma garde-robe
Les portraits des Dandins : tous ont porté la robe;
Et c'est le bon parti. Compare prix pour prix
Les étrennes d'un juge à celles d'un marquis :
Attends que nous soyons à la fin de décembre.
Qu'est-ce qu'un gentilhomme? Un pilier d'antichambre.
Combien en as-tu vu, je dis des plus huppés,
A souffler dans leurs doigts dans ma cour occupés,
Le manteau sur le nez, ou la main dans la poche;
Enfin, pour se chauffer, venir tourner ma broche?
Voilà comme on les traite. Eh! mon pauvre garçon,
De ta défunte mère est-ce là la leçon?
La pauvre Babonnette! Hélas! lorsque j'y pense,
Elle ne manquait pas une seule audience.
Jamais, au grand jamais, elle ne me quitta,
Et Dieu sait bien souvent ce qu'elle en rapporta :
Elle eût du buvetier emporté les serviettes,
Plutôt que de rentrer au logis les mains nettes.
Et voilà comme on fait les bonnes maisons. Va,
Tu ne seras qu'un sot.

LÉANDRE.

Vous vous morfondez là,
Mon père. Petit-Jean, remenez votre maître,
Couchez-le dans son lit; fermez porte et fenêtre;
Qu'on barricade tout, afin qu'il ait plus chaud.

PETIT-JEAN.

Faites donc mettre au moins des garde-fous là-haut.

DANDIN.

Quoi! l'on me mènera coucher sans autre forme?
Obtenez un arrêt comme il faut que je dorme.

LÉANDRE.

Eh! par provision, mon père, couchez-vous.

DANDIN.

J'irai; mais je m'en vais vous faire enrager tous :

Je ne dormirai point.
LÉANDRE.
Eh bien, à la bonne heure !
Qu'on ne le quitte pas. Toi, l'Intimé, demeure.

SCÈNE V. — LÉANDRE, L'INTIMÉ.

LÉANDRE.
Je veux t'entretenir un moment sans témoin.
L'INTIMÉ.
Quoi ! faut-il vous garder ?
LÉANDRE.
J'en aurais bon besoin.
J'ai ma folie, hélas ! aussi bien que mon père.
L'INTIMÉ.
Oh ! vous voulez juger ?
LÉANDRE, montrant le logis d'Isabelle.
Laissons là le mystère.
Tu connais ce logis.
L'INTIMÉ.
Je vous entends enfin :
Diantre ! l'amour vous tient au cœur de bon matin.
Vous me voulez parler sans doute d'Isabelle.
Je vous l'ai dit cent fois, elle est sage, elle est belle ;
Mais vous devez songer que monsieur Chicaneau
De son bien en procès consume le plus beau.
Qui ne plaide-t-il point ? Je crois qu'à l'audience
Il fera, s'il ne meurt, venir toute la France.
Tout auprès de son juge il s'est venu loger :
L'un veut plaider toujours, l'autre toujours juger.
Et c'est un grand hasard s'il conclut votre affaire
Sans plaider le curé, le gendre, et le notaire.
LÉANDRE.
Je le sais comme toi. Mais, malgré tout cela,
Je meurs pour Isabelle.
L'INTIMÉ.
Eh bien, épousez-la.
Vous n'avez qu'à parler, c'est une affaire prête.
LÉANDRE.
Eh ! cela ne va pas si vite que ta tête.
Son père est un sauvage à qui je ferais peur.

A moins que d'être huissier, sergent ou procureur,
On ne voit point sa fille; et la pauvre Isabelle,
Invisible et dolente, est en prison chez elle.
Elle voit dissiper sa jeunesse en regrets,
Mon amour en fumée, et son bien en procès.
Il la ruinera, si l'on le laisse faire.
Ne connaîtrais-tu pas quelque honnête faussaire
Qui servît ses amis, en le payant, s'entend;
Quelque sergent zélé?

L'INTIMÉ.

Bon! l'on en trouve tant!

LÉANDRE.

Mais encore?

L'INTIMÉ.

Ah monsieur! si feu mon pauvre père
Était encor vivant, c'était bien votre affaire.
Il gagnait en un jour plus qu'un autre en six mois;
Ses rides sur son front gravaient tous ses exploits.
Il vous eût arrêté le carrosse d'un prince;
Il vous l'eût pris lui-même: et si dans la province
Il se donnait en tout vingt coups de nerfs de bœuf,
Mon père pour sa part en emboursait dix-neuf.
Mais de quoi s'agit-il? suis-je pas fils de maître?
Je vous servirai.

LÉANDRE.

Toi?

L'INTIMÉ.

Mieux qu'un sergent peut-être.

LÉANDRE.

Tu porterais au père un faux exploit?

L'INTIMÉ.

Hon, hon.

LÉANDRE.

Tu rendrais à la fille un billet?

L'INTIMÉ.

Pourquoi non?
Je suis des deux métiers.

LÉANDRE.

Viens, je l'entends qui crie:
Allons à ce dessein rêver ailleurs.

SCÈNE VI. — CHICANEAU, PETIT-JEAN.

CHICANEAU, allant et revenant.
                    La Brie,
Qu'on garde la maison, je reviendrai bientôt.
Qu'on ne laisse monter aucune âme là-haut.
Fais porter cette lettre à la poste du Maine.
Prends-moi dans mon clapier trois lapins de garenne,
Et chez mon procureur porte-les ce matin.
Si son clerc vient céans, fais-lui goûter mon vin.
Ah! donne-lui ce sac qui pend à ma fenêtre.
Est-ce tout? Il viendra me demander peut-être
Un grand homme sec, là, qui me sert de témoin,
Et qui jure pour moi lorsque j'en ai besoin :
Qu'il m'attende. Je crains que mon juge ne sorte :
Quatre heures vont sonner. Mais frappons à sa porte.

PETIT-JEAN, entr'ouvrant la porte.
Qui va là?

CHICANEAU.
    Peut-on voir monsieur?

PETIT-JEAN, fermant la porte.
                    Non.

CHICANEAU, frappant à la porte.
                        Pourrait-on
Dire un mot à monsieur son secrétaire?

PETIT-JEAN, fermant la porte.
                    Non.

CHICANEAU, frappant à la porte.
Et monsieur son portier?

PETIT-JEAN.
        C'est moi-même.

CHICANEAU.
                    De grâce,
Buvez à ma santé, monsieur.

PETIT-JEAN, prenant l'argent.
                Grand bien vous fasse !

Fermant la porte.
Mais revenez demain.

CHICANEAU.
        Hé! rendez donc l'argent.
Le monde est devenu, sans mentir, bien méchant.

J'ai vu que les procès ne donnaient point de peine ;
Six écus en gagnaient une demi-douzaine.
Mais aujourd'hui, je crois que tout mon bien entier
Ne me suffirait pas pour gagner un portier.
Mais j'aperçois venir madame la comtesse
De Pimbesche. Elle vient pour affaire qui presse.

SCÈNE VII. — LA COMTESSE, CHICANEAU.

CHICANEAU.
Madame, on n'entre plus.
LA COMTESSE.
 Eh bien ! l'ai-je pas dit?
Sans mentir, mes valets me font perdre l'esprit.
Pour les faire lever c'est en vain que je gronde ;
Il faut que tous les jours j'éveille tout mon monde.
CHICANEAU.
Il faut absolument qu'il se fasse celer.
LA COMTESSE.
Pour moi, depuis deux jours je ne lui puis parler.
CHICANEAU.
Ma partie est puissante, et j'ai lieu de tout craindre.
LA COMTESSE.
Après ce qu'on m'a fait, il ne faut plus se plaindre.
CHICANEAU.
Si pourtant j'ai bon droit.
LA COMTESSE.
 Ah, monsieur! quel arrêt!
CHICANEAU.
Je m'en rapporte à vous. Écoutez, s'il vous plaît.
LA COMTESSE.
Il faut que vous sachiez, monsieur, la perfidie...
CHICANEAU.
Ce n'est rien dans le fond.
LA COMTESSE.
 Monsieur, que je vous die...
CHICANEAU.
Voici le fait. Depuis quinze ou vingt ans en çà,
Au travers d'un mien pré certain ânon passa,
S'y vautra, non sans faire un notable dommage,
Dont je formai ma plainte au juge du village.

Je fais saisir l'ânon. Un expert est nommé;
A deux bottes de foin le dégât estimé.
Enfin, au bout d'un an, sentence par laquelle
Nous sommes renvoyés hors de cour. J'en appelle.
Pendant qu'à l'audience on poursuit un arrêt,
Remarquez bien ceci, madame, s'il vous plaît,
Notre ami Drolichon, qui n'est pas une bête,
Obtient pour quelque argent un arrêt sur requête;
Et je gagne ma cause. A cela que fait-on?
Mon chicaneur s'oppose à l'exécution.
Autre incident : tandis qu'au procès on travaille,
Ma partie en mon pré laisse aller sa volaille.
Ordonné qu'il sera fait rapport à la cour
Du foin que peut manger une poule en un jour :
Le tout joint au procès. Enfin, et toute chose
Demeurant en état, on appointe la cause
Le cinquième ou sixième avril cinquante-six.
J'écris sur nouveaux frais. Je produis, je fournis
De dits, de contredits, enquêtes, compulsoires,
Rapports d'experts, transports, trois interlocutoires,
Griefs et faits nouveaux, baux et procès-verbaux.
J'obtiens lettres royaux, et je m'inscris en faux.
Quatorze appointements, trente exploits, six instances,
Six-vingts productions, vingt arrêts de défenses,
Arrêt enfin. Je perds ma cause avec dépens,
Estimés environ cinq à six mille francs.
Est-ce là faire droit? est-ce là comme on juge?
Après quinze ou vingt ans! Il me reste un refuge;
La requête civile est ouverte pour moi.
Je ne suis pas rendu. Mais vous, comme je voi,
Vous plaidez?

LA COMTESSE.

    Plût à Dieu!

CHICANEAU.

    J'y brûlerai mes livres!

LA COMTESSE.

Je...

CHICANEAU.

Deux bottes de foin cinq à six mille livres.

LA COMTESSE.

Monsieur, tous mes procès allaient être finis :

Il ne m'en restait plus que quatre ou cinq petits,
L'un contre mon mari, l'autre contre mon père,
Et contre mes enfants : ah, monsieur ! la misère !
Je ne sais quel biais ils ont imaginé,
Ni tout ce qu'ils ont fait ; mais on leur a donné
Un arrêt par lequel, moi vêtue et nourrie,
On me défend, monsieur, de plaider de ma vie.
CHICANEAU.
De plaider !
LA COMTESSE.
    De plaider.
CHICANEAU.
      Certes, le trait est noir.
J'en suis surpris.
LA COMTESSE.
    Monsieur, j'en suis au désespoir.
CHICANEAU.
Comment ! lier les mains aux gens de votre sorte !
Mais cette pension, madame, est-elle forte ?
LA COMTESSE.
Je n'en vivrais, monsieur, que trop honnêtement.
Mais vivre sans plaider, est-ce contentement ?
CHICANEAU.
Des chicaneurs viendront nous manger jusqu'à l'âme,
Et nous ne dirons mot ! Mais, s'il vous plaît, madame,
Depuis quand plaidez-vous ?
LA COMTESSE.
     Il ne m'en souvient pas.
Depuis trente ans au plus.
CHICANEAU.
    Ce n'est pas trop.
LA COMTESSE.
        Hélas !
CHICANEAU.
Et quel âge avez-vous ? Vous avez bon visage.
LA COMTESSE.
Hé ! quelque soixante ans.
CHICANEAU.
    Comment ! c'est le bel âge
Pour plaider.
LA COMTESSE.
   Laissez faire, il ne sont pas au bout.

ACTE PREMIER.

J'y vendrai ma chemise : et je veux rien, ou tout.
CHICANEAU.
Madame, écoutez-moi. Voici ce qu'il faut faire.
LA COMTESSE.
Oui, monsieur, je vous crois comme mon propre père.
CHICANEAU.
J'irais trouver mon juge.
LA COMTESSE.
   Oh! oui, monsieur, j'irai.
CHICANEAU.
Me jeter à ses pieds.
LA COMTESSE.
   Oui, je m'y jetterai.
Je l'ai bien résolu.
CHICANEAU.
   Mais daignez donc m'entendre.
LA COMTESSE.
Oui, vous prenez la chose ainsi qu'il la faut prendre.
CHICANEAU.
Avez-vous dit, madame?
LA COMTESSE.
   Oui.
CHICANEAU.
     J'irais sans façon
Trouver mon juge.
LA COMTESSE.
   Hélas! que ce monsieur est bon.
CHICANEAU.
Si vous parlez toujours, il faut que je me taise.
LA COMTESSE.
Ah! que vous m'obligez! Je ne me sens pas d'aise.
CHICANEAU.
J'irais trouver mon juge, et lui dirais...
LA COMTESSE.
     Oui.
CHICANEAU.
     Voi!
Et lui dirais : Monsieur...
LA COMTESSE.
   Oui, monsieur.
CHICANEAU.
     Liez-moi.

LA COMTESSE.
Monsieur, je ne veux point être liée.
CHICANEAU.
A l'autre !
LA COMTESSE.
Je ne la serai point.
CHICANEAU.
Quelle humeur est la vôtre ?
LA COMTESSE.
Non.
CHICANEAU.
Vous ne savez pas, madame, où je viendrai.
LA COMTESSE.
Je plaiderai, monsieur, ou bien je ne pourrai.
CHICANEAU.
Mais...
LA COMTESSE.
Mais je ne veux point, monsieur, que l'on me lie.
CHICANEAU.
Enfin, quand une femme en tête a sa folie...
LA COMTESSE.
Fou vous-même.
CHICANEAU.
Madame !
LA COMTESSE.
Et pourquoi me lier ?
CHICANEAU.
Madame...
LA COMTESSE.
Voyez-vous ! il se rend familier.
CHICANEAU.
Mais, madame...
LA COMTESSE.
Un crasseux, qui n'a que sa chicane,
Vous donner des avis !
CHICANEAU.
Madame !
LA COMTESSE.
Avec son âne !
CHICANEAU.
Vous me poussez.

ACTE PREMIER.

LA COMTESSE.
Bonhomme, allez garder vos foins.

CHICANEAU.
Vous m'excédez.

LA COMTESSE.
Le sot!

CHICANEAU.
Que n'ai-je des témoins!

SCÈNE VIII. — PETIT-JEAN, LA COMTESSE, CHICANEAU.

PETIT-JEAN.
Voyez le beau sabbat qu'ils font à notre porte.
Messieurs, allez plus loin tempêter de la sorte.

CHICANEAU.
Monsieur, soyez témoin...

LA COMTESSE.
Que monsieur est un sot.

CHICANEAU.
Monsieur, vous l'entendez, retenez bien ce mot.

PETIT-JEAN, à la comtesse.
Ah! vous ne deviez pas lâcher cette parole.

LA COMTESSE.
Vraiment, c'est bien à lui de me traiter de folle.

PETIT-JEAN, à Chicaneau.
Folle! Vous avez tort. Pourquoi l'injurier?

CHICANEAU.
On la conseille.

PETIT-JEAN.
Oh!

LA COMTESSE.
Oui, de me faire lier.

PETIT-JEAN.
Oh, monsieur!

CHICANEAU.
Jusqu'au bout que ne m'écoute-t-elle?

PETIT-JEAN.
Oh, madame!

LA COMTESSE.
Qui? moi souffrir qu'on me querelle?

CHICANEAU.
Une crieuse!
PETIT-JEAN.
Hé! paix.
LA COMTESSE.
Un chicaneur!
PETIT-JEAN.
Holà!
CHICANEAU.
Qui n'ose plus plaider!
LA COMTESSE.
Que t'importe cela?
Qu'est-ce qui t'en revient, faussaire abominable,
Brouillon, voleur?
CHICANEAU.
Et bon, et bon, de par le diable :
Un sergent! un sergent!
LA COMTESSE.
Un huissier! un huissier!
PETIT-JEAN, seul.
Ma foi, juge et plaideurs, il faudrait tout lier.

ACTE DEUXIÈME.

SCÈNE PREMIÈRE. — LÉANDRE, L'INTIMÉ.

L'INTIMÉ.
Monsieur, encore un coup, je ne puis pas tout faire;
Puisque je fais l'huissier, faites le commissaire.
En robe sur mes pas il ne faut que venir,
Vous aurez tout moyen de vous entretenir.
Changez en cheveux noirs votre perruque blonde.
Ces plaideurs songent-ils que vous soyez au monde?
Hé! lorsqu'à votre père ils vont faire leur cour,
A peine seulement savez-vous s'il est jour.
Mais n'admirez-vous pas cette bonne comtesse
Qu'avec tant de bonheur la fortune m'adresse;
Qui, dès qu'elle me voit, donnant dans le panneau,

Me charge d'un exploit pour monsieur Chicaneau,
Et le fait assigner pour certaine parole,
Disant qu'il la voudrait faire passer pour folle,
Je dis folle à lier, et pour d'autres excès
Et blasphèmes, toujours l'ornement des procès?
Mais vous ne dites rien de tout mon équipage?
Ai-je bien d'un sergent le port et le visage?
LÉANDRE.
Ah! fort bien!
L'INTIMÉ.
Je ne sais, mais je me sens enfin
L'âme et le dos six fois plus durs que ce matin.
Quoi qu'il en soit, voici l'exploit et votre lettre;
Isabelle l'aura, j'ose vous le promettre.
Mais, pour faire signer le contrat que voici,
Il faut que sur mes pas vous vous rendiez ici.
Vous feindrez d'informer sur toute cette affaire,
Et vous ferez l'amour en présence du père.
LÉANDRE.
Mais ne va pas donner l'exploit pour le billet.
L'INTIMÉ.
Le père aura l'exploit, la fille le poulet.
Rentrez.
L'Intimé va frapper à la porte d'Isabelle.

SCÈNE II. — ISABELLE, L'INTIMÉ.

ISABELLE.
Qui frappe?
L'INTIMÉ.
Ami. (A part.) C'est la voix d'Isabelle.
ISABELLE.
Demandez-vous quelqu'un, monsieur?
L'INTIMÉ.
Mademoiselle,
C'est un petit exploit que j'ose vous prier
De m'accorder l'honneur de vous signifier.
ISABELLE.
Monsieur, excusez-moi, je n'y puis rien comprendre;
Mon père va venir, qui pourra vous entendre.
L'INTIMÉ.
Il n'est donc pas ici, mademoiselle?

ISABELLE.
            Non.
L'INTIMÉ.
L'exploit, mademoiselle, est mis sous votre nom.
ISABELLE.
Monsieur, vous me prenez pour une autre, sans doute :
Sans avoir de procès, je sais ce qu'il en coûte ;
Et, si l'on n'aimait pas à plaider plus que moi,
Vos pareils pourraient bien chercher un autre emploi.
Adieu.
L'INTIMÉ.
    Mais permettez...
ISABELLE.
            Je ne veux rien permettre.
L'INTIMÉ.
Ce n'est pas un exploit.
ISABELLE.
        Chanson !
L'INTIMÉ.
            C'est une lettre.
ISABELLE.
Encor moins.
L'INTIMÉ.
    Mais lisez.
ISABELLE.
            Vous ne m'y tenez pas.
L'INTIMÉ.
C'est de monsieur...
ISABELLE.
    Adieu.
L'INTIMÉ.
            Léandre.
ISABELLE.
            Parlez bas.
C'est de monsieur... ?
L'INTIMÉ.
        Que diable ! on a bien de la peine
A se faire écouter : je suis tout hors d'haleine.
ISABELLE.
Ah ! l'Intimé ! pardonne à mes sens étonnés :
Donne.

L'INTIMÉ.
Vous me deviez fermer la porte au nez.
ISABELLE.
Et qui t'aurait connu, déguisé de la sorte ?
Mais donne.
L'INTIMÉ.
Aux gens de bien ouvre-t-on votre porte ?
ISABELLE.
Eh ! donne donc.
L'INTIMÉ.
La peste !...
ISABELLE.
Oh ! ne donnez donc pas :
Avec votre billet retournez sur vos pas.
L'INTIMÉ.
Tenez. Une autre fois ne soyez pas si prompte.

SCÈNE III. — CHICANEAU, ISABELLE, L'INTIMÉ.

CHICANEAU.
Oui, je suis donc un sot, un voleur, à son compte ?
Un sergent s'est chargé de la remercier ;
Et je lui vais servir un plat de mon métier.
Je serais bien fâché que ce fût à refaire,
Ni qu'elle m'envoyât assigner la première.
Mais un homme ici parle à ma fille ! Comment !
Elle lit un billet ! Ah ! c'est de quelque amant.
Approchons.
ISABELLE.
Tout de bon, ton maître est-il sincère ?
Le croirai-je ?
L'INTIMÉ.
Il ne dort non plus que votre père.
Apercevant Chicaneau.
Il se tourmente : il vous... fera voir aujourd'hui
Que l'on ne gagne rien à plaider contre lui.
ISABELLE, apercevant Chicaneau.
C'est mon père !
(A l'Intimé.) Vraiment, vous leur pouvez apprendre
Que si l'on nous poursuit, nous saurons nous défendre.
(Déchirant le billet.)
Tenez, voilà le cas qu'on fait de votre exploit.

CHICANEAU.

Comment! c'est un exploit que ma fille lisoit!
Ah! tu seras un jour l'honneur de ta famille :
Tu défendras ton bien. Viens, mon sang, viens, ma fille.
Va, je t'achèterai le *Praticien françois.*
Mais, diantre! il ne faut pas déchirer les exploits.

ISABELLE, à l'Intimé.

Au moins, dites-leur bien que je ne les crains guère :
Ils me feront plaisir : je les mets à pis faire.

CHICANEAU.

Eh! ne te fâche point.

ISABELLE, à l'Intimé.

Adieu, monsieur.

SCÈNE IV. — CHICANEAU, L'INTIMÉ.

L'INTIMÉ, se mettant en état d'écrire.

Or çà,
Verbalisons.

CHICANEAU.

Monsieur, de grâce, excusez-la ;
Elle n'est pas instruite : et puis, si bon vous semble,
En voici les morceaux que je vais mettre ensemble.

L'INTIMÉ.

Non.

CHICANEAU.

Je le lirai bien.

L'INTIMÉ.

Je ne suis pas méchant :
J'en ai sur moi copie.

CHICANEAU.

Ah! le trait est touchant!
Mais je ne sais pourquoi, plus je vous envisage,
Et moins je me remets, monsieur, votre visage.
Je connais force huissiers.

L'INTIMÉ.

Informez-vous de moi.
Je m'acquitte assez bien de mon petit emploi.

CHICANEAU.

Soit. Pour qui venez-vous ?

L'INTIMÉ.

Pour une brave dame,

Monsieur, qui vous honore, et de toute son âme
Voudrait que vous vinssiez à ma sommation
Lui faire un petit mot de réparation.
CHICANEAU.
De réparation ? Je n'ai blessé personne.
L'INTIMÉ.
Je le crois; vous avez, monsieur, l'âme trop bonne.
CHICANEAU.
Que demandez-vous donc ?
L'INTIMÉ.
      Elle voudrait, monsieur,
Que devant des témoins vous lui fissiez l'honneur
De l'avouer pour sage, et point extravagante.
CHICANEAU.
Parbleu, c'est ma comtesse !
L'INTIMÉ.
      Elle est votre servante.
CHICANEAU.
Je suis son serviteur.
L'INTIMÉ.
    Vous êtes obligeant,
Monsieur.
CHICANEAU.
  Oui, vous pouvez l'assurer qu'un sergent
Lui doit porter pour moi tout ce qu'elle demande.
Hé quoi donc ! les battus, ma foi ! paieront l'amende !
Voyons ce qu'elle chante. Hon... « Sixième janvier,
» Pour avoir faussement dit qu'il fallait lier,
» Étant à ce porté par esprit de chicane,
» Haute et puissante dame Yolande Cudasne,
» Comtesse de Pimbesche, Orbesche et cætera,
» Il soit dit que sur l'heure il se transportera
» Au logis de la dame ; et là, d'une voix claire,
» Devant quatre témoins assistés d'un notaire,
» (Zeste !) ledit Hiérôme avouera hautement
» Qu'il la tient pour sensée et de bon jugement...
» LE BON. » C'est donc le nom de votre seigneurie ?
L'INTIMÉ.
Pour vous servir. (A part.) Il faut payer d'effronterie.
CHICANEAU.
Le Bon ! jamais exploit ne fut signé Le Bon.
Monsieur Le Bon...

L'INTIMÉ.
Monsieur.
CHICANEAU.
Vous êtes un fripon.
L'INTIMÉ.
Monsieur, pardonnez-moi, je suis fort honnête homme.
CHICANEAU.
Mais fripon le plus franc qui soit de Caen à Rome.
L'INTIMÉ.
Monsieur, je ne suis pas pour vous désavouer :
Vous aurez la bonté de me le bien payer.
CHICANEAU.
Moi, payer ? En soufflets.
L'INTIMÉ.
Vous êtes trop honnête :
Vous me le payerez bien.
CHICANEAU.
Oh ! tu me romps la tête.
Tiens, voilà ton payement.
L'INTIMÉ.
Un soufflet ! Écrivons.
« Lequel Hiérôme, après plusieurs rébellions,
» Aurait atteint, frappé, moi sergent, à la joue,
» Et fait tomber, d'un coup, mon chapeau dans la boue. »
CHICANEAU, lui donnant un coup de pied.
Ajoute cela.
L'INTIMÉ.
Bon, c'est de l'argent comptant;
J'en avais bien besoin. « Et, de ce non content,
» Aurait avec le pied réitéré. » Courage !
« Outre plus, le susdit serai venu, de rage,
» Pour lacérer ledit présent procès-verbal. »
Allons, mon cher monsieur, cela ne va pas mal ;
Ne vous relâchez point.
CHICANEAU.
Coquin !
L'INTIMÉ.
Ne vous déplaise,
Quelques coups de bâton, et je suis à mon aise.
CHICANEAU, tenant un bâton.
Oui-dà. Je verrai bien s'il est sergent.

L'INTIMÉ, en posture d'écrire.
Tôt donc,
Frappez. J'ai quatre enfants à nourrir.
CHICANEAU.
Ah ! pardon,
Monsieur, pour un sergent je ne pouvais vous prendre ;
Mais le plus habile homme enfin peut se méprendre.
Je saurai réparer ce soupçon outrageant.
Oui, vous êtes sergent, monsieur, et très-sergent.
Touchez-là : vos pareils sont gens que je révère :
Et j'ai toujours été nourri par feu mon père
Dans la crainte de Dieu, monsieur, et des sergents.
L'INTIMÉ.
Non, à si bon marché l'on ne bat point les gens.
CHICANEAU.
Monsieur, point de procès !
L'INTIMÉ.
Serviteur. Contumace,
Bâton levé, soufflet, coup de pied. Ah !
CHICANEAU.
De grâce,
Rendez-les-moi plutôt.
L'INTIMÉ.
Suffit qu'ils soient reçus ;
Je ne les voudrais pas donner pour mille écus.

SCÈNE V. — LÉANDRE, en robe de commissaire ;
CHICANEAU, L'INTIMÉ.

L'INTIMÉ.
Voici fort à propos monsieur le commissaire.
Monsieur, votre présence est ici nécessaire.
Tel que vous me voyez, monsieur ici présent
M'a d'un fort grand soufflet fait un petit présent.
LÉANDRE.
A vous, monsieur ?
L'INTIMÉ.
A moi, parlant à ma personne.
Item, un coup de pied ; plus, les noms qu'il me donne.
LÉANDRE.
Avez-vous des témoins ?

L'INTIMÉ.
Monsieur, tâtez plutôt ;
Le soufflet sur ma joue est encore tout chaud.
LÉANDRE.
Pris en flagrant délit, affaire criminelle.
CHICANEAU.
Foin de moi !
L'INTIMÉ.
Plus, sa fille, au moins soi-disant telle,
A mis un mien papier en morceaux, protestant
Qu'on lui ferait plaisir, et que d'un œil content
Elle nous défiait.
LÉANDRE, à l'Intimé.
Faites venir la fille,
L'esprit de contumace est dans cette famille.
CHICANEAU, à part.
Il faut absolument qu'on m'ait ensorcelé.
Si j'en connais pas un, je veux être étranglé.
LÉANDRE.
Comment ! battre un huissier ! Mais voici la rebelle.

SCÈNE VI. — LÉANDRE, ISABELLE, CHICANEAU, L'INTIMÉ.

L'INTIMÉ, à Isabelle.
Vous le reconnaissez ?
LÉANDRE.
Eh bien, mademoiselle,
C'est donc vous qui tantôt braviez notre officier,
Et qui si hautement osez nous défier ?
Votre nom ?
ISABELLE.
Isabelle.
LÉANDRE.
Écrivez. Et votre âge ?
ISABELLE.
Dix-huit ans.
CHICANEAU.
Elle en a quelque peu davantage ;
Mais n'importe.
LÉANDRE.
Êtes-vous en pouvoir de mari ?

ISABELLE.
Non, monsieur.
LÉANDRE.
Vous riez ? Écrivez qu'elle a ri.
CHICANEAU.
Monsieur, ne parlons point de maris à des filles ;
Voyez-vous, ce sont là des secrets de familles.
LÉANDRE.
Mettez qu'il interrompt.
CHICANEAU.
Eh ! je n'y pensais pas.
Prends bien garde, ma fille, à ce que tu diras.
LÉANDRE.
Là, ne vous troublez point. Répondez à votre aise.
On ne veut pas rien faire ici qui vous déplaise.
N'avez-vous pas reçu de l'huisssier que voilà
Certain papier tantôt?
ISABELLE.
Oui, monsieur.
CHICANEAU.
Bon cela.
LÉANDRE.
Avez-vous déchiré ce papier sans le lire ?
ISABELLE.
Monsieur, je l'ai lu.
CHICANEAU.
Bon.
LÉANDRE, à l'Intimé.
Continuez d'écrire.
A Isabelle.
Et pourquoi l'avez-vous déchiré ?
ISABELLE.
J'avais peur
Que mon père ne prît l'affaire trop à cœur,
Et qu'il ne s'échauffât le sang à sa lecture.
CHICANEAU.
Et tu fuis les procès ? C'est méchanceté pure.
LÉANDRE.
Vous ne l'avez donc pas déchiré par dépit,
Ou par mépris de ceux qui vous l'avaient écrit ?
ISABELLE.
Monsieur, je n'ai pour eux ni mépris ni colère.

10.

LÉANDRE, à l'Intimé.

Écrivez.

CHICANEAU.

Je vous dis qu'elle tient de son père ;
Elle répond fort bien.

LÉANDRE.

Vous montrez cependant
Pour tous les gens de robe un mépris évident.

ISABELLE.

Une robe toujours m'avait choqué la vue ;
Mais cette aversion à présent diminue.

CHICANEAU.

La pauvre enfant ! Va, va, je te marierai bien,
Dès que je le pourrai, s'il ne m'en coûte rien.

LÉANDRE.

A la justice donc vous voulez satisfaire ?

ISABELLE.

Monsieur, je ferai tout pour ne vous pas déplaire.

L'INTIMÉ.

Monsieur, faites signer.

LÉANDRE.

Dans les occasions
Soutiendrez-vous au moins vos dépositions ?

ISABELLE.

Monsieur, assurez-vous qu'Isabelle est constante.

LÉANDRE.

Signez. Cela va bien, la justice est contente.
Ça, ne signez-vous pas, monsieur ?

CHICANEAU.

Oui-dà, gaiement,
A tout ce qu'elle a dit je signe aveuglément.

LÉANDRE, bas à Isabelle.

Tout va bien. A mes vœux le succès est conforme :
Il signe un bon contrat écrit en bonne forme ;
Et sera condamné tantôt sur son écrit.

CHICANEAU, à part.

Que lui dit-il ? Il est charmé de son esprit.

LÉANDRE.

Adieu. Soyez toujours aussi sage que belle,
Tout ira bien. Huissier, remenez-la chez elle.
Et vous, monsieur, marchez.

CHICANEAU.
Où, monsieur?
LÉANDRE.
Suivez-moi.
CHICANEAU.
Où donc ?
LÉANDRE.
Vous le saurez. Marchez, de par le roi.
CHICANEAU.
Comment !

SCÈNE VII. — LÉANDRE, CHICANEAU, PETIT-JEAN.

PETIT-JEAN.
Holà ! quelqu'un n'a-t-il point vu mon maître?
Quel chemin a-t-il pris ? la porte, ou la fenêtre ?
LÉANDRE.
A l'autre !
PETIT-JEAN.
Je ne sais qu'est devenu son fils ;
Et pour le père, il est où le diable l'a mis.
Il me redemandait sans cesse ses épices ;
Et j'ai tout bonnement couru dans les offices
Chercher la botte au poivre : et lui, pendant cela
Est disparu.

SCÈNE VIII. — DANDIN, à une lucarne du toit ; LÉANDRE, CHICANEAU, L'INTIMÉ, PETIT-JEAN.

DANDIN.
Paix ! paix! que l'on se taise là.
LÉANDRE.
Eh ! grand Dieu !
PETIT-JEAN.
Le voilà, ma foi, dans les gouttières.
DANDIN.
Quelles gens êtes-vous ? Quelles sont vos affaires ?
Qui sont ces gens en robe ? Êtes-vous avocats ?
Çà, parlez.
PETIT-JEAN.
Vous verrez qu'il va juger les chats.

DANDIN.
Avez-vous eu le soin de voir mon secrétaire ?
Allez lui demander si je sais votre affaire.
LÉANDRE.
Il faut bien que je l'aille arracher de ces lieux.
Sur votre prisonnier, huissier, ayez les yeux.
PETIT-JEAN.
Ho, ho, monsieur !
LÉANDRE.
Tais-toi, sur les yeux de ta tête ;
Et suis-moi.

SCÈNE IX. — LA COMTESSE, DANDIN, CHICANEAU, L'INTIMÉ.

DANDIN.
Dépêchez, donnez votre requête.
CHICANEAU.
Monsieur, sans votre aveu l'on me fait prisonnier.
LA COMTESSE.
Eh, mon Dieu ! j'aperçois monsieur dans son grenier.
Que fait-il là ?
L'INTIMÉ.
Madame, il y donne audience.
Le champ vous est ouvert.
CHICANEAU.
On me fait violence,
Monsieur, on m'injurie ; et je venais ici
Me plaindre à vous.
LA COMTESSE.
Monsieur, je viens me plaindre aussi.
CHICANEAU ET LA COMTESSE.
Vous voyez devant vous mon adverse partie.
L'INTIMÉ.
Parbleu ! je veux me mettre aussi de la partie.
LA COMTESSE, CHICANEAU, L'INTIMÉ.
Monsieur, je viens ici pour un petit exploit.
CHICANEAU.
Eh ! messieurs, tour à tour exposons notre droit.
LA COMTESSE.
Son droit ? Tout ce qu'il dit sont autant d'impostures.

DANDIN.
Qu'est-ce qu'on vous a fait?
LA COMTESSE, CHICANEAU, L'INTIMÉ.
On m'a dit des injures.
L'INTIMÉ, continuant.
Outre un soufflet, monsieur, que j'ai reçu plus qu'eux.
CHICANEAU.
Monsieur, je suis cousin de l'un de vos neveux.
LA COMTESSE.
Monsieur, père Cordon vous dira mon affaire.
L'INTIMÉ.
Monsieur, je suis bâtard de votre apothicaire.
DANDIN.
Vos qualités?
LA COMTESSE.
Je suis comtesse.
L'INTIMÉ.
Huissier.
CHICANEAU.
Bourgeois.

Messieurs...
DANDIN, se retirant de la lucarne.
Parlez toujours, je vous entends tous trois.
CHICANEAU.
Monsieur...
L'INTIMÉ.
Bon! le voilà qui fausse compagnie.
LA COMTESSE.
Hélas!
CHICANEAU.
Hé quoi! déjà l'audience est finie?
Je n'ai pas eu le temps de lui dire deux mots.

SCÈNE X. — LÉANDRE, sans robe; CHICANEAU, LA COMTESSE, L'INTIMÉ.

LÉANDRE.
Messieurs, voulez-vous bien nous laisser en repos?
CHICANEAU.
Monsieur, peut-on entrer?
LÉANDRE.
Non, monsieur, ou je meure.

CHICANEAU.
Eh! pourquoi? j'aurai fait en une petite heure,
En deux heures au plus.
LÉANDRE.
On n'entre point, monsieur.
LA COMTESSE.
C'est bien fait de fermer la porte à ce crieur.
Mais moi...
LÉANDRE.
L'on n'entre point, madame, je vous jure.
LA COMTESSE.
Ho, monsieur, j'entrerai.
LÉANDRE.
Peut-être.
LA COMTESSE.
J'en suis sûre.
LÉANDRE.
Par la fenêtre donc?
LA COMTESSE.
Par la porte.
LÉANDRE.
Il faut voir.
CHICANEAU.
Quand je devrais ici demeurer jusqu'au soir...

SCÈNE XI. — LÉANDRE, CHICANEAU,
LA COMTESSE, L'INTIMÉ, PETIT-JEAN.

PETIT-JEAN, à Léandre.
On ne l'entendra pas, quelque chose qu'il fasse.
Parbleu! je l'ai fourré dans notre salle basse,
Tout auprès de la cave.
LÉANDRE.
En un mot comme en cent,
On ne voit point mon père.
CHICANEAU.
Eh bien donc! Si pourtant
Sur toute cette affaire il faut que je le voie.
Dandin paraît par le soupirail.
Mais que vois-je? Ah! c'est lui que le ciel nous renvoie!
LÉANDRE.
Quoi! par le soupirail!

ACTE DEUXIÈME.

PETIT-JEAN.
Il a le diable au corps.

CHICANEAU.
Monsieur...

DANDIN.
L'impertinent ! sans lui j'étais dehors.

CHICANEAU.
Monsieur...

DANDIN.
Retirez-vous, vous êtes une bête.

CHICANEAU.
Monsieur, voulez-vous bien...

DANDIN.
Vous me rompez la tête.

CHICANEAU.
Monsieur, j'ai commandé...

DANDIN.
Taisez-vous, vous dit-on.

CHICANEAU.
Que l'on portât chez vous...

DANDIN.
Qu'on le mène en prison.

CHICANEAU.
Certain quartaut de vin.

DANDIN.
Eh ! je n'en ai que faire.

CHICANEAU.
C'est de très-bon muscat.

DANDIN.
Redites votre affaire.

LÉANDRE, à l'Intimé.
Il faut les entourer ici de tous côtés.

LA COMTESSE.
Monsieur, il va vous dire autant de faussetés.

CHICANEAU.
Monsieur, je vous dis vrai.

DANDIN.
Mon Dieu ! laissez-la dire.

LA COMTESSE.
Monsieur, écoutez-moi.

DANDIN.
Souffrez que je respire.

CHICANEAU.
Monsieur...
DANDIN.
Vous m'étranglez.
LA COMTESSE.
Tournez les yeux vers moi.
DANDIN.
Elle m'étrangle. Ay! ay!
CHICANEAU.
Vous m'entraînez, ma foi!
Prenez garde, je tombe.
PETIT-JEAN.
Ils sont sur ma parole,
L'un et l'autre encavés.
LÉANDRE.
Vite, que l'on y vole;
Courez à leur secours. Mais au moins je prétends
Que monsieur Chicaneau, puisqu'il est là-dedans,
N'en sorte d'aujourd'hui. L'Intimé, prends-y garde.
L'INTIMÉ.
Gardez le soupirail.
LÉANDRE.
Va vite, je le garde.

SCÈNE XII. — LA COMTESSE, LÉANDRE.

LA COMTESSE.
Misérable! Il s'en va lui prévenir l'esprit.
Par le soupirail.
Monsieur, ne croyez rien de tout ce qu'il vous dit;
Il n'a point de témoins, c'est un menteur.
LÉANDRE.
Madame,
Que leur contez-vous là? Peut-être ils rendent l'âme.
LA COMTESSE.
Il lui fera, monsieur, croire ce qu'il voudra.
Souffrez que j'entre.
LÉANDRE.
Oh non! personne n'entrera.
LA COMTESSE.
Je le vois bien, monsieur, le vin muscat opère

Aussi bien sur le fils que sur l'esprit du père.
Patience, je vais protester comme il faut
Contre monsieur le juge et contre le quartaut.
LÉANDRE.
Allez donc, et cessez de nous rompre la tête.
Que de fous ! Je ne fus jamais à telle fête.

SCÈNE XIII. — DANDIN, LÉANDRE, L'INTIMÉ.
L'INTIMÉ.
Monsieur, où courez-vous ? C'est vous mettre en danger.
Et vous boitez tout bas.
DANDIN.
Je veux aller juger.
LÉANDRE.
Comment, mon père ! Allons, permettez qu'on vous panse.
Vite, un chirurgien.
DANDIN.
Qu'il vienne à l'audience.
LÉANDRE.
Eh ! mon père ! arrêtez...
DANDIN.
Oh ! je vois ce que c'est :
Tu prétends faire ici de moi ce qu'il te plaît ;
Tu ne gardes pour moi respect ni complaisance :
Je ne puis prononcer une seule sentence.
Achève, prends ce sac, prends vite.
LÉANDRE.
Eh ! doucement,
Mon père. Il faut trouver quelque accommodement.
Si pour vous, sans juger, la vie est un supplice,
Si vous êtes pressé de rendre la justice,
Il ne faut point sortir pour cela de chez vous ;
Exercez le talent, et jugez parmi nous.
DANDIN.
Ne raillons point ici de la magistrature :
Vois-tu ! je ne veux point être un juge en peinture.
LÉANDRE.
Vous serez, au contraire, un juge sans appel,
Et juge du civil comme du criminel.
Vous pourrez tous les jours tenir deux audiences :

Tout vous sera chez vous matière de sentences.
Un valet manque-t-il de rendre un verre net;
Condamnez-le à l'amende, ou, s'il le casse, au fouet.
DANDIN.
C'est quelque chose. Encor passe quand on raisonne.
Et mes vacations, qui les paiera? Personne?
LÉANDRE.
Leurs gages vous tiendront lieu de nantissement.
DANDIN.
Il parle, ce me semble, assez pertinemment.
LÉANDRE.
Contre un de vos voisins...

SCÈNE XIV. — DANDIN, LÉANDRE, L'INTIMÉ, PETIT-JEAN.

PETIT-JEAN.
Arrête! arrête! attrape!
LÉANDRE, à l'intimé.
Ah! c'est mon prisonnier, sans doute, qui s'échappe!
L'INTIMÉ.
Non, non, ne craignez rien.
PETIT-JEAN.
Tout est perdu... Citron...
Votre chien... vient là-bas de manger un chapon.
Rien n'est sûr devant lui; ce qu'il trouve, il l'emporte.
LÉANDRE.
Bon, voilà pour mon père une cause. Main forte!
Qu'on se mette après lui. Courez tous.
DANDIN.
Point de bruit,
Tout doux. Un amené sans scandale suffit.
LÉANDRE.
Çà, mon père, il faut faire un exemple authentique :
Jugez sévèrement ce voleur domestique.
DANDIN.
Mais je veux faire au moins la chose avec éclat.
Il faut de part et d'autre avoir un avocat.
Nous n'en avons pas un.
LÉANDRE.
Eh bien! il en faut faire.
Voilà votre portier et votre secrétaire;
Vous en ferez, je crois, d'excellents avocats :
Ils sont fort ignorants.

L'INTIMÉ.

Non pas, monsieur, non pas.
J'endormirai monsieur tout aussi bien qu'un autre.

PETIT-JEAN.

Pour moi, je ne sais rien; n'attendez rien du nôtre.

LÉANDRE.

C'est ta première cause, et l'on te la fera.

PETIT-JEAN.

Mais je ne sais pas lire.

LÉANDRE.

Eh! l'on te soufflera.

DANDIN.

Allons nous préparer. Çà, messieurs, point d'intrigue.
Fermons l'œil aux présents, et l'oreille à la brigue.
Vous, maître Petit-Jean, serez le demandeur :
Vous, maître l'Intimé, soyez le défendeur.

ACTE TROISIÈME.

SCÈNE PREMIÈRE. — CHICANEAU, LÉANDRE, LE SOUFFLEUR.

CHICANEAU.

Oui, monsieur, c'est ainsi qu'ils ont conduit l'affaire;
L'huissier m'est inconnu, comme le commissaire.
Je ne mens pas d'un mot.

LÉANDRE.

Oui, je crois tout cela;
Mais, si vous m'en croyez, vous les laisserez là.
En vain vous prétendez les pousser l'un et l'autre;
Vous troublerez bien moins leur repos que le vôtre.
Les trois quarts de vos biens sont déjà dépensés
A faire enfler des sacs l'un sur l'autre entassés;
Et dans une poursuite à vous-même contraire...

CHICANEAU.

Vraiment vous me donnez un conseil salutaire;
Et devant qu'il soit peu je veux en profiter :
Mais je vous prie au moins de bien solliciter.

Puisque monsieur Dandin va donner audience,
Je vais faire venir ma fille en diligence.
On peut l'interroger, elle est de bonne foi ;
Et même elle saura mieux répondre que moi.
LÉANDRE.
Allez et revenez, l'on vous fera justice.
LE SOUFFLEUR.
Quel homme !

SCÈNE II. — LÉANDRE, LE SOUFFLEUR.

LÉANDRE.
Je me sers d'un étrange artifice :
Mais mon père est un homme à se désespérer ;
Et d'une cause en l'air il le faut bien leurrer.
D'ailleurs j'ai mon dessein, et je veux qu'il condamne
Ce fou qui réduit tout au pied de la chicane.
Mais voici tous nos gens qui marchent sur nos pas.

SCÈNE III. — DANDIN, LÉANDRE ; L'INTIMÉ ET PETIT-JEAN en robe ; LE SOUFFLEUR.

DANDIN.
Çà, qu'êtes-vous ici ?
LÉANDRE.
Ce sont les avocats.
DANDIN, au Souffleur.
Vous?
LE SOUFFLEUR.
Je viens secourir leur mémoire troublée.
DANDIN.
Je vous entends. Et vous?
LÉANDRE.
Moi? je suis l'assemblée.
DANDIN.
Commencez donc.
LE SOUFFLEUR.
Messieurs...
PETIT-JEAN.
Oh! prenez-le plus bas :
Si vous soufflez si haut, l'on ne m'entendra pas.
Messieurs...

DANDIN.
Couvrez-vous.
PETIT-JEAN.
Oh! Mes...
DANDIN.
Couvrez-vous, vous dis-je.
PETIT-JEAN.
Oh! monsieur, je sais bien à quoi l'honneur m'oblige.
DANDIN.
Ne te couvre donc pas.
PETIT-JEAN.
Se couvrant.— Au Souffleur.
Messieurs... Vous, doucement ;
Ce que je sais le mieux, c'est mon commencement.
Messieurs, quand je regarde avec exactitude
L'inconstance du monde et sa vicissitude ;
Lorsque je vois, parmi tant d'hommes différents,
Pas une étoile fixe et tant d'astres errants ;
Quand je vois les Césars, quand je vois leur fortune ;
Quand je vois le soleil et quand je vois la lune ;
Babyloniens.
Quand je vois les États des Babiboniens
Persans.   Macédoniens.
Transférés des Serpents aux Nacédoniens ;
Romains.   despotique.
Quand je vois les Lorrains, de l'état dépotique,
démocratique.
Passer au démocrite, et puis au monarchique ;
Quand je vois le Japon...
L'INTIMÉ.
Quand aura-t-il tout vu ?
PETIT-JEAN.
Oh ! pourquoi celui-là m'a-t-il interrompu ?
Je ne dirai plus rien.
DANDIN.
Avocat incommode,
Que ne lui laissiez-vous finir sa période ?
Je suais sang et eau, pour voir si du Japon
Il viendrait à bon port au fait de son chapon ;
Et vous l'interrompez par un discours frivole.
Parlez donc, avocat.

PETIT-JEAN.
J'ai perdu la parole.

LÉANDRE.
Achève, Petit-Jean : c'est fort bien débuté.
Mais que font là tes bras pendants à ton côté?
Te voilà sur tes pieds droit comme une statue.
Dégourdis-toi. Courage ; allons, qu'on s'évertue.

PETIT-JEAN, *remuant les bras.*
Quand... je vois... Quand... je vois...

LÉANDRE.
Dis donc ce que tu vois.

PETIT-JEAN.
Oh damé! on ne court pas deux lièvres à la fois.

LE SOUFFLEUR.
On lit...

PETIT-JEAN.
On lit...

LE SOUFFLEUR.
Dans la...

PETIT-JEAN.
Dans la...

LE SOUFFLEUR.
Métamorphose...

PETIT-JEAN.
Comment?

LE SOUFFLEUR.
Que la métem...

PETIT-JEAN.
Que la métem...

LE SOUFFLEUR.
Psycose...

PETIT-JEAN.
Psycose...

LE SOUFFLEUR.
Hé! le cheval!

PETIT-JEAN.
Et le cheval.

LE SOUFFLEUR.
Encor!

PETIT-JEAN.
Encor...

LE SOUFFLEUR.

Le chien !

PETIT-JEAN.

Le chien...

LE SOUFFLEUR.

Le butor !

PETIT-JEAN.

Le butor...

LE SOUFFLEUR.

Peste de l'avocat !

PETIT-JEAN.

Ah ! peste de toi-même !
Voyez cet autre avec sa face de carême !
Va-t'en au diable !

DANDIN.

Et vous, venez au fait. Un mot
Du fait.

PETIT-JEAN.

Eh, faut-il tant tourner autour du pot ?
Ils me font dire aussi des mots longs d'une toise,
De grands mots qui tiendraient d'ici jusqu'à Pontoise.
Pour moi, je ne sais point tant faire de façon
Pour dire qu'un mâtin vient de prendre un chapon.
Tant y a qu'il n'est rien que votre chien ne prenne ;
Qu'il a mangé là-bas un bon chapon du Maine ;
Que, la première fois que je l'y trouverai,
Son procès est tout fait, et je l'assommerai.

LÉANDRE.

Belle conclusion, et digne de l'exorde !

PETIT-JEAN.

On l'entend bien toujours. Qui voudra mordre y morde !

DANDIN.

Appelez les témoins.

LÉANDRE.

C'est bien dit, s'il le peut.
Les témoins sont fort chers, et n'en a pas qui veut.

PETIT-JEAN.

Nous en avons pourtant, et qui sont sans reproche.

DANDIN.

Faites-les donc venir.

PETIT-JEAN.

Je les ai dans ma poche.

Tenez, voilà la tête et les pieds du chapon;
Voyez-les, et jugez.

L'INTIMÉ.
Je les récuse.

DANDIN.
Bon!

Pourquoi les récuser?

L'INTIMÉ.
Monsieur, ils sont du Maine.

DANDIN.
Il est vrai que du Mans il en vient par douzaine.

L'INTIMÉ.
Messieurs...

DANDIN.
Serez-vous long, avocat? dites-moi.

L'INTIMÉ.
Je ne réponds de rien.

DANDIN.
Il est de bonne foi.

L'INTIMÉ, d'un ton finissant en fausset.
Messieurs, tout ce qui peut étonner un coupable,
Tout ce que les mortels ont de plus redoutable,
Semble s'être assemblé contre nous par hasard,
Je veux dire la brigue et l'éloquence. Car,
D'un côté, le crédit du défunt m'épouvante;
Et, de l'autre côté, l'éloquence éclatante
De maître Petit-Jean m'éblouit.

DANDIN.
Avocat,
De votre ton vous-même adoucissez l'éclat.

L'INTIMÉ.
D'un ton ordinaire.   Du beau ton.
Oui-dà, j'en ai plusieurs. Mais, quelque défiance
Que nous doive donner la susdite éloquence
Et le susdit crédit; ce néanmoins, messieurs,
L'ancre de vos bontés nous rassure. D'ailleurs,
Devant le grand Dandin l'innocence est hardie;
Oui, devant ce Caton de Basse-Normandie,
Ce soleil d'équité qui n'est jamais terni:
VICTRIX CAUSA DIIS PLACUIT, SED VICTA CATONI.

DANDIN.
Vraiment, il plaide bien.

ACTE TROISIÈME.

L'INTIMÉ.
Sans craindre aucune chose,
Je prends donc la parole, et je viens à ma cause.
Aristote, PRIMO, PERI POLITICON,
Dit fort bien...

DANDIN.
Avocat, il s'agit d'un chapon,
Et non point d'Aristote et de sa Politique.

L'INTIMÉ.
Oui, mais l'autorité du péripatétique
Prouverait que le bien et le mal...

DANDIN.
Je prétends
Qu'Aristote n'a point d'autorité céans.
Au fait.

L'INTIMÉ.
Pausanias, en ses Corinthiaques...

DANDIN.
Au fait.

L'INTIMÉ.
Rebuffe...

DANDIN.
Au fait, vous dis-je.

L'INTIMÉ.
Le grand Jacques.

DANDIN.
Au fait, au fait, au fait.

L'INTIMÉ.
Harmenopul, IN PROMPT...

DANDIN.
Oh! je te vais juger.

L'INTIMÉ.
Oh! vous êtes si prompt!
Voici le fait. (Vite.) Un chien vient dans une cuisine,
Il y trouve un chapon, lequel a bonne mine.
Or celui pour lequel je parle est affamé,
Celui contre lequel je parle AUTEM plumé;
Et celui pour lequel je suis prend en cachette
Celui contre lequel je parle. L'on décrète;
On le prend. Avocat pour et contre appelé :
Jour pris. Je dois parler, je parle; j'ai parlé.

11.

DANDIN.

Ta, ta, ta, ta. Voilà bien instruire une affaire !
Il dit fort posément ce dont on n'a que faire,
Et court le grand galop quand il est à son fait.

L'INTIMÉ.

Mais le premier, monsieur, c'est le beau.

DANDIN.

C'est le laid.
A-t-on jamais plaidé d'une telle méthode ?
Mais qu'en dit l'assemblée ?

LÉANDRE.

Il est fort à la mode.

L'INTIMÉ, *d'un ton véhément.*

Qu'arrive-t-il, messieurs ? On vient. Comment vient-on ?
On poursuit ma partie. On force une maison.
Quelle maison ? maison de notre propre juge.
On brise le cellier qui nous sert de refuge.
De vol, de brigandage on nous déclare auteurs.
On nous traîne, on nous livre à nos accusateurs,
A maître Petit-Jean, messieurs. Je vous atteste :
Qui ne sait que la loi, SI QUIS CANIS, Digeste
DE VI, paragrapho, messieurs... CAPONIBUS,
Est manifestement contraire à cet abus ?
Et quand il serait vrai que Citron ma partie
Aurait mangé, messieurs, le tout, ou bien partie
Dudit chapon : qu'on mette en compensation
Ce que nous avons fait avant cette action.
Quand ma partie a-t-elle été réprimandée ?
Par qui votre maison a-t-elle été gardée ?
Quand avons-nous manqué d'aboyer au larron ?
Témoin trois procureurs dont icelui Citron
A déchiré la robe. On en verra les pièces.
Pour nous justifier, voulez-vous d'autres pièces ?

PETIT-JEAN.

Maître Adam...

L'INTIMÉ.

Laissez-nous.

PETIT-JEAN.

L'intimé...

L'INTIMÉ.

Laissez-nous.

PETIT-JEAN.

S'enroue.

L'INTIMÉ.

Hé! laissez-nous. Euh! euh!

DANDIN.

Reposez-vous,
Et concluez.

L'INTIMÉ, d'un ton pesant.

Puis donc qu'on nous permet de prendre
Haleine, et que l'on nous défend de nous étendre,
Je vais, sans rien omettre, et sans prévariquer,
Compendieusement énoncer, expliquer,
Exposer à vos yeux l'idée universelle
De ma cause, et des faits renfermés en icelle.

DANDIN.

Il aurait plus tôt fait de dire tout vingt fois
Que de l'abréger une. Homme, ou qui que tu sois,
Diable, conclus; ou bien que le ciel te confonde!

L'INTIMÉ.

Je finis.

DANDIN.

Ah!

L'INTIMÉ.

Avant la naissance du monde...

DANDIN, bâillant.

Avocat, ah! passons au déluge!

L'INTIMÉ.

Avant donc
La naissance du monde et sa création,
Le monde, l'univers, tout, la nature entière
Était ensevelie au fond de la matière.
Les éléments, le feu, l'air, et la terre, et l'eau,
Enfoncés, entassés, ne faisaient qu'un monceau,
Une confusion, une masse sans forme,
Un désordre, un chaos, une cohue énorme.
UNUS ERAT TOTO NATURÆ VULTUS IN ORBE,
QUEM GRÆCI DIXERE CHAOS, RUDIS INDIGESTAQUE MOLES.

Dandin endormi se laisse tomber.

LÉANDRE.

Quelle chute! mon père!

PETIT-JEAN.

Ay, monsieur! comme il dort!

LÉANDRE.

Mon père, éveillez-vous.

PETIT-JEAN.

Monsieur, êtes-vous mort?

LÉANDRE.

Mon père !

DANDIN.

Eh bien? eh bien? quoi? qu'est-ce? Ah! ah! quel homme!
Certes, je n'ai jamais dormi d'un si bon somme.

LÉANDRE.

Mon père, il faut juger.

DANDIN.

Aux galères.

LÉANDRE.

Un chien
Aux galères!

DANDIN.

Ma foi! je n'y conçois plus rien.
De monde, de chaos, j'ai la tête troublée.
Eh! concluez.

L'INTIMÉ, lui présentant de petits chiens.

Venez, famille désolée ;
Venez, pauvres enfants qu'on veut rendre orphelins.
Venez faire parler vos esprits enfantins.
Oui, messieurs, vous voyez ici notre misère :
Nous sommes orphelins, rendez-nous notre père,
Notre père, par qui nous fûmes engendrés,
Notre père, qui nous...

DANDIN.

Tirez, tirez, tirez.

L'INTIMÉ.

Notre père, messieurs...

DANDIN.

Tirez donc. Quels vacarmes!
Ils ont pissé partout.

L'INTIMÉ.

Monsieur, voyez nos larmes.

DANDIN.

Ouf! Je me sens déjà pris de compassion,
Ce que c'est qu'à propos toucher la passion!
Je suis bien empêché. La vérité me presse ;

Le crime est avéré; lui-même il le confesse.
Mais, s'il est condamné, l'embarras est égal;
Voilà bien des enfants réduits à l'hôpital.
Mais je suis occupé, je ne veux voir personne.

SCÈNE IV. — DANDIN, CHICANEAU, ISABELLE, L'INTIMÉ, PETIT-JEAN.

CHICANEAU.

Monsieur...

DANDIN.

Oui, pour vous seuls l'audience se donne.
A Chicaneau.
Adieu... Mais, s'il vous plaît, quel est cet enfant-là ?

CHICANEAU.

C'est ma fille, monsieur.

DANDIN à Petit-Jean et à l'Intimé.

Hé! tôt, rappelez-la.

ISABELLE.

Vous êtes occupé.

DANDIN.

Moi! je n'ai point d'affaire.
A Chicaneau.
Que ne me disiez-vous que vous étiez son père ?

CHICANEAU.

Monsieur...

DANDIN.

Elle sait mieux votre affaire que vous.
A Isabelle.
Dites... Qu'elle est jolie, et qu'elle a les yeux doux!
Ce n'est pas tout, ma fille, il faut de la sagesse.
Je suis tout réjoui de voir cette jeunesse.
Savez-vous que j'étais un compère autrefois?
On a parlé de nous.

ISABELLE.

Ah! monsieur, je vous crois.

DANDIN.

Dis-nous : à qui veux-tu faire perdre la cause?

ISABELLE.

A personne.

DANDIN.
Pour toi je ferai toute chose.
Parle donc.
ISABELLE.
Je vous ai trop d'obligation.
DANDIN.
N'avez-vous jamais vu donner la question?
ISABELLE.
Non, et ne le verrai, que je crois, de ma vie.
DANDIN.
Venez, je vous en veux faire passer l'envie.
ISABELLE.
Hé monsieur! peut-on voir souffrir des malheureux?
DANDIN.
Bon! cela fait toujours passer une heure ou deux.
CHICANEAU.
Monsieur, je viens ici pour vous dire...
LÉANDRE.
Mon père,
Je vous vais en deux mots dire toute l'affaire.
C'est pour un mariage. Et vous saurez d'abord
Qu'il ne tient plus qu'à vous, et que tout est d'accord.
La fille le veut bien; son amant le respire:
Ce que la fille veut, le père le désire.
C'est à vous de juger.
DANDIN, se rasseyant.
Mariez au plus tôt:
Dès demain, si l'on veut; aujourd'hui, s'il le faut.
LÉANDRE.
Mademoiselle, allons, voilà votre beau-père;
Saluez-le.
CHICANEAU.
Comment?
DANDIN.
Quel est donc ce mystère?
LÉANDRE.
Ce que vous avez dit se fait de point en point.
DANDIN.
Puisque je l'ai jugé, je n'en reviendrai point.
CHICANEAU.
Mais on ne donne pas une fille sans elle.

ACTE TROISIÈME.

LÉANDRE.

Sans doute ; et j'en croirai la charmante Isabelle.

CHICANEAU.

Es-tu muette ? Allons, c'est à toi de parler.
Parle.

ISABELLE.

Je n'ose pas, mon père, en appeler.

CHICANEAU.

Mais j'en appelle, moi.

LÉANDRE, *lui montrant un papier.*
Voyez cette écriture.
Vous n'appellerez pas de votre signature.

CHICANEAU.

Plaît-il ?

DANDIN.
C'est un contrat en fort bonne façon.

CHICANEAU.

Je vois qu'on m'a surpris ; mais j'en aurai raison :
De plus de vingt procès ceci sera la source.
On a la fille ; soit : on n'aura pas la bourse.

LÉANDRE.

Eh, monsieur ! qui vous dit qu'on vous demande rien ?
Laissez-nous votre fille et gardez votre bien.

CHICANEAU.

Ah !

LÉANDRE.
Mon père, êtes-vous content de l'audience ?

DANDIN.

Oui-dà. Que les procès viennent en abondance,
Et je passe avec vous le reste de mes jours.
Mais que les avocats soient désormais plus courts.
Et notre criminel ?

LÉANDRE.
Ne parlons que de joie ;
Grâce ! grâce ! mon père.

DANDIN.
Eh bien ! qu'on le renvoie.
C'est en votre faveur, ma bru, ce que j'en fais.
Allons nous délasser à voir d'autres procès.

FIN DES PLAIDEURS.

BRITANNICUS

TRAGÉDIE. — 1669.

PRÉFACE.

Voici celle de mes tragédies que je puis dire que j'ai le plus travaillée. Cependant j'avoue que le succès ne répondit pas d'abord à mes espérances : à peine elle parut sur le théâtre, qu'il s'éleva quantité de critiques qui semblaient la devoir détruire. Je crus moi-même que sa destinée serait à l'avenir moins heureuse que celle de mes autres tragédies. Mais enfin il est arrivé de cette pièce ce qui arrivera toujours des ouvrages qui auront quelque bonté : les critiques se sont évanouies ; la pièce est demeurée. C'est maintenant celle des miennes que la cour et le public revoient le plus volontiers. Et si j'ai fait quelque chose de solide et qui mérite quelque louange, la plupart des connaisseurs demeurent d'accord que c'est ce même *Britannicus*.

A la vérité j'avais travaillé sur des modèles qui m'avaient extrêmement soutenu dans la peinture que je voulais faire de la cour d'Agrippine et de Néron. J'avais copié mes personnages d'après le plus grand peintre de l'antiquité, je veux dire d'après Tacite ; et j'étais alors si rempli de la lecture de ce grand historien, qu'il n'y a presque pas un trait éclatant dans ma tragédie dont il ne m'ait donné l'idée. J'avais voulu mettre dans ce recueil un extrait des plus beaux endroits que j'ai tâché d'imiter ; mais j'ai trouvé que cet extrait tiendrait presque autant de place que la tragédie. Ainsi le lecteur trouvera bon que je le renvoie à cet auteur, qui aussi bien est entre les mains de tout le monde ; et je me contenterai de rapporter ici quelques-uns de ses passages sur chacun des personnages que j'introduis sur la scène.

Pour commencer par Néron, il faut se souvenir qu'il est ici dans les premières années de son règne, qui ont été heureuses, comme l'on sait. Ainsi il ne m'a pas été permis de le représenter aussi méchant qu'il a été depuis. Je ne le représente pas non plus comme un homme vertueux, car il ne l'a jamais été. Il n'a pas encore tué sa mère, sa femme, ses gouverneurs ; mais il a en lui les semences de tous ces crimes : il commence à vouloir secouer le joug. Il les hait les uns et les autres ; il leur cache sa haine sous de fausses caresses, *factus natura velare odium fallacibus blanditiis*. En un mot, c'est ici un monstre naissant, mais qui n'ose encore se déclarer, et qui cherche des couleurs à ses méchantes actions ; *hactenus Nero flagitiis et sceleribus velamenta quæsivit*. Il ne pouvait souffrir Octavie, princesse d'une bonté et d'une vertu exemplaires, *fato quodam, an quia prævalent illicita. Metuebaturque ne in stupra fœminarum illustrium prorumperet*.

Je lui donne Narcisse pour confident. J'ai suivi en cela Tacite, qui dit que Néron porta impatiemment la mort de Narcisse, parce que cet affranchi avait une conformité merveilleuse avec les vices du prince encore cachés ; *cujus abditis adhuc vitiis mire congruebat*. Ce passage prouve deux choses : il prouve, et que Néron était déjà vicieux, mais qu'il dissimulait ses vices ; et que Narcisse l'entretenait dans ses mauvaises inclinations.

J'ai choisi Burrhus pour opposer un honnête homme à cette peste de cour ; et je l'ai choisi plutôt que Sénèque ; en voici la raison : ils étaient tous deux gouverneurs de la jeunesse de Néron, l'un pour les armes, l'autre pour les lettres ; et ils étaient fameux, Burrhus pour son expérience dans les armes et pour la sévérité de ses mœurs, *militaribus curis et servitate morum* ; Sénèque pour son éloquence et le tour agréable de son esprit, *Seneca præceptis eloquentiæ et comitate honesta.* Burrhus après sa mort fut extrêmement regretté, à cause de sa vertu : *civitati grande desiderium ejus mansit per memoriam virtutis.*

Toute leur peine était de résister à l'orgueil et à la férocité d'Agrippine, *quæ, cunctis malæ dominationis cupidinibus flagrans, habebat in partibus Pallantem.* Je ne dis que ce mot d'Agrippine, car il y aurait trop de choses à en dire. C'est elle que je me suis surtout efforcé de bien exprimer ; et ma tragédie n'est pas moins la disgrâce d'Agrippine, que la mort de Britannicus. « Cette mort fut un coup
» de foudre pour elle ; et il parut, dit Tacite, par sa frayeur et par
» sa consternation, qu'elle était aussi innocente de cette mort qu'Oc-
» tavie. Agrippine perdait en lui sa dernière espérance, et ce crime
» lui en faisait craindre un plus grand : » *Sibi supremum auxilium ereptum, et parricidii exemplum intelligebat.*

L'âge de Britannicus était si connu, qu'il ne m'a pas été permis de le représenter autrement que comme un jeune prince qui avait beaucoup de cœur, beaucoup d'amour et beaucoup de franchise, qualités ordinaires d'un jeune homme. Il avait quinze ans ; et on dit qu'il avait beaucoup d'esprit, soit qu'on dise vrai, ou que ses malheurs aient fait croire cela de lui, sans qu'il ait pu en donner des marques : *Neque segnem ei fuisse indolem ferunt, sive verum, seu periculis commendatus retinuit famam sine experimento.*

Il ne faut pas s'étonner s'il n'a auprès de lui qu'un aussi méchant homme que Narcisse ; car il y avait longtemps qu'on avait donné ordre qu'il n'y eût auprès de Britannicus que des gens qui n'eussent ni foi ni honneur : *Nam ut proximus quisque Britannico neque fas neque fidem pensi haberet, olim provisum erat.*

Il me reste à parler de Junie. Il ne la faut pas confondre avec une vieille coquette qui s'appelait JUNIA SILANA. C'est ici une autre Junie que Tacite appelle JUNIA CALVINA, de la famille d'Auguste, sœur de Silanus, à qui Claudius avait promis Octavie. Cette Junie était jeune, belle, et, comme dit Sénèque, *festivissima omnium puellarum.* Son frère et elle s'aimaient tendrement ; et leurs ennemis, dit Tacite, les accusèrent tous deux d'inceste, quoiqu'ils ne fussent coupables que d'un peu d'indiscrétion. Elle vécut jusqu'au règne de Vespasien.

Je la fais entrer dans les vestales, quoique, selon Aulu-Gelle, on n'y reçût jamais personne au-dessous de six ans, ni au-dessus de dix. Mais le peuple prend ici Junie sous sa protection ; et j'ai cru qu'en considération de sa naissance, de sa vertu et de son malheur, il pouvait la dispenser de l'âge prescrit par les lois, comme il a dispensé de l'âge pour le consulat tant de grands hommes qui avaient mérité ce privilège.

PERSONNAGES.

NÉRON, empereur, fils d'Agrippine.
BRITANNICUS, fils de Messaline et de l'empereur Claudius.
AGRIPPINE, veuve de Domitius Enobarbus, père de Néron, et en secondes noces veuve de l'empereur Claudius.
JUNIE, amante de Britannicus.
NARCISSE, gouverneur de Britannicus.
ALBINE, confidente d'Agrippine.
GARDES.

La scène est à Rome, dans une chambre du palais de Néron.

ACTE PREMIER.

SCÈNE PREMIÈRE. — AGRIPPINE, ALBINE.

ALBINE.

Quoi ! tandis que Néron s'abandonne au sommeil,
Faut-il que vous veniez attendre son réveil ?
Qu'errant dans le palais, sans suite et sans escorte
La mère de César veille seule à sa porte ?
Madame, retournez dans votre appartement.

AGRIPPINE.

Albine, il ne faut pas s'éloigner un moment.
Je veux l'attendre ici : les chagrins qu'il me cause
M'occuperont assez tout le temps qu'il repose.
Tout ce que j'ai prédit n'est que trop assuré ;
Contre Britannicus Néron s'est déclaré.
L'impatient Néron cesse de se contraindre ;
Las de se faire aimer, il veut se faire craindre.
Britannicus le gêne, Albine ; et chaque jour
Je sens que je deviens importune à mon tour.

ALBINE.

Quoi ! vous à qui Néron doit le jour qu'il respire,
Qui l'avez appelé de si loin à l'empire ?
Vous qui, déshéritant le fils de Claudius,
Avez nommé César l'heureux Domitius ?
Tout lui parle, madame, en faveur d'Agrippine :
Il vous doit son amour.

AGRIPPINE.

Il me le doit, Albine :
Tout, s'il est généreux, lui prescrit cette loi ;
Mais tout, s'il est ingrat, lui parle contre moi.

ALBINE.

S'il est ingrat, madame ? Ah ! toute sa conduite
Marque dans son devoir une âme trop instruite :
Depuis trois ans entiers qu'a-t-il dit, qu'a-t-il fait
Qui ne promette à Rome un empereur parfait ?
Rome, depuis trois ans par ses soins gouvernée,

Au temps de ses consuls croit être retournée :
Il la gouverne en père. Enfin, Néron naissant
A toutes les vertus d'Auguste vieillissant.
AGRIPPINE.
Non, non, mon intérêt ne me rend point injuste.
Il commence, il est vrai, par où finit Auguste ;
Mais crains que, l'avenir détruisant le passé,
Il ne finisse ainsi qu'Auguste a commencé.
Il se déguise en vain : je lis sur son visage
Des fiers Domitius l'humeur triste et sauvage :
Il mêle avec l'orgueil qu'il a pris dans leur sang
La fierté des Nérons qu'il puisa dans mon flanc.
Toujours la tyrannie a d'heureuses prémices :
De Rome, pour un temps, Caïus fut les délices ;
Mais, sa feinte bonté se tournant en fureur,
Les délices de Rome en devinrent l'horreur.
Que m'importe, après tout, que Néron plus fidèle
D'une longue vertu laisse un jour le modèle ?
Ai-je mis dans sa main le timon de l'État
Pour le conduire au gré du peuple et du sénat ?
Ah ! que de la patrie il soit, s'il veut, le père :
Mais qu'il songe un peu plus qu'Agrippine est sa mère.
De quel nom cependant pouvons-nous appeler
L'attentat que le jour vient de nous révéler ?
Il sait, car leur amour ne peut être ignorée,
Que de Britannicus Junie est adorée !
Et ce même Néron, que la vertu conduit,
Fait enlever Junie au milieu de la nuit !
Que veut-il ? Est-ce haine, est-ce amour qui l'inspire ?
Cherche-t-il seulement le plaisir de leur nuire ?
Ou plutôt n'est-ce point que sa malignité
Punit sur eux l'appui que je leur ai prêté ?
ALBINE.
Vous, leur appui, madame ?
AGRIPPINE.
                      Arrête, chère Albine.
Je sais que j'ai moi seule avancé leur ruine ;
Que du trône, où le sang l'a dû faire monter,
Britannicus par moi s'est vu précipiter.
Par moi seule éloigné de l'hymen d'Octavie,
Le frère de Junie abandonna la vie,

Silanus, sur qui Claude avait jeté les yeux,
Et qui comptait Auguste au rang de ses aïeux.
Néron jouit de tout: et moi, pour récompense,
Il faut qu'entre eux et lui je tienne la balance,
Afin que quelque jour par une même loi
Britannicus la tienne entre mon fils et moi.

ALBINE.

Quel dessein !

AGRIPPINE.

    Je m'assure un port dans la tempête.
Néron m'échappera, si ce frein ne l'arrête.

ALBINE.

Mais prendre contre un fils tant de soins superflus ?

AGRIPPINE.

Je le craindrais bientôt s'il ne me craignait plus.

ALBINE.

Une injuste frayeur vous alarme peut-être.
Mais si Néron pour vous n'est plus ce qu'il doit être,
Du moins son changement ne vient pas jusqu'à nous;
Et ce sont des secrets entre César et vous.
Quelques titres nouveaux que Rome lui défère,
Néron n'en reçoit point qu'il ne donne à sa mère.
Sa prodigue amitié ne se réserve rien :
Votre nom est dans Rome aussi saint que le sien;
A peine parle-t-on de la triste Octavie.
Auguste votre aïeul honora moins Livie :
Néron devant sa mère a permis le premier
Qu'on portât des faisceaux couronnés de lauriers.
Quels effets voulez-vous de sa reconnaissance ?

AGRIPPINE.

Un peu moins de respect, et plus de confiance.
Tous ces présents, Albine, irritent mon dépit :
Je vois mes honneurs croître, et tomber mon crédit.
Non, non, le temps n'est plus que Néron jeune encore
Me renvoyait les vœux d'une cour qui l'adore;
Lorsqu'il se reposait sur moi de tout l'État;
Que mon ordre au palais assemblait le sénat;
Et que, derrière un voile, invisible et présente,
J'étais de ce grand corps l'âme toute-puissante.
Des volontés de Rome alors mal assuré,
Néron de sa grandeur n'était point enivré.

Ce jour, ce triste jour, frappe encor ma mémoire,
Où Néron fut lui-même ébloui de sa gloire,
Quand les ambassadeurs de tant de rois divers
Vinrent le reconnaître au nom de l'univers.
Sur son trône avec lui j'allais prendre ma place :
J'ignore quel conseil prépara ma disgrâce ;
Quoi qu'il en soit, Néron, d'aussi loin qu'il me vit,
Laissa sur son visage éclater son dépit.
Mon cœur même en conçut un malheureux augure.
L'ingrat, d'un faux respect colorant son injure,
Se leva par avance, et, courant m'embrasser,
Il m'écarta du trône où je m'allais placer.
Depuis ce coup fatal le pouvoir d'Agrippine
Vers sa chute à grands pas chaque jour s'achemine.
L'ombre seule m'en reste, et l'on n'implore plus
Que le nom de Sénèque et l'appui de Burrhus.

ALBINE.

Ah! si de ce soupçon votre âme est prévenue,
Pourquoi nourrissez-vous le venin qui vous tue?
Daignez avec César vous éclaircir du moins.

AGRIPPINE.

César ne me voit plus, Albine, sans témoins :
En public, à mon heure, on me donne audience.
Sa réponse est dictée, et même son silence.
Je vois deux surveillants, ses maîtres et les miens,
Présider l'un ou l'autre à tous nos entretiens.
Mais je le poursuivrai d'autant plus qu'il m'évite :
De son désordre, Albine, il faut que je profite.
J'entends du bruit ; on ouvre. Allons subitement
Lui demander raison de cet enlèvement :
Surprenons, s'il se peut, les secrets de son âme.
Mais quoi! déjà Burrhus sort de chez lui!

SCÈNE II. — AGRIPPINE, BURRHUS, ALBINE.

BURRHUS.

Madame,
Au nom de l'empereur j'allais vous informer
D'un ordre qui d'abord a pu vous alarmer,
Mais qui n'est que l'effet d'une sage conduite
Dont César a voulu que vous soyez instruite.

AGRIPPINE.
Puisqu'il le veut, entrons; il m'en instruira mieux.
BURRHUS.
César pour quelque temps s'est soustrait à nos yeux.
Déjà par une porte au public moins connue
L'un et l'autre consul vous avaient prévenue,
Madame. Mais souffrez que je retourne exprès...
AGRIPPINE.
Non, je ne trouble point ses augustes secrets.
Cependant voulez-vous qu'avec moins de contrainte
L'un et l'autre une fois nous nous parlions sans feinte?
BURRHUS.
Burrhus pour le mensonge eut toujours trop d'horreur.
AGRIPPINE.
Prétendez-vous longtemps me cacher l'empereur?
Ne le verrai-je plus qu'à titre d'importune?
Ai-je donc élevé si haut votre fortune
Pour mettre une barrière entre mon fils et moi?
Ne l'osez-vous laisser un moment sur sa foi?
Entre Sénèque et vous disputez-vous la gloire
A qui m'effacera plus tôt de sa mémoire?
Vous l'ai-je confié pour en faire un ingrat?
Pour être, sous son nom, les maîtres de l'État?
Certes, plus je médite, et moins je me figure
Que vous m'osiez compter pour votre créature;
Vous, dont j'ai pu laisser vieillir l'ambition
Dans les honneurs obscurs de quelque légion;
Et moi, qui sur le trône ai suivi mes ancêtres,
Moi, fille, femme, sœur, et mère de vos maîtres.
Que prétendez-vous donc? Pensez-vous que ma voix
Ait fait un empereur pour m'en imposer trois?
Néron n'est plus enfant: n'est-il pas temps qu'il règne?
Jusqu'à quand voulez-vous que l'empereur vous craigne?
Ne saurait-il rien voir qu'il n'emprunte vos yeux?
Pour se conduire enfin n'a-t-il pas ses aïeux?
Qu'il choisisse, s'il veut, d'Auguste ou de Tibère;
Qu'il imite, s'il peut, Germanicus mon père.
Parmi tant de héros je n'ose me placer;
Mais il est des vertus que je lui puis tracer:
Je puis l'instruire au moins combien sa confidence
Entre un sujet et lui doit laisser de distance.

BURRHUS.

Je ne m'étais chargé dans cette occasion
Que d'excuser César d'une seule action :
Mais puisque, sans vouloir que je le justifie,
Vous me rendez garant du reste de sa vie,
Je répondrai, madame, avec la liberté
D'un soldat, qui sait mal farder la vérité.

Vous m'avez de César confié la jeunesse ;
Je l'avoue, et je dois m'en souvenir sans cesse.
Mais vous avais-je fait serment de le trahir,
D'en faire un empereur qui ne sût qu'obéir ?
Non. Ce n'est plus à vous qu'il faut que j'en réponde :
Ce n'est plus votre fils, c'est le maître du monde.
J'en dois compte, madame, à l'empire romain,
Qui croit voir son salut ou sa perte en ma main.
Ah! si dans l'ignorance il le fallait instruire,
N'avait-on que Sénèque et moi pour le séduire ?
Pourquoi de sa conduite éloigner les flatteurs ?
Fallait-il dans l'exil chercher des corrupteurs ?
La cour de Claudius, en esclaves fertile,
Pour deux que l'on cherchait en eût présenté mille,
Qui tous auraient brigué l'honneur de l'avilir :
Dans une longue enfance ils l'auraient fait vieillir.
De quoi vous plaignez-vous, madame? On vous révère,
Ainsi que par César, on jure par sa mère.
L'empereur, il est vrai, ne vient plus chaque jour
Mettre à vos pieds l'empire, et grossir votre cour ;
Mais le doit-il, madame? et sa reconnaissance
Ne peut-elle éclater que dans sa dépendance?
Toujours humble, toujours le timide Néron
N'ose-t-il être Auguste et César que de nom?
Vous le dirai-je enfin? Rome le justifie.
Rome, à trois affranchis si longtemps asservie,
A peine respirant du joug qu'elle a porté,
Du règne de Néron compte sa liberté.
Que dis-je? la vertu semble même renaître ;
Tout l'empire n'est plus la dépouille d'un maître :
Le peuple au champ de Mars nomme ses magistrats ;
César nomme les chefs sur la foi des soldats :
Thraséas au sénat, Corbulon dans l'armée,
Sont encore innocents, malgré leur renommée :

Les déserts autrefois peuplés de sénateurs,
Ne sont plus habités que par leurs délateurs.
Qu'importe que César continue à nous croire,
Pourvu que nos conseils ne tendent qu'à sa gloire;
Pourvu que dans le cours d'un règne florissant
Rome soit toujours libre, et César tout-puissant?
Mais, madame, Néron suffit pour se conduire.
J'obéis, sans prétendre à l'honneur de l'instruire.
Sur ses aïeux, sans doute, il n'a qu'à se régler;
Pour bien faire, Néron n'a qu'à se ressembler;
Heureux si ses vertus l'une à l'autre enchaînées
Ramènent tous les ans ses premières années!

AGRIPPINE.

Ainsi, sur l'avenir n'osant vous assurer,
Vous croyez que sans vous Néron va s'égarer.
Mais vous, qui jusqu'ici content de votre ouvrage,
Venez de ses vertus nous rendre témoignage,
Expliquez-nous pourquoi, devenu ravisseur,
Néron de Silanus fait enlever la sœur?
Ne tient-il qu'à marquer de cette ignominie
Le sang de mes aïeux qui brûle dans Junie?
De quoi l'accuse-t-il? et par quel attentat
Devient-elle en un jour criminelle d'État;
Elle qui, sans orgueil jusqu'alors élevée,
N'aurait point vu Néron, s'il ne l'eût enlevée,
Et qui même aurait mis au rang de ses bienfaits
L'heureuse liberté de ne le voir jamais?

BURRHUS.

Je sais que d'aucun crime elle n'est soupçonnée;
Mais jusqu'ici César ne l'a point condamnée,
Madame : aucun objet ne blesse ici ses yeux;
Elle est dans un palais tout plein de ses aïeux.
Vous savez que les droits qu'elle porte avec elle
Peuvent de son époux faire un prince rebelle;
Que le sang de César ne se doit allier
Qu'à ceux à qui César le veut bien confier :
Et vous-même avouerez qu'il ne serait pas juste
Qu'on disposât sans lui de la nièce d'Auguste.

AGRIPPINE.

Je vous entends : Néron m'apprend par votre voix
Qu'en vain Britannicus s'assure sur mon choix.

En vain, pour détourner ses yeux de sa misère,
J'ai flatté son amour d'un hymen qu'il espère :
A ma confusion, Néron veut faire voir
Qu'Agrippine promet par delà son pouvoir.
Rome de ma faveur est trop préoccupée :
Il veut par cet affront qu'elle soit détrompée,
Et que tout l'univers apprenne avec terreur
A ne confondre plus mon fils et l'empereur.
Il le peut. Toutefois j'ose encore lui dire
Qu'il doit avant ce coup affermir son empire ;
Et qu'en me réduisant à la nécessité
D'éprouver contre lui ma faible autorité,
Il expose la sienne ; et que dans la balance
Mon nom peut-être aura plus de poids qu'il ne pense.

BURRHUS.

Quoi, madame ! toujours soupçonner son respect !
Ne peut-il faire un pas qu'il ne vous soit suspect !
L'empereur vous croit-il du parti de Junie?
Avec Britannicus vous croit-il réunie?
Quoi ! de vos ennemis devenez-vous l'appui,
Pour trouver un prétexte à vous plaindre de lui?
Sur le moindre discours qu'on pourra vous redire,
Serez-vous toujours prête à partager l'empire?
Vous craindrez-vous sans cesse, et vos embrassements
Ne se passeront-ils qu'en éclaircissements ?
Ah! quittez d'un censeur la triste diligence :
D'une mère facile affectez l'indulgence ;
Souffrez quelques froideurs sans les faire éclater ;
Et n'avertissez point la cour de vous quitter.

AGRIPPINE.

Et qui s'honorerait de l'appui d'Agrippine,
Lorsque Néron lui-même annonce ma ruine ;
Lorsque de sa présence il semble me bannir ;
Quand Burrhus à sa porte ose me retenir?

BURRHUS.

Madame, je vois bien qu'il est temps de me taire,
Et que ma liberté commence à vous déplaire.
La douleur est injuste ; et toutes les raisons
Qui ne la flattent point aigrissent ses soupçons.
Voici Britannicus. Je lui cède ma place.
Je vous laisse écouter et plaindre sa disgrâce,

Et peut-être, madame, en accuser les soins
De ceux que l'empereur a consultés le moins.

SCÈNE III. — AGRIPPINE, BRITANNICUS, NARCISSE, ALBINE.

AGRIPPINE.

Ah, prince! où courez-vous? Quelle ardeur inquiète
Parmi vos ennemis en aveugle vous jette?
Que venez-vous chercher?

BRITANNICUS.

Ce que je cherche? Ah, dieux!
Tout ce que j'ai perdu, madame, est en ces lieux.
De mille affreux soldats Junie environnée
S'est vue en ce palais indignement traînée.
Hélas! de quelle horreur ses timides esprits
A ce nouveau spectacle auront été surpris!
Enfin on me l'enlève. Une loi trop sévère
Va séparer deux cœurs qu'assemblait leur misère:
Sans doute on ne veut pas que, mêlant nos douleurs,
Nous nous aidions l'un l'autre à porter nos malheurs.

AGRIPPINE.

Il suffit. Comme vous je ressens vos injures;
Mes plaintes ont déjà précédé vos murmures.
Mais je ne prétends pas qu'un impuissant courroux
Dégage ma parole et m'acquitte envers vous.
Je ne m'explique point. Si vous voulez m'entendre,
Suivez-moi chez Pallas, où je vais vous attendre.

SCÈNE IV. — BRITANNICUS, NARCISSE.

BRITANNICUS.

La croirai-je, Narcisse, et dois-je sur sa foi
La prendre pour arbitre entre son fils et moi?
Qu'en dis-tu? N'est-ce pas cette même Agrippine
Que mon père épousa jadis pour ma ruine,
Et qui, si je t'en crois, a de ses derniers jours,
Trop lents pour ses desseins, précipité le cours?

NARCISSE.

N'importe: elle se sent comme vous outragée;
A vous donner Junie elle s'est engagée;
Unissez vos chagrins, liez vos intérêts:
Ce palais retentit en vain de vos regrets.

Tandis qu'on vous verra d'une voix suppliante
Semer ici la plainte et non pas l'épouvante,
Que vos ressentiments se perdront en discours,
Il n'en faut point douter, vous vous plaindrez toujours.

BRITANNICUS.

Ah, Narcisse ! tu sais si de la servitude
Je prétends faire encore une longue habitude ;
Tu sais si pour jamais, de ma chute étonné,
Je renonce à l'empire où j'étais destiné.
Mais je suis seul encor : les amis de mon père
Sont autant d'inconnus que glace ma misère ;
Et ma jeunesse même écarte loin de moi
Tous ceux qui dans le cœur me réservent leur foi.
Pour moi, depuis un an qu'un peu d'expérience
M'a donné de mon sort la triste connaissance,
Que vois-je autour de moi, que des amis vendus
Qui sont de tous mes pas les témoins assidus,
Qui, choisis par Néron pour ce commerce infâme,
Trafiquent avec lui des secrets de mon âme ?
Quoi qu'il en soit, Narcisse, on me vend tous les jours
Il prévoit mes desseins, il entend mes discours ;
Comme toi, dans mon cœur, il sait ce qui se passe.
Que t'en semble, Narcisse ?

NARCISSE.

Ah ! quelle âme assez basse...
C'est à vous de choisir des confidents discrets,
Seigneur, et de ne pas prodiguer vos secrets.

BRITANNICUS.

Narcisse, tu dis vrai ; mais cette défiance
Est toujours d'un grand cœur la dernière science :
On le trompe longtemps. Mais enfin je te crois,
Ou plutôt je fais vœu de ne croire que toi.
Mon père, il m'en souvient, m'assura de ton zèle :
Seul de ses affranchis tu m'es toujours fidèle ;
Tes yeux, sur ma conduite incessamment ouverts,
M'ont sauvé jusqu'ici de mille écueils couverts.
Va donc voir si le bruit de ce nouvel orage
Aura de nos amis excité le courage.
Examine leurs yeux, observe leurs discours ;
Vois si j'en puis attendre un fidèle secours.
Surtout dans ce palais remarque avec adresse

Avec quel soin Néron fait garder la princesse !
Sache si du péril ses beaux yeux sont remis,
Et si son entretien m'est encore permis.
Cependant de Néron je vais trouver la mère
Chez Pallas, comme toi l'affranchi de mon père :
Je vais la voir, l'aigrir, la suivre, et, s'il se peut,
M'engager sous son nom plus loin qu'elle ne veut.

ACTE DEUXIÈME.

SCÈNE PREMIÈRE. — NÉRON, BURRHUS, NARCISSE, Gardes.

NÉRON.

N'en doutez point, Burrhus ; malgré ses injustices,
C'est ma mère, et je veux ignorer ses caprices.
Mais je ne prétends plus ignorer ni souffrir
Le ministre insolent qui les ose nourrir.
Pallas de ses conseils empoisonne ma mère ;
Il séduit chaque jour Britannicus mon frère :
Ils l'écoutent tout seul : et qui suivrait leurs pas
Les trouverait peut-être assemblés chez Pallas.
C'en est trop. De tous deux il faut que je l'écarte.
Pour la dernière fois, qu'il s'éloigne, qu'il parte ;
Je le veux, je l'ordonne : et que la fin du jour
Ne le retrouve pas dans Rome ou dans ma cour.
Allez : cet ordre importe au salut de l'empire.
Aux gardes.
Vous, Narcisse, approchez. Et vous, qu'on se retire.

SCÈNE II. — NÉRON, NARCISSE.

NARCISSE.

Grâces aux dieux, seigneur, Junie entre vos mains
Vous assure aujourd'hui du reste des Romains.
Vos ennemis, déchus de leur vaine espérance,
Sont allés chez Pallas pleurer leur impuissance.

Mais que vois-je? vous-même, inquiet, étonné,
Plus que Britannicus paraissez consterné.
Que présage à mes yeux cette tristesse obscure,
Et ces sombres regards errants à l'aventure?
Tout vous rit : la fortune obéit à vos vœux.

NÉRON.

Narcisse, c'en est fait, Néron est amoureux.

NARCISSE.

Vous?

NÉRON.

Depuis un moment; mais pour toute ma vie
J'aime, que dis-je, aimer? j'idolâtre Junie.

NARCISSE.

Vous l'aimez?

NÉRON.

Excité d'un désir curieux,
Cette nuit je l'ai vue arriver en ces lieux.
Triste, levant au ciel ses yeux mouillés de larmes,
Qui brillaient au travers des flambeaux et des armes;
Belle sans ornement, dans le simple appareil
D'une beauté qu'on vient d'arracher au sommeil.
Que veux-tu? Je ne sais si cette négligence,
Les ombres, les flambeaux, les cris et le silence,
Et le farouche aspect de ses fiers ravisseurs,
Relevaient de ses yeux les timides douceurs :
Quoi qu'il en soit, ravi d'une si belle vue,
J'ai voulu lui parler, et ma voix s'est perdue :
Immobile, saisi d'un long étonnement,
Je l'ai laissé passer dans son appartement.
J'ai passé dans le mien. C'est là que, solitaire,
De son image en vain j'ai voulu me distraire.
Trop présente à mes yeux, je croyais lui parler;
J'aimais jusqu'à ses pleurs que je faisais couler.
Quelquefois, mais trop tard, je lui demandais grâce :
J'employais les soupirs, et même la menace.
Voilà comme, occupé de mon nouvel amour,
Mes yeux sans se fermer ont attendu le jour.
Mais je m'en fais peut-être une trop belle image;
Elle m'est apparue avec trop d'avantage :
Narcisse, qu'en dis-tu?

NARCISSE.

Quoi, seigneur! croira-t-on

Qu'elle ait pu si longtemps se cacher à Néron?
NÉRON.
Tu le sais bien, Narcisse. Et, soit que sa colère
M'imputât le malheur qui lui ravit son frère;
Soit que son cœur, jaloux d'une austère fierté,
Enviât à nos yeux sa naissante beauté;
Fidèle à sa douleur, et dans l'ombre enfermée,
Elle se dérobait même à sa renommée.
Et c'est cette vertu, si nouvelle à la cour,
Dont la persévérance irrite mon amour.
Quoi, Narcisse! tandis qu'il n'est point de Romaine
Que notre amour n'honore et ne rende plus vaine,
Qui, dès qu'à ses regards elle ose se fier,
Sur le cœur de César ne les vienne essayer;
Seule, dans son palais, la modeste Junie
Regarde leurs honneurs comme une ignominie,
Fuit, et ne daigne pas peut-être s'informer
Si César est aimable, ou bien s'il sait aimer!
Dis-moi, Britannicus l'aime-t-il?
NARCISSE.
Quoi! s'il l'aime,
Seigneur?
NÉRON.
Si jeune encor, se connaît-il lui-même?
D'un regard enchanteur connaît-il le poison?
NARCISSE.
Seigneur, l'amour toujours n'attend pas la raison.
N'en doutez point, il l'aime. Instruits par tant de charmes
Ses yeux sont déjà faits à l'usage des larmes;
A ses moindres désirs il sait s'accommoder;
Et peut-être déjà sait-il persuader.
NÉRON.
Que dis-tu? Sur son cœur il aurait quelque empire?
NARCISSE.
Je ne sais. Mais, seigneur, ce que je puis vous dire,
Je l'ai vu quelquefois s'arracher de ces lieux,
Le cœur plein d'un courroux qu'il cachait à vos yeux,
D'une cour qui le fuit pleurant l'ingratitude,
Las de votre grandeur et de sa servitude,
Entre l'impatience et la crainte flottant :
Il allait voir Junie, et revenait content.

NÉRON.

D'autant plus malheureux qu'il aura su lui plaire,
Narcisse, il doit plutôt souhaiter sa colère :
Néron impunément ne sera pas jaloux.

NARCISSE.

Vous? Et de quoi, seigneur, vous inquiétez-vous ?
Junie a pu le plaindre et partager ses peines ;
Elle n'a vu couler de larmes que les siennes :
Mais aujourd'hui, seigneur, que ses yeux dessillés,
Regardant de plus près l'éclat dont vous brillez,
Verront autour de vous les rois sans diadème,
Inconnus dans la foule, et son amant lui-même,
Attachés sur vos yeux, s'honorer d'un regard
Que vous aurez sur eux fait tomber au hasard ;
Quand elle vous verra, de ce degré de gloire,
Venir en soupirant avouer sa victoire ;
Maître, n'en doutez point, d'un cœur déjà charmé
Commandez qu'on vous aime, et vous serez aimé.

NÉRON.

A combien de chagrins il faut que je m'apprête ;
Que d'importunités !

NARCISSE.

Quoi donc ! qui vous arrête,
Seigneur?

NÉRON.

Tout : Octavie, Agrippine, Burrhus,
Sénèque, Rome entière, et trois ans de vertus.
Non que pour Octavie un reste de tendresse
M'attache à son hymen et plaigne sa jeunesse :
Mes yeux, depuis longtemps fatigués de ses soins,
Rarement de ses pleurs daignent être témoins.
Trop heureux si bientôt la faveur d'un divorce
Me soulageait d'un joug qu'on m'imposa par force !
Le ciel même en secret semble la condamner :
Ses vœux depuis quatre ans ont beau l'importuner,
Les dieux ne montrent point que sa vertu les touche :
D'aucun gage, Narcisse, ils n'honorent sa couche ;
L'empire vainement demande un héritier.

NARCISSE.

Que tardez-vous, seigneur, à la répudier ?
L'empire, votre cœur, tout condamne Octavie.

Auguste, votre aïeul, soupirait pour Livie.
Par un double divorce ils s'unirent tous deux ;
Et vous devez l'empire à ce divorce heureux.
Tibère, que l'hymen plaça dans sa famille,
Osa bien à ses yeux répudier sa fille.
Vous seul, jusques ici contraire à vos désirs,
N'osez par un divorce assurer vos plaisirs !
NÉRON.
Et ne connais-tu pas l'implacable Agrippine ?
Mon amour inquiet déjà se l'imagine
Qui m'amène Octavie, et d'un œil enflammé
Atteste les saints droits d'un nœud qu'elle a formé,
Et portant à mon cœur des atteintes plus rudes,
Me fait un long récit de mes ingratitudes.
De quel front soutenir ce fâcheux entretien ?
NARCISSE.
N'êtes-vous pas, seigneur, votre maître et le sien ?
Vous verrons-nous toujours trembler sous sa tutelle ?
Vivez, régnez pour vous : c'est trop régner pour elle.
Craignez-vous ? Mais, seigneur, vous ne la craignez pas :
Vous venez de bannir le superbe Pallas,
Pallas dont vous savez qu'elle soutient l'audace.
NÉRON.
Éloigné de ses yeux, j'ordonne, je menace,
J'écoute vos conseils, j'ose les approuver,
Je m'excite contre elle, et tâche à la braver :
Mais, je t'expose ici mon âme toute nue,
Sitôt que mon malheur me ramène à sa vue,
Soit que je n'ose encor démentir le pouvoir
De ces yeux où j'ai lu si longtemps mon devoir,
Soit qu'à tant de bienfaits ma mémoire fidèle
Lui soumette en secret tout ce que je tiens d'elle ;
Mais enfin mes efforts ne me servent de rien :
Mon génie étonné tremble devant le sien.
Et c'est pour m'affranchir de cette dépendance
Que je la fuis partout, que même je l'offense,
Et que de temps en temps j'irrite ses ennuis,
Afin qu'elle m'évite autant que je la fuis.
Mais je m'arrête trop : retire-toi, Narcisse ;
Britannicus pourrait t'accuser d'artifice.
NARCISSE.
Non, non ; Britannicus s'abandonne à ma foi.

Par son ordre, seigneur, il croit que je vous vois,
Que je m'informe ici de tout ce qui le touche,
Et veut de vos secrets être instruit par ma bouche :
Impatient surtout de revoir ses amours,
Il attend de mes soins ce fidèle secours.

NÉRON.

J'y consens ; porte-lui cette douce nouvelle :
Il la verra.

NARCISSE.

Seigneur, bannissez-le loin d'elle.

NÉRON.

J'ai mes raisons, Narcisse ; et tu peux concevoir
Que je lui vendrai cher le plaisir de la voir.
Cependant vante-lui ton heureux stratagème ;
Dis-lui qu'en sa faveur on me trompe moi-même,
Qu'il la voit sans mon ordre. On ouvre ; la voici.
Va retrouver ton maître, et l'amener ici.

SCÈNE III. — NÉRON, JUNIE.

NÉRON.

Vous vous troublez, madame, et changez de visage :
Lisez-vous dans mes yeux quelque triste présage ?

JUNIE.

Seigneur, je ne vous puis déguiser mon erreur ;
J'allais voir Octavie, et non pas l'empereur.

NÉRON.

Je le sais bien, madame, et n'ai pu sans envie
Apprendre vos bontés pour l'heureuse Octavie.

JUNIE.

Vous, seigneur ?

NÉRON.

Pensez-vous, madame, qu'en ces lieux
Seule pour vous connaître Octavie ait des yeux ?

JUNIE.

Et quel autre, seigneur, voulez-vous que j'implore ?
A qui demanderai-je un crime que j'ignore ?
Vous qui le punissez, vous ne l'ignorez pas :
De grâce, apprenez-moi, seigneur, mes attentats.

NÉRON.

Quoi, madame ! est-ce donc une légère offense

De m'avoir si longtemps caché votre présence?
Ces trésors dont le ciel voulut vous embellir,
Les avez-vous reçus pour les ensevelir?
L'heureux Britannicus verra-t-il sans alarmes
Croître loin de nos yeux, son amour et vos charmes?
Pourquoi, de cette gloire exclu jusqu'à ce jour,
M'avez-vous, sans pitié, relégué dans ma cour?
On dit plus; vous souffrez, sans en être offensée,
Qu'il vous ose, madame, expliquer sa pensée :
Car je ne croirai point que sans me consulter
La sévère Junie ait voulu le flatter,
Ni qu'elle ait consenti d'aimer et d'être aimée,
Sans que j'en sois instruit que par la renommée.

JUNIE.

Je ne vous nierai point, seigneur, que ses soupirs
M'ont daigné quelquefois expliquer ses désirs :
Il n'a point détourné ses regards d'une fille
Seul reste du débris d'une antique famille :
Peut-être il se souvient qu'en des temps plus heureux
Son père me nomma pour l'objet de ses vœux.
Il m'aime, il obéit à l'empereur son père,
Et j'ose dire encore, à vous, à votre mère ;
Vos désirs sont toujours si conformes aux siens...

NÉRON.

Ma mère a ses desseins, madame; et j'ai les miens.
Ne parlons plus ici de Claude et d'Agrippine ;
Ce n'est point par leur choix que je me détermine.
C'est à moi seul, madame, à répondre de vous;
Et je veux de ma main vous choisir un époux.

JUNIE.

Ah, seigneur! songez-vous que toute autre alliance
Fera honte aux Césars, auteurs de ma naissance?

NÉRON.

Non, madame, l'époux dont je vous entretiens
Peut sans honte assembler vos aïeux et les siens;
Vous pouvez, sans rougir, consentir à sa flamme.

JUNIE.

Et quel est donc, seigneur, cet époux?

NÉRON.

Moi, madame.

JUNIE.

Vous!

NÉRON.
Je vous nommerais, madame, un autre nom,
Si j'en savais quelque autre au-dessus de Néron.
Oui, pour vous faire un choix où vous puissiez souscrire,
J'ai parcouru des yeux la cour, Rome, et l'empire.
Plus j'ai cherché, madame, et plus je cherche encor
En quelles mains je dois confier ce trésor,
Plus je vois que César, digne seul de vous plaire,
En doit être lui seul l'heureux dépositaire,
Et ne peut dignement vous confier qu'aux mains
A qui Rome a commis l'empire des humains.
Vous-même, consultez vos premières années :
Claudius à son fils les avait destinées ;
Mais c'était en un temps où de l'empire entier
Il croyait quelque jour le nommer l'héritier.
Les dieux ont prononcé. Loin de leur contredire,
C'est à vous de passer du côté de l'empire.
En vain de ce présent ils m'auraient honoré,
Si votre cœur devait en être séparé,
Si tant de soins ne sont adoucis par vos charmes ;
Si, tandis que je donne aux veilles, aux alarmes,
Des jours toujours à plaindre et toujours enviés,
Je ne vais quelquefois respirer à vos pieds.
Qu'Octavie à vos yeux ne fasse point d'ombrage :
Rome, aussi bien que moi, vous donne son suffrage,
Répudie Octavie, et me fait dénouer
Un hymen que le ciel ne veut point avouer.
Songez-y donc, madame, et pesez en vous-même
Ce choix digne des soins d'un prince qui vous aime,
Digne de vos beaux yeux trop longtemps captivés,
Digne de l'univers, à qui vous vous devez.

JUNIE.
Seigneur, avec raison je demeure étonnée.
Je me vois, dans le cours d'une même journée,
Comme une criminelle amenée en ces lieux ;
Et lorsqu'avec frayeur je parais à vos yeux,
Que sur mon innocence à peine je me fie,
Vous m'offrez tout d'un coup la place d'Octavie.
J'ose dire pourtant que je n'ai mérité
Ni cet excès d'honneur, ni cette indignité.
Et pouvez-vous, seigneur, souhaiter qu'une fille

Qui vit presque en naissant éteindre sa famille,
Qui, dans l'obscurité nourrissant sa douleur,
S'est fait une vertu conforme à son malheur,
Passe subitement de cette nuit profonde
Dans un rang qui l'expose aux yeux de tout le monde,
Dont je n'ai pu de loin soutenir la clarté,
Et dont une autre enfin remplit la majesté ?

NÉRON.

Je vous ai déjà dit que je la répudie :
Ayez moins de frayeur, ou moins de modestie.
N'accusez point ici mon choix d'aveuglement :
Je vous réponds de vous ; consentez seulement.
Du sang dont vous sortez rappelez la mémoire ;
Et ne préférez point, à la solide gloire
Des honneurs dont César prétend vous revêtir,
La gloire d'un refus sujet au repentir.

JUNIE.

Le ciel connaît, seigneur, le fond de ma pensée.
Je ne me flatte point d'une gloire insensée :
Je sais de vos présents mesurer la grandeur ;
Mais plus ce rang sur moi répandrait de splendeur,
Plus il me ferait honte, et mettrait en lumière
Le crime d'en avoir dépouillé l'héritière.

NÉRON.

C'est de ses intérêts prendre beaucoup de soin,
Madame, et l'amitié ne peut aller plus loin.
Mais ne nous flattons point, et laissons le mystère :
La sœur vous touche ici beaucoup moins que le frère ;
Et pour Britannicus...

JUNIE.

Il a su me toucher,
Seigneur ; et je n'ai point prétendu m'en cacher.
Cette sincérité sans doute est peu discrète ;
Mais toujours de mon cœur ma bouche est l'interprète.
Absente de la cour, je n'ai pas dû penser,
Seigneur, qu'en l'art de feindre il fallût m'exercer.
J'aime Britannicus. Je lui fus destinée
Quand l'empire devait suivre son hyménée :
Mais ces mêmes malheurs qui l'en ont écarté,
Ses honneurs abolis, son palais déserté,
La fuite d'une cour que sa chute a bannie,

Sont autant de liens qui retiennent Junie.
Tout ce que vous voyez conspire à vos désirs ;
Vos jours toujours sereins coulent dans les plaisirs ;
L'empire en est pour vous l'inépuisable source :
Ou, si quelque chagrin en interrompt la course,
Tout l'univers, soigneux de les entretenir,
S'empresse à l'effacer de votre souvenir.
Britannicus est seul : quelque ennui qui le presse,
Il ne voit dans son sort que moi qui s'intéresse,
Et n'a pour tous plaisirs, seigneur, que quelques pleurs
Qui lui font quelquefois oublier ses malheurs.

NÉRON.

Et ce sont ces plaisirs et ces pleurs que j'envie,
Que tout autre que lui me paierait de sa vie.
Mais je garde à ce prince un traitement plus doux :
Madame, il va bientôt paraître devant vous.

JUNIE.

Ah, seigneur ! vos vertus m'ont toujours rassurée.

NÉRON.

Je pouvais de ces lieux lui défendre l'entrée ;
Mais, madame, je veux prévenir le danger
Où son ressentiment le pourrait engager,
Je ne veux point le perdre : il vaut mieux que lui-même
Entende son arrêt de la bouche qu'il aime.
Si ses jours vous sont chers, éloignez-le de vous,
Sans qu'il ait aucun lieu de me croire jaloux.
De son bannissement prenez sur vous l'offense ;
Et, soit par vos discours, soit par votre silence,
Du moins par vos froideurs, faites-lui concevoir
Qu'il doit porter ailleurs ses vœux et son espoir.

JUNIE.

Moi ! que je lui prononce un arrêt si sévère !
Ma bouche mille fois lui jura le contraire.
Quand même jusque-là je pourrais me trahir,
Mes yeux lui défendront, seigneur, de m'obéir.

NÉRON.

Caché près de ces lieux, je vous verrai, madame.
Renfermez votre amour dans le fond de votre âme :
Vous n'aurez point pour moi de langages secrets ;
J'entendrai des regards que vous croirez muets ;
Et sa perte sera l'infaillible salaire

D'un geste ou d'un soupir échappé pour lui plaire.

JUNIE.

Hélas! si j'ose encor former quelques souhaits,
Seigneur, permettez-moi de ne le voir jamais.

SCÈNE IV. — NÉRON, JUNIE, NARCISSE.

NARCISSE.

Britannicus, seigneur, demande la princesse;
Il approche.

NÉRON.

Qu'il vienne.

JUNIE.

Ah, seigneur!

NÉRON.

Je vous laisse.
Sa fortune dépend de vous plus que de moi:
Madame, en le voyant, songez que je vous voi.

SCÈNE V. — JUNIE, NARCISSE.

JUNIE.

Ah! cher Narcisse, cours au-devant de ton maître!
Dis-lui... Je suis perdue! et je le vois paraître.

SCÈNE VI. — BRITANNICUS, JUNIE, NARCISSE.

BRITANNICUS.

Madame, quel bonheur me rapproche de vous?
Quoi! je puis donc jouir d'un entretien si doux?
Mais parmi ce plaisir quel chagrin me dévore?
Hélas! puis-je espérer de vous revoir encore?
Faut-il que je dérobe, avec mille détours,
Un bonheur que vos yeux m'accordaient tous les jours?
Quelle nuit! quel réveil! Vos pleurs, votre présence
N'ont point de ces cruels désarmé l'insolence?
Que faisait votre amant? Quel démon envieux
M'a refusé l'honneur de mourir à vos yeux?
Hélas! dans la frayeur dont vous étiez atteinte,
M'avez-vous en secret adressé quelque plainte?
Ma princesse, avez-vous daigné me souhaiter?

Songiez-vous aux douleurs que vous m'alliez coûter?...
Vous ne me dites rien! quel accueil! quelle glace!
Est-ce ainsi que vos yeux consolent ma disgrâce?
Parlez: nous sommes seuls. Notre ennemi, trompé,
Tandis que je vous parle, est ailleurs occupé:
Ménageons les moments de cette heureuse absence.
JUNIE.
Vous êtes en des lieux tout pleins de sa puissance:
Ces murs mêmes, seigneur, peuvent avoir des yeux,
Et jamais l'empereur n'est absent de ces lieux.
BRITANNICUS.
Et depuis quand, madame, êtes-vous si craintive?
Quoi! déjà votre amour souffre qu'on le captive?
Qu'est devenu ce cœur qui me jurait toujours
De faire à Néron même envier nos amours?
Mais bannissez, madame, une inutile crainte:
La foi dans tous les cœurs n'est pas encore éteinte;
Chacun semble des yeux approuver mon courroux;
La mère de Néron se déclare pour nous.
Rome, de sa conduite elle-même offensée...
JUNIE.
Ah, seigneur! vous parlez contre votre pensée.
Vous-même, vous m'avez avoué mille fois
Que Rome le louait d'une commune voix:
Toujours à sa vertu vous rendiez quelque hommage.
Sans doute la douleur vous dicte ce langage.
BRITANNICUS.
Ce discours me surprend, il le faut avouer:
Je ne vous cherchais pas pour l'entendre louer.
Quoi! pour vous confier la douleur qui m'accable,
A peine je dérobe un moment favorable,
Et ce moment si cher, madame, est consumé
A louer l'ennemi dont je suis opprimé!
Qui vous rend à vous-même, en un jour, si contraire?
Quoi! même vos regards ont appris à se taire?
Que vois-je? vous craignez de rencontrer mes yeux!
Néron vous plairait-il? vous serais-je odieux?
Ah! si je le croyais!... Au nom des dieux, madame,
Éclaircissez le trouble où vous jetez mon âme.
Parlez. Ne suis-je plus dans votre souvenir?
JUNIE.
Retirez-vous, seigneur; l'empereur va venir.

BRITANNICUS.
Après ce coup, Narcisse, à quoi dois-je m'attendre ?

SCÈNE VII. — NÉRON, JUNIE, NARCISSE.

NÉRON.
Madame...

JUNIE.
Non, seigneur, je ne puis rien entendre.
Vous êtes obéi. Laissez couler du moins
Des larmes dont ses yeux ne seront pas témoins.

SCÈNE VIII. — NÉRON, NARCISSE.

NÉRON.
Eh bien ! de leur amour tu vois la violence,
Narcisse ; elle a paru jusque dans son silence.
Elle aime mon rival, je ne puis l'ignorer ;
Mais je mettrai ma joie à le désespérer.
Je me fais de sa peine une image charmante :
Et je l'ai vu douter du cœur de son amante.
Je la suis. Mon rival t'attend pour éclater :
Par de nouveaux soupçons, va, cours le tourmenter ;
Et, tandis qu'à mes yeux on le pleure, on l'adore,
Fais-lui payer bien cher un bonheur qu'il ignore.

NARCISSE, seul.
La fortune t'appelle une seconde fois,
Narcisse ; voudrais-tu résister à sa voix ?
Suivont jusques au bout ses ordres favorables,
Et, pour nous rendre heureux, perdons les misérables.

ACTE TROISIÈME.

SCÈNE PREMIÈRE. — NÉRON, BURRHUS.

BURRHUS.
Pallas obéira, seigneur.

NÉRON.
Et de quel œil

ACTE TROISIÈME.

Ma mère a-t-elle vu confondre son orgueil?
BURRHUS.
Ne doutez point, seigneur, que ce coup ne la frappe,
Qu'en reproches bientôt sa douleur ne s'échappe.
Ses transports dès longtemps commencent d'éclater :
A d'inutiles cris puissent-ils s'arrêter !
NÉRON.
Quoi ! de quelque dessein la croyez-vous capable ?
BURRHUS.
Agrippine, seigneur, est toujours redoutable.
Rome et tous vos soldats révèrent ses aïeux ;
Germanicus son père est présent à leurs yeux.
Elle sait son pouvoir ; vous savez son courage ;
Et ce qui me la fait redouter davantage,
C'est que vous appuyez vous-même son courroux,
Et que vous lui donnez des armes contre vous.
NÉRON.
Moi, Burrhus ?
BURRHUS.
     Cet amour, seigneur, qui vous possède...
NÉRON.
Je vous entends, Burrhus. Le mal est sans remède :
Mon cœur s'en est plus dit que vous ne m'en direz ;
Il faut que j'aime enfin.
BURRHUS.
     Vous vous le figurez,
Seigneur ; et, satisfait de quelque résistance,
Vous redoutez un mal faible dans sa naissance.
Mais si dans son devoir votre cœur affermi
Voulait ne point s'entendre avec son ennemi ;
Si de vos premiers ans vous consultiez la gloire ;
Si vous daigniez, seigneur, rappeler la mémoire
Des vertus d'Octavie indignes de ce prix,
Et de son chaste amour vainqueur de vos mépris ;
Surtout si, de Junie évitant la présence,
Vous condamniez vos yeux à quelques jours d'absence ;
Croyez-moi, quelque amour qui semble vous charmer,
On n'aime point, seigneur, si l'on ne veut aimer.
NÉRON.
Je vous croirai, Burrhus, lorsque dans les alarmes
Il faudra soutenir la gloire de nos armes,

Ou lorsque, plus tranquille, assis dans le sénat,
Il faudra décider du destin de l'État :
Je m'en reposerai sur votre expérience.
Mais, croyez-moi, l'amour est une autre science,
Burrhus ; et je ferais quelque difficulté
D'abaisser jusque-là votre sévérité.
Adieu. Je souffre trop, éloigné de Junie.

SCÈNE II. — BURRHUS.

BURRHUS.

Enfin, Burrhus, Néron découvre son génie :
Cette férocité que tu croyais fléchir
De tes faibles liens est prête à s'affranchir.
En quels excès peut-être elle va se répandre !
O dieux ! en ce malheur quel conseil dois-je prendre ?
Sénèque, dont les soins me devraient soulager,
Occupé loin de Rome, ignore ce danger.
Mais quoi ! si, d'Agrippine excitant la tendresse,
Je pouvais... La voici : mon bonheur me l'adresse.

SCÈNE III. — AGRIPPINE, BURRHUS, ALBINE.

AGRIPPINE.

Eh bien ! je me trompais, Burrhus, dans mes soupçons ?
Et vous vous signalez par d'illustres leçons !
On exile Pallas, dont le crime peut-être
Est d'avoir à l'empire élevé votre maître.
Vous le savez trop bien ; jamais, sans ses avis,
Claude, qu'il gouvernait, n'eût adopté mon fils.
Que dis-je ? à son épouse on donne une rivale ;
On affranchit Néron de la foi conjugale :
Digne emploi d'un ministre ennemi des flatteurs,
Choisi pour mettre un frein à ses jeunes ardeurs,
De les flatter lui-même, et nourrir dans son âme
Le mépris de sa mère et l'oubli de sa femme !

BURRHUS.

Madame, jusqu'ici c'est trop tôt m'accuser.
L'empereur n'a rien fait qu'on ne puisse excuser.
N'imputez qu'à Pallas un exil nécessaire :
Son orgueil dès longtemps exigeait ce salaire ;

Et l'empereur ne fait qu'accomplir à regret
Ce que toute la cour demandait en secret.
Le reste est un malheur qui n'est point sans ressource :
Des larmes d'Octavie on peut tarir la source.
Mais calmez vos transports ; par un chemin plus doux
Vous lui pourrez plutôt ramener son époux :
Les menaces, les cris, le rendront plus farouche.

AGRIPPINE.

Ah ! l'on s'efforce en vain de me fermer la bouche :
Je vois que mon silence irrite vos dédains ;
Et c'est trop respecter l'ouvrage de mes mains.
Pallas n'emporte pas tout l'appui d'Agrippine ;
Le ciel m'en laisse assez pour venger ma ruine.
Le fils de Claudius commence à ressentir
Des crimes dont je n'ai que le seul repentir.
J'irai, n'en doutez point, le montrer à l'armée,
Plaindre aux yeux des soldats son enfance opprimée
Leur faire, à mon exemple, expier leur erreur.
On verra d'un côté le fils d'un empereur
Redemandant la foi jurée à sa famille,
Et de Germanicus on entendra la fille :
De l'autre, l'on verra le fils d'Énobarbus,
Appuyé de Sénèque et du tribun Burrhus,
Qui, tous deux de l'exil rappelés par moi-même,
Partagent à mes yeux l'autorité suprême.
De nos crimes communs je veux qu'on soit instruit,
On saura les chemins par où je l'ai conduit.
Pour rendre sa puissance et la vôtre odieuses,
J'avouerai les rumeurs les plus injurieuses ;
Je confesserai tout, exils, assassinats,
Poison même...

BURRHUS.

Madame, ils ne vous croiront pas :
Ils sauront récuser l'injuste stratagème
D'un témoin irrité qui s'accuse lui-même.
Pour moi, qui le premier secondai vos desseins,
Qui fis même jurer l'armée entre ses mains,
Je ne me repens point de ce zèle sincère.
Madame, c'est un fils qui succède à son père.
En adoptant Néron, Claudius par son choix
De son fils et du vôtre a confondu les droits.

Rome l'a pu choisir. Ainsi, sans être injuste,
Elle choisit Tibère adopté par Auguste ;
Et le jeune Agrippa, de son sang descendu,
Se vit exclu du rang vainement prétendu.
Sur tant de fondements sa puissance établie
Par vous-même aujourd'hui ne peut être affaiblie ;
Et, s'il m'écoute encor, madame, sa bonté
Vous en fera bientot perdre la volonté.
J'ai commencé, je vais poursuivre mon ouvrage.

SCÈNE IV. — AGRIPPINE, ALBINE.

ALBINE.

Dans quel emportement la douleur vos engage,
Madame ! L'empereur puisse-t-il l'ignorer !

AGRIPPINE.

Ah ! lui-même à mes yeux puisse-t-il se montrer !

ALBINE.

Madame, au nom des dieux, cachez votre colère.
Quoi ! pour les intérêts de la sœur ou du frère,
Faut-il sacrifier le repos de vos jours ?
Contiendrez-vous César jusque dans ses amours ?

AGRIPPINE.

Quoi ! tu ne vois donc pas jusqu'où l'on me ravale,
Albine ? C'est à moi qu'on donne une rivale.
Bientôt, si je ne romps ce funeste lien,
Ma place est occupée, et je ne suis plus rien.
Jusqu'ici d'un vain titre Octavie honorée,
Inutile à la cour, en était ignorée :
Les grâces, les honneurs par moi seule versés,
M'attiraient des mortels les vœux intéressés.
Une autre de César a surpris la tendresse ;
Elle aura le pouvoir d'épouse et de maîtresse ;
Le fruit de tant de soins, la pompe des Césars,
Tout deviendra le prix d'un seul de ses regards.
Que dis-je ? l'on m'évite, et déjà délaissée...
Ah ! je ne puis, Albine, en souffrir la pensée.
Quand je devrais du ciel hâter l'arrêt fatal,
Néron, l'ingrat Néron... Mais voici son rival.

SCÈNE V. — BRITANNICUS, AGRIPPINE, NARCISSE, ALBINE.

BRITANNICUS.

Nos ennemis communs ne sont pas invincibles,
Madame ; nos malheurs trouvent des cœurs sensibles :
Vos amis et les miens, jusqu'alors si secrets,
Tandis que nous perdions le temps en vains regrets,
Animés du courroux qu'allume l'injustice,
Viennent de confier leur douleur à Narcisse.
Néron n'est pas encor tranquille possesseur
De l'ingrate qu'il aime au mépris de ma sœur.
Si vous êtes toujours sensible à son injure,
On peut dans son devoir ramener le parjure.
La moitié du sénat s'intéresse pour nous ;
Sylla, Pison, Plautus...

AGRIPPINE.

Prince, que dites-vous ?
Sylla, Pison, Plautus, les chefs de la noblesse !

BRITANNICUS.

Madame, je vois bien que ce discours vous blesse,
Et que votre courroux, tremblant, irrésolu,
Craint déjà d'obtenir tout ce qu'il a voulu.
Non, vous avez trop bien établi ma disgrâce ;
D'aucun ami pour moi ne redoutez l'audace :
Il ne m'en reste plus ; et vos soins trop prudents
Les ont tous écartés ou séduits dès longtemps.

AGRIPPINE.

Seigneur, à vos soupçons donnez moins de créance ;
Notre salut dépend de notre intelligence.
J'ai promis, il suffit : malgré vos ennemis,
Je ne révoque rien de ce que j'ai promis.
Le coupable Néron fuit en vain ma colère ;
Tôt ou tard il faudra qu'il entende sa mère.
J'essaîrai tour à tour la force et la douceur ;
Ou moi-même, avec moi conduisant votre sœur,
J'irai semer partout ma crainte et ses alarmes,
Et ranger tous les cœurs du parti de ses larmes.
Adieu. J'assiégerai Néron de toutes parts.
Vous, si vous m'en croyez, évitez ses regards.

SCÈNE VI. — BRITANNICUS, NARCISSE.

BRITANNICUS.

Ne m'as-tu point flatté d'une fausse espérance ?
Puis-je sur ton récit fonder quelque assurance,
Narcisse ?

NARCISSE.

    Oui. Mais, seigneur, ce n'est pas en ces lieux
Qu'il faut développer ce mystère à vos yeux.
Sortons. Qu'attendez-vous ?

BRITANNICUS.

        Ce que j'attends, Narcisse ?
Hélas !

NARCISSE.

  Expliquez-vous.

BRITANNICUS.

      Si par ton artifice
Je pouvais revoir...

NARCISSE.

    Qui ?

BRITANNICUS.

         J'en rougis. Mais enfin
D'un cœur moins agité j'attendrais mon destin.

NARCISSE.

Après tous mes discours vous la croyez fidèle ?

BRITANNICUS.

Non, je la crois, Narcisse, ingrate, criminelle,
Digne de mon courroux : mais je sens, malgré moi,
Que je ne le crois pas autant que je le doi.
Dans ses égarements mon cœur opiniâtre
Lui prête des raisons, l'excuse, l'idolâtre.
Je voudrais vaincre enfin mon incrédulité ;
Je la voudrais haïr avec tranquillité.
Et qui croira qu'un cœur si grand en apparence,
D'une infidèle cour ennemi dès l'enfance,
Renonce à tant de gloire, et dès le premier jour
Trame une perfidie inouïe à la cour ?

NARCISSE.

Et qui sait si l'ingrate, en sa longue retraite,
N'a point de l'empereur médité la défaite ?
Trop sûre que ses yeux ne pouvaient se cacher,

Peut-être elle fuyait pour se faire chercher,
Pour exciter Néron par la gloire pénible
De vaincre une fierté jusqu'alors invincible.
BRITANNICUS.
Je ne la puis donc voir ?
NARCISSE.
Seigneur, en ce moment
Elle reçoit les vœux de son nouvel amant.
BRITANNICUS.
Eh bien ! Narcisse, allons. Mais que vois-je ? C'est elle
NARCISSE, à part.
Ah dieux ! A l'empereur portons cette nouvelle.

SCÈNE VII. — BRITANNICUS, JUNIE.

JUNIE.
Retirez-vous, seigneur, et fuyez un courroux
Que ma persévérance allume contre vous.
Néron est irrité, je me suis échappée,
Tandis qu'à l'arrêter sa mère est occupée.
Adieu ; réservez-vous, sans blesser mon amour,
Au plaisir de me voir justifier un jour.
Votre image sans cesse est présente à mon âme ;
Rien ne l'en peut bannir.
BRITANNICUS.
Je vous entends, Madame ;
Vous voulez que ma fuite assure vos désirs,
Que je laisse un champ libre à vos nouveaux soupirs.
Sans doute, en me voyant, une pudeur secrète
Ne vous laisse goûter qu'une joie inquiète.
Eh bien, il faut partir !
JUNIE.
Seigneur, sans m'imputer...
BRITANNICUS.
Ah ! vous deviez du moins plus longtemps disputer.
Je ne murmure point qu'une amitié commune
Se range du parti que flatte la fortune ;
Que l'éclat d'un empire ait pu vous éblouir ;
Qu'aux dépens de ma sœur vous en vouliez jouir :
Mais que, de ces grandeurs comme une autre occupée,
Vous m'en ayez paru si longtemps détrompée ;

Non, je l'avoue encor, mon cœur désespéré
Contre ce seul malheur n'était point préparé.
J'ai vu sur ma ruine élever l'injustice;
De mes persécuteurs j'ai vu le ciel complice :
Tant d'horreurs n'avaient point épuisé son courroux,
Madame : il me restait d'être oublié de vous.

JUNIE.

Dans un temps plus heureux, ma juste impatience
Vous ferait repentir de votre défiance;
Mais Néron vous menace : en ce pressant danger,
Seigneur, j'ai d'autres soins que de vous affliger.
Allez, rassurez-vous, et cessez de vous plaindre :
Néron nous écoutait, et m'ordonnait de feindre.

BRITANNICUS.

Quoi ! le cruel...

JUNIE.

Témoin de tout notre entretien,
D'un visage sévère examinait le mien,
Prêt à faire sur vous éclater la vengeance
D'un geste confident de notre intelligence.

BRITANNICUS.

Néron nous écoutait, madame ! Mais, hélas !
Vos yeux auraient pu feindre et ne m'abuser pas;
Ils pouvaient me nommer l'auteur de cet outrage.
L'amour est-il muet, ou n'a-t-il qu'un langage ?
De quel trouble un regard pouvait me préserver !
Il fallait...

JUNIE.

Il fallait me taire et vous sauver.
Combien de fois, hélas ! puisqu'il faut vous le dire,
Mon cœur de son désordre allait-il vous instruire !
De combien de soupirs interrompant le cours,
Ai-je évité vos yeux que je cherchais toujours !
Quel tourment de se taire en voyant ce qu'on aime,
De l'entendre gémir, de l'affliger soi-même,
Lorsque par un regard on peut le consoler !
Mais quels pleurs ce regard aurait-il fait couler !
Ah ! dans ce souvenir, inquiète, troublée,
Je ne me sentais pas assez dissimulée :
De mon front effrayé je craignais la pâleur;
Je trouvais mes regards trop pleins de ma douleur :

Sans cesse il me semblait que Néron en colère
Me venait reprocher trop de soin de vous plaire;
Je craignais mon amour vainement renfermé;
Enfin, j'aurai voulu n'avoir jamais aimé.
Hélas! pour son bonheur, seigneur, et pour le nôtre,
Il n'est que trop instruit de mon cœur et du vôtre!
Allez, encore un coup, cachez-vous à ses yeux:
Mon cœur plus à loisir vous éclaircira mieux.
De mille autres secrets j'aurais compte à vous rendre.
BRITANNICUS.
Ah! n'en voilà que trop : c'est trop me faire entendre
Madame, mon bonheur, mon crime, vos bontés.
Et savez-vous pour moi tout ce que vous quittez?
Se jetant aux pieds de Junie.
Quand pourrai-je à vos pieds expier ce reproche?
JUNIE.
Que faites-vous? Hélas! votre rival s'approche.

SCÈNE VIII. — NÉRON, BRITANNICUS, JUNIE.

NÉRON.
Prince, continuez des transports si charmants.
Je conçois vos bontés par ses remercîments,
Madame; à vos genoux je viens de le surprendre.
Mais il aurait aussi quelque grâce à me rendre;
Ce lieu le favorise, et je vous y retiens
Pour lui faciliter de si doux entretiens.
BRITANNICUS.
Je puis mettre à ses pieds ma douleur ou ma joie
Partout où sa bonté consent que je la voie;
Et l'aspect de ces lieux où vous la retenez
N'a rien dont mes regards doivent être étonnés.
NÉRON.
Et que vous montrent-ils qui ne vous avertisse
Qu'il faut qu'on me respecte et que l'on m'obéisse?
BRITANNICUS.
Ils ne nous ont pas vu l'un et l'autre élever,
Moi pour vous obéir, et vous pour me braver;
Et ne s'attendaient pas, lorsqu'ils nous virent naître,
Qu'un jour Domitius me dût parler en maître.
NÉRON.
Ainsi par le destin nos vœux sont traversés;

J'obéissais alors, et vous obéissez.
Si vous n'avez appris à vous laisser conduire,
Vous êtes jeune encore, et l'on peut vous instruire.
BRITANNICUS.
Et qui m'en instruira ?
NÉRON.
Tout l'empire à la fois,
Rome.
BRITANNICUS.
Rome met-elle au nombre de vos droits
Tout ce qu'a de cruel l'injustice et la force,
Les emprisonnements, le rapt et le divorce ?
NÉRON.
Rome ne porte point ses regards curieux
Jusque dans des secrets que je cache à ses yeux.
Imitez son respect.
BRITANNICUS.
On sait ce qu'elle en pense.
NÉRON.
Elle se tait du moins : imitez son silence.
BRITANNICUS.
Ainsi Néron commence à ne se plus forcer.
NÉRON.
Néron de vos discours commence à se lasser.
BRITANNICUS.
Chacun devait bénir le bonheur de son règne.
NÉRON.
Heureux ou malheureux, il suffit qu'on me craigne.
BRITANNICUS.
Je connais mal Junie, ou de tels sentiments
Ne mériteront pas ses applaudissements.
NÉRON.
Du moins, si je ne sais le secret de lui plaire,
Je sais l'art de punir un rival téméraire.
BRITANNICUS.
Pour moi, quelque péril qui me puisse accabler,
Sa seule inimitié peut me faire trembler.
NÉRON.
Souhaitez-la ; c'est tout ce que je vous puis dire.
BRITANNICUS.
Le bonheur de lui plaire est le seul où j'asprie.

ACTE TROISIÈME.

NÉRON.
Elle vous l'a promis, vous lui plaisez toujours.
BRITANNICUS.
Je ne sais pas du moins épier ses discours :
Je la laisse expliquer sur tout ce qui me touche,
Et ne me cache point pour lui fermer la bouche.
NÉRON.
Je vous entends. Eh bien, gardes !
JUNIE.
Que faites-vous ?
C'est votre frère. Hélas ! c'est un amant jaloux !
Seigneur, mille malheurs persécutent sa vie :
Ah ! son bonheur peut-il exciter votre envie ?
Souffrez que, de vos cœurs rapprochant les liens,
Je me cache à vos yeux, et me dérobe au siens.
Ma fuite arrêtera vos discordes fatales :
Seigneur, j'irai remplir le nombre des vestales.
Ne lui disputez plus mes vœux infortunés :
Souffrez que les dieux seuls en soient importunés.
NÉRON.
L'entreprise, madame, est étrange et soudaine.
Dans son appartement, gardes, qu'on la ramène !
Gardez Britannicus dans celui de sa sœur.
BRITANNICUS.
C'est ainsi que Néron sait disputer un cœur !
JUNIE.
Prince, sans l'irriter, cédons à cet orage.
NÉRON.
Gardes, obéissez sans tarder davantage.

SCÈNE IX. — NÉRON, BURRHUS.

BURRHUS.
Que vois-je ? ô ciel !
NÉRON, sans voir Burrhus.
Ainsi leurs feux sont redoublés :
Je reconnais la main qui les a rassemblés.
Agrippine ne s'est présentée à ma vue,
Ne s'est dans ses discours si longtemps étendue,
Que pour faire jouer ce ressort odieux.
Apercevant Burrhus.
Qu'on sache si ma mère est encore en ces lieux.

Burrhus, dans ce palais je veux qu'on la retienne,
Et qu'au lieu de sa garde on lui donne la mienne.
BURRHUS.
Quoi, seigneur! sans l'ouïr? une mère!
NÉRON.
Arrêtez!
J'ignore quel projet, Burrhus, vous méditez :
Mais, depuis quelques jours, tout ce que je désire
Trouve en vous un censeur prêt à me contredire.
Répondez-m'en, vous dis-je, ou, sur votre refus,
D'autres me répondront et d'elle et de Burrhus.

ACTE QUATRIÈME.

SCÈNE PREMIÈRE. — AGRIPPINE, BURRHUS.

BURRHUS.
Oui, madame, à loisir vous pourrez vous défendre :
César lui-même ici consent de vous entendre.
Si son ordre au palais vous a fait retenir,
C'est peut-être à dessein de vous entretenir.
Quoi qu'il en soit, si j'ose expliquer ma pensée,
Ne vous souvenez plus qu'il vous ait offensée ;
Préparez-vous plutôt à lui tendre les bras :
Défendez-vous, madame, et ne l'accusez pas.
Vous voyez, c'est lui seul que la cour envisage.
Quoiqu'il soit votre fils, et même votre ouvrage,
Il est votre empereur : vous êtes, comme nous,
Sujette à ce pouvoir qu'il a reçu de vous.
Selon qu'il vous menace ou bien qu'il vous caresse,
La cour autour de vous ou s'écarte ou s'empresse.
C'est son appui qu'on cherche en cherchant votre appui.
Mais voici l'empereur.
AGRIPPINE.
Qu'on me laisse avec lui.

SCÈNE II. — NÉRON, AGRIPPINE.

AGRIPPINE, s'asseyant.
Approchez-vous, Néron, et prenez votre place.

On veut sur vos soupçons que je vous satisfasse.
J'ignore de quel crime on a pu me noircir :
De tous ceux que j'ai faits je vais vous éclaircir.
 Vous régnez : vous savez combien votre naissance
Entre l'empire et vous avait mis de distance.
Les droits de mes aïeux, que Rome a consacrés,
Étaient même sans moi d'inutiles degrés.
Quand de Britannicus la mère condamnée
Laissa de Claudius disputer l'hyménée,
Parmi tant de beautés qui briguèrent son choix,
Qui de ses affranchis mendièrent les voix,
Je souhaitai son lit, dans la seule pensée
De vous laisser au trône où je serais placée.
Je fléchis mon orgueil ; j'allai prier Pallas.
Son maître, chaque jour caressé dans mes bras,
Prit insensiblement dans les yeux de sa nièce
L'amour où je voulais amener sa tendresse.
Mais ce lien du sang qui nous joignait tous deux
Écartait Claudius d'un lit incestueux :
Il n'osait épouser la fille de son frère.
Le sénat fut séduit : une loi moins sévère
Mit Claude dans mon lit et Rome à mes genoux.
C'était beaucoup pour moi : ce n'était rien pour vous.
 Je vous fis sur mes pas entrer dans sa famille ;
Je vous nommai son gendre, et vous donnai sa fille :
Silanus, qui l'aimait, s'en vit abandonné,
Et marqua de son sang ce jour infortuné.
Ce n'était rien encore. Eussiez-vous pu prétendre
Qu'un jour Claude à son fils dût préférer son gendre?
De ce même Pallas j'implorai le secours :
Claude vous adopta, vaincu par ses discours,
Vous appela Néron, et du pouvoir suprême
Voulut avant le temps vous faire part lui-même.
C'est alors que chacun, rappelant le passé,
Découvrit mon dessein déjà trop avancé ;
Que de Britannicus la disgrâce future
Des amis de son père excita le murmure.
Mes promesses aux uns éblouirent les yeux ;
L'exil me délivra des plus séditieux ;
Claude même, lassé de ma plainte éternelle,
Éloigna de son fils tous ceux de qui le zèle,

Engagé dès longtemps à suivre son destin,
Pouvait du trône encor lui rouvrir le chemin.
Je fis plus : je choisis moi-même dans ma suite
Ceux à qui je voulais qu'on livrât sa conduite.
J'eus soins de vous nommer, par un contraire choix
Des gouverneurs que Rome honorait de sa voix :
Je fus sourde à la brigue, et crus la renommée ;
J'appelai de l'exil, je tirai de l'armée,
Et ce même Sénèque, et ce même Burrhus,
Qui depuis... Rome alors estimait leurs vertus.
De Claude en même temps épuisant les richesses,
Ma main sous votre nom répandait ses largesses.
Les spectacles, les dons, invincibles appas,
Vous attiraient les cœurs du peuple et des soldats,
Qui d'ailleurs, réveillant leur tendresse première,
Favorisaient en vous Germanicus mon père.
  Cependant Claudius penchait vers son déclin.
Ses yeux, longtemps fermés, s'ouvrirent à la fin :
Il connut son erreur. Occupé de sa crainte,
Il laissa pour son fils échapper quelque plainte,
Et voulut, mais trop tard, assembler ses amis :
Ses gardes, son palais, son lit, m'étaient soumis.
Je lui laissai sans fruit consumer sa tendresse :
De ses derniers soupirs je me rendis maîtresse ;
Mes soins, en apparence épargnant ses douleurs,
De son fils, en mourant, lui cachèrent les pleurs.
Il mourut. Mille bruits en coururent à ma honte.
J'arrêtai de sa mort la nouvelle trop prompte ;
Et, tandis que Burrhus allait secrètement
De l'armée en vos mains exiger le serment,
Que vous marchiez au camp conduit sous mes auspices,
Dans Rome les autels fumaient de sacrifices :
Par mes ordres trompeurs tout le peuple excité,
Du prince déjà mort demandait la santé.
Enfin des légions l'entière obéissance,
Ayant de votre empire affermi la puissance,
On vit Claude ; et le peuple, étonné de son sort,
Apprit en même temps votre règne et sa mort.
  C'est le sincère aveu que je voulais vous faire :
Voilà tous mes forfaits. En voici le salaire :
  Du fruit de tant de soins à peine jouissant,

En avez-vous six mois paru reconnaissant,
Que, lassé d'un respect qui vous gênait peut-être,
Vous avez affecté de ne me plus connaître.
J'ai vu Burrhus, Sénèque, aigrissant vos soupçons
De l'infidélité vous tracer des leçons,
Ravis d'être vaincus dans leur propre science.
J'ai vu favorisés de votre confiance
Othon, Sénécion, jeunes voluptueux,
Et de tous vos plaisirs flatteurs respectueux.
Et lorsque, vos mépris excitant mes murmures,
Je vous ai demandé raison de tant d'injures
(Seul recours d'un ingrat qui se voit confondu),
Par de nouveaux affronts vous m'avez répondu.
Aujourd'hui je promets Junie à votre frère;
Ils se flattent tous deux du choix de votre mère :
Que faites-vous? Junie, enlevée à la cour,
Devient en une nuit l'objet de votre amour :
Je vois de votre cœur Octavie effacée,
Prête à sortir du lit où je l'avais placée;
Je vois Pallas banni, votre frère arrêté;
Vous attentez enfin jusqu'à ma liberté :
Burrhus ose sur moi porter ses mains hardies.
Et lorsque, convaincu de tant de perfidies,
Vous deviez ne me voir que pour les expier,
C'est vous qui m'ordonnez de me justifier.

NÉRON.

Je me souviens toujours que je vous dois l'empire;
Et, sans vous fatiguer du soin de le redire,
Votre bonté, madame, avec tranquillité
Pouvait se reposer sur ma fidélité.
Aussi bien ces soupçons, ces plaintes assidues,
Ont fait croire à tous ceux qui les ont entendues
Que jadis (j'ose ici vous le dire entre nous)
Vous n'aviez sous mon nom travaillé que pour vous.
« Tant d'honneurs, disaient-ils, et tant de déférences,
» Sont-ce de ses bienfaits de faibles récompenses?
» Quel crime a donc commis ce fils tant condamné?
» Est-ce pour obéir qu'elle l'a couronné?
» N'est-il de son pouvoir que le dépositaire? »
Non que, si jusque-là j'avais pu vous complaire,
Je n'eusse pris plaisir, madame, à vous céder

Ce pouvoir que vos cris semblaient redemander :
Mais Rome veut un maître, et non une maîtresse.
Vous entendiez les bruits qu'excitait ma faiblesse :
Le sénat chaque jour et le peuple, irrités
De s'ouïr par ma voix dicter vos volontés,
Publiaient qu'en mourant Claude avec sa puissance
M'avait encor laissé sa simple obéissance.
Vous avez vu cent fois nos soldats en courroux
Porter en murmurant leurs aigles devant vous,
Honteux de rabaisser par cet indigne usage
Les héros dont encore elles portent l'image.
Toute autre se serait rendue à leurs discours ;
Mais, si vous ne régnez, vous vous plaignez toujours.
Avec Britannicus contre moi réunie,
Vous le fortifiez du parti de Junie ;
Et la main de Pallas trame tous ces complots.
Et lorsque malgré moi j'assure mon repos,
On vous voit de colère et de haine animée :
Vous voulez présenter mon rival à l'armée ;
Déjà jusques au camp le bruit en a couru.

AGRIPPINE.

Moi ! le faire empereur ? Ingrat ! l'avez-vous cru ?
Quel serait mon dessein ? qu'aurais-je pu prétendre ?
Quels honneurs dans sa cour, quel rang pourrais-je attendr
Ah ! si sous votre empire on ne m'épargne pas,
Si mes accusateurs observent tous mes pas,
Si de leur empereur ils poursuivent la mère,
Que ferais-je au milieu d'une cour étrangère ?
Ils me reprocheraient, non des cris impuissants,
Des desseins étouffés aussitôt que naissants,
Mais des crimes pour vous commis à votre vue,
Et dont je ne serais que trop tôt convaincue.
Vous ne me trompez point, je vois tous vos détours :
Vous êtes un ingrat, vous le fûtes toujours ;
Dès vos plus jeunes ans mes soins et mes tendresses
N'ont arraché de vous que de feintes caresses.
Rien ne vous a pu vaincre ; et votre dureté
Aurait dû dans son cours arrêter ma bonté.
Que je suis malheureuse ! Et par quelle infortune
Faut-il que tous mes soins me rendent importune !
Je n'ai qu'un fils : ô ciel, qui m'entends aujourd'hui,

T'ai-je fait quelques vœux qui ne fussent pour lui ?
Remords, crainte, périls, rien ne m'a retenue.
J'ai vaincu ses mépris ; j'ai détourné ma vue
Des malheurs qui dès lors me furent annoncés ;
J'ai fait ce que j'ai pu : vous régnez, c'est assez.
Avec ma liberté, que vous m'avez ravie,
Si vous le souhaitez, prenez encor ma vie,
Pourvu que par ma mort tout le peuple irrité
Ne vous ravisse pas ce qui m'a tant coûté.
NÉRON.
Eh bien donc, prononcez. Que voulez-vous qu'on fasse ?
AGRIPPINE.
De mes accusateurs qu'on punisse l'audace ;
Que de Britannicus on calme le courroux ;
Que Junie à son choix puisse prendre un époux ;
Qu'ils soient libres tous deux ; et que Pallas demeure ;
Que vous me permettiez de vous voir à toute heure ;
Apercevant Burrhus au fond du théâtre.
Que ce même Burrhus, qui nous vient écouter,
A votre porte enfin n'ose plus m'arrêter.
NÉRON.
Oui, madame, je veux que ma reconnaissance
Désormais dans les cœurs brave votre puissance ;
Et je bénis déjà cette heureuse froideur,
Qui de notre amitié va rallumer l'ardeur.
Quoi que Pallas ait fait, il suffit, je l'oublie ;
Avec Britannicus je me réconcilie ;
Et, quant à cet amour qui nous a séparés,
Je vous fais notre arbitre, et vous nous jugerez.
Allez donc, et portez cette joie à mon frère.
Gardes, qu'on obéisse aux ordres de ma mère !

SCÈNE III. — NÉRON, BURRHUS.

BURRHUS.
Que cette paix, seigneur, et ces embrassements
Vont offrir à mes yeux de spectacles charmants !
Vous savez si jamais ma voix lui fut contraire,
Si de son amitié j'ai voulu vous distraire,
Et si j'ai mérité cet injuste courroux.
NÉRON.
Je ne vous flatte point, je me plaignais de vous,

Burrhus; je vous ai crus tous deux d'intelligence :
Mais son inimitié vous rend ma confiance.
Elle se hâte trop, Burrhus, de triompher :
J'embrasse mon rival, mais c'est pour l'étouffer.

BURRHUS.

Quoi, seigneur !

NÉRON.

C'en est trop ; il faut que sa ruine
Me délivre à jamais des fureurs d'Agrippine :
Tant qu'il respirera, je ne vis qu'à demi.
Elle m'a fatigué de ce nom ennemi ;
Et je ne prétends pas que sa coupable audace
Une seconde fois lui promette ma place.

BURRHUS.

Elle va donc bientôt pleurer Britannicus ?

NÉRON.

Avant la fin du jour je ne le craindrai plus.

BURRHUS.

Et qui de ce dessein vous inspire l'envie ?

NÉRON.

Ma gloire, mon amour, ma sûreté, ma vie.

BURRHUS.

Non, quoi que vous disiez, cet horrible dessein
Ne fut jamais, seigneur, conçu dans votre sein.

NÉRON.

Burrhus !

BURRHUS.

De votre bouche, ô ciel ! puis-je l'apprendre ?
Vous-même sans frémir avez-vous pu l'entendre ?
Songez-vous dans quel sang vous allez vous baigner ?
Néron dans tous les cœurs est-il las de régner ?
Que dira-t-on de vous ? Quelle est votre pensée ?

NÉRON.

Quoi ! toujours enchaîné de ma gloire passée,
J'aurai devant les yeux je ne sais quel amour
Que le hasard nous donne et nous ôte en un jour ?
Soumis à tous leurs vœux, à mes désirs contraire,
Suis-je leur empereur seulement pour leur plaire ?

BURRHUS.

Et ne suffit-il pas, seigneur, à vos souhaits
Que le bonheur public soit un de vos bienfaits ?

C'est à vous à choisir, vous êtes encor maître.
Vertueux jusqu'ici, vous pouvez toujours l'être :
Le chemin est tracé, rien ne vous retient plus ;
Vous n'avez qu'à marcher de vertus en vertus.
Mais si de vos flatteurs vous suivez la maxime,
Il vous faudra, seigneur, courir de crime en crime,
Soutenir vos rigueurs par d'autres cruautés,
Et laver dans le sang vos bras ensanglantés.
Britannicus mourant excitera le zèle
De ses amis, tout prêts à prendre sa querelle.
Ces vengeurs trouveront de nouveaux défenseurs,
Qui, même après leur mort, auront des successeurs :
Vous allumez un feu qui ne pourra s'éteindre.
Craint de tout l'univers, il vous faudra tout craindre,
Toujours punir, toujours trembler dans vos projets,
Et pour vos ennemis compter tous vos sujets.
 Ah ! de vos premiers ans l'heureuse expérience
Vous fait-elle, seigneur, haïr votre innocence ?
Songez-vous au bonheur qui les a signalés ?
Dans quel repos, ô ciel ! les avez-vous coulés !
Quel plaisir de penser et de dire en vous-même :
« Partout en ce moment on me bénit, on m'aime ;
» On ne voit point le peuple à mon nom s'alarmer ;
» Le ciel dans tous leurs pleurs ne m'entend point nommer ;
» Leur sombre inimitié ne fuit point mon visage ;
» Je vois voler partout les cœurs à mon passage ! »
Tels étaient vos plaisirs. Quel changement, ô dieux !
Le sang le plus abject vous était précieux :
Un jour, il m'en souvient, le sénat équitable
Vous pressait de souscrire à la mort d'un coupable :
Vous résistiez, seigneur, à leur sévérité ;
Votre cœur s'accusait de trop de cruauté ;
Et, plaignant les malheurs attachés à l'empire,
Je voudrais, disiez-vous, ne savoir pas écrire.
Non, ou vous me croirez, ou bien de ce malheur
Ma mort m'épargnera la vue et la douleur :
On ne me verra point survivre à votre gloire.
Si vous allez commettre une action si noire,

Se jetant aux pieds de Néron.

Me voilà prêt, seigneur ; avant que de partir,
Faites percer ce cœur qui n'y peut consentir :

Appelez les cruels qui vous l'ont inpirée ;
Qu'ils viennent essayer leur main mal assurée...
Mais je vois que mes pleurs touchent mon empereur ;
Je vois que sa vertu frémit de leur fureur.
Ne perdez point de temps, nommez-moi les perfides
Qui vous osent donner ces conseil parricides
Appelez votre frère, oubliez dans ses bras...

NÉRON.

Ah ! que demandez-vous ?

BURRHUS.

Non, il ne vous hait pas,
Seigneur ; on le trahit : je sais son innoncence ;
Je vous réponds pour lui de son obéissance.
J'y cours. Je vais presser un entretien si doux.

NÉRON.

Dans mon appartement qu'il m'attende avec vous.

SCÈNE IV. — NÉRON, NARCISSE.

NARCISSE.

Seigneur ; j'ai tout prévu pour une mort si juste ;
Le poison est tout prêt. La fameuse Locuste
A redoublé pour moi ses soins officieux :
Elle a fait expirer un esclave à mes yeux ;
Et le fer est moins prompt pour trancher une vie
Que le nouveau poison que sa main me confie.

NÉRON.

Narcisse, c'est assez : je reconnais ce soin,
Et ne souhaite pas que vous alliez plus loin.

NARCISSE.

Quoi ! pour Britannicus votre haine affaiblie
Me défend...

NÉRON.

Oui, Narcisse ; on nous réconcilie.

NARCISSE.

Je me garderai bien de vous en détourner,
Seigneur. Mais il s'est vu tantôt emprisonner :
Cette offense en son cœur sera longtemps nouvelle.
Il n'est point de secrets que le temps ne révèle :
Il saura que ma main lui devait présenter
Un poison que votre ordre avait fait apprêter.

ACTE QUATRIÈME.

Les dieux de ce dessein puissent-ils le distraire!
Mais peut-être il fera ce que vous n'osez faire.

NÉRON.

On répond de son cœur; et je vaincrai le mien.

NARCISSE.

Et l'hymen de Junie en est-il le lien?
Seigneur, lui faites-vous encor ce sacrifice?

NÉRON.

C'est prendre trop de soin. Quoi qu'il en soit, Narcisse,
Je ne le compte plus parmi mes ennemis.

NARCISSE.

Agrippine, seigneur, se l'était bien promis:
Elle a repris sur vous son souverain empire.

NÉRON.

Quoi donc? Qu'a-t-elle dit? Et que voulez-vous dire?

NARCISSE.

Elle s'en est vantée assez publiquement.

NÉRON.

De quoi?

NARCISSE.

Qu'elle n'avait qu'à vous voir un moment;
Qu'à tout ce grand éclat, à ce courroux funeste,
On verrait succéder un silence modeste;
Que vous-même à la paix souscririez le premier:
Heureux que sa bonté daignât tout oublier.

NÉRON.

Mais, Narcisse, dis-moi, que veux-tu que je fasse?
Je n'ai que trop de pente à punir son audace;
Et, si je m'en croyais, ce triomphe indiscret
Serait bientôt suivi d'un éternel regret.
Mais de tout l'univers quel sera le langage?
Sur les pas des tyrans veux-tu que je m'engage,
Et que Rome, effaçant tant de titres d'honneur,
Me laisse pour tout nom celui d'empoisonneur?
Ils mettront ma vengeance au rang des parricides.

NARCISSE.

Et prenez-vous, seigneur, leur caprices pour guides?
Avez-vous prétendu qu'ils se tairaient toujours?
Est-ce à vous de prêter l'oreille à leurs discours?
De vos propres désirs perdrez-vous la mémoire?
Et serez-vous le seul que vous n'oserez croire?

Mais, seigneur, les Romains ne vous sont pas connus;
Non, non : dans leurs discours ils sont plus retenus.
Tant de précaution affaiblit votre règne :
Ils croiront, en effet, mériter qu'on les craigne.
Au joug, depuis longtemps, ils se sont façonnés;
Ils adorent la main qui les tient enchaînés.
Vous les verrez toujours ardents à vous complaire :
Leur prompte servitude a fatigué Tibère.
Moi-même, revêtu d'un pouvoir emprunté
Que je reçus de Claude avec la liberté,
J'ai cent fois, dans le cours de ma gloire passée,
Tenté leur patience, et ne l'ai point lassée.
D'un empoisonnement vous craignez la noirceur?
Faites périr le frère, abandonnez la sœur :
Rome sur les autels, prodiguant les victimes,
Fussent-ils innocents, leur trouvera des crimes;
Vous verrez mettre au rang des jours infortunés
Ceux où jadis la sœur et le frère sont nés.

NÉRON.

Narcisse, encore un coup, je ne puis l'entreprendre.
J'ai promis à Burrhus, il a fallu me rendre.
Je ne veux point encore, en lui manquant de foi,
Donner à sa vertu des armes contre moi.
J'oppose à ses raisons un courage inutile;
Je ne l'écoute point avec un cœur tranquille.

NARCISSE.

Burrhus ne pense pas, seigneur, tout ce qu'il dit.
Son adroite vertu ménage son crédit.
Ou plutôt ils n'ont tous qu'une même pensée;
Ils verraient par ce coup leur puissance abaissée :
Vous seriez libre alors, seigneur; et, devant vous,
Ces maîtres orgueilleux fléchiraient comme nous.
Quoi donc! ignorez-vous tout ce qu'ils osent dire?
« Néron, s'ils en sont crus, n'est point né pour l'empire.
» Il ne dit, il ne fait que ce qu'on lui prescrit :
» Burrhus conduit son cœur, Sénèque son esprit.
» Pour toute ambition, pour vertu singulière,
» Il excelle à conduire un char dans la carrière;
» A disputer des prix indignes de ses mains;
» A se donner lui-même en spectacle aux Romains;
» A venir prodiguer sa voix sur un théâtre;

» A réciter des chants qu'il veut qu'on idolâtre :
» Tandis que les soldats, de moments en moments,
» Vont arracher pour lui les applaudissements. »
Ah! ne voulez-vous pas les forcer à se taire?

NÉRON.

Viens, Narcisse : allons voir ce que nous devons faire.

ACTE CINQUIÈME.

SCÈNE PREMIÈRE. — BRITANNICUS, JUNIE.

BRITANNICUS.

Oui, madame, Néron (qui l'aurait pu penser?)
Dans son appartement m'attend pour m'embrasser.
Il y fait de sa cour inviter la jeunesse ;
Il veut que d'un festin la pompe et l'allégresse
Confirment à leurs yeux la foi de nos serments,
Et réchauffent l'ardeur de nos embrassements.
Il éteint cet amour source de tant de haine ;
Il vous fait de mon sort arbitre et souveraine.
Pour moi, quoique banni du rang de mes aïeux,
Quoique de leur dépouille il se pare à mes yeux ;
Depuis qu'à mon amour cessant d'être contraire
Il semble me céder la gloire de vous plaire,
Mon cœur, je l'avouerai, lui pardonne en secret,
Et lui laisse le reste avec moins de regret.
Quoi! je ne serai plus séparé de vos charmes!
Quoi! même en ce moment je puis voir sans alarmes
Ces yeux que n'ont émus ni soupirs ni terreur,
Qui m'ont sacrifié l'empire et l'empereur!
Ah, madame!... Mais quoi! quelle nouvelle crainte
Tient parmi mes transports votre joie en contrainte :
D'où vient qu'en m'écoutant, vos yeux, vos tristes yeux,
Avec de longs regards se tournent vers les cieux ?
Qu'est-ce que vous craigniez?

JUNIE.

Je l'ignore moi-même ;
Mais je crains.

BRITANNICUS.
Vous m'aimez?
JUNIE.
Hélas! si je vous aime!
BRITANNICUS.
Néron ne trouble plus notre félicité.
JUNIE.
Mais me répondez-vous de sa sincérité?
BRITANNICUS.
Quoi! vous le soupçonnez d'une haine couverte?
JUNIE.
Néron m'aimait tantôt, il jurait votre perte;
Il me fuit, il vous cherche : un si grand changement
Peut-il être, seigneur, l'ouvrage d'un moment?
BRITANNICUS.
Cet ouvrage, madame, est un coup d'Agrippine :
Elle a cru que ma perte entraînait sa ruine.
Grâce aux préventions de son esprit jaloux,
Nos plus grands ennemis ont combattu pour nous.
Je m'en fie aux transports qu'elle m'a fait paraître;
Je m'en fie à Burrhus ; j'en crois même son maître ;
Je crois qu'à mon exemple, impuissant à trahir,
Il hait à cœur ouvert, ou cesse de haïr.
JUNIE.
Seigneur, ne jugez pas de son cœur par le vôtre ;
Sur des pas différents vous marchez l'un et l'autre.
Je ne connais Néron et la cour que d'un jour ;
Mais, si j'ose le dire, hélas! dans cette cour
Combien tout ce qu'on dit est loin de ce qu'on pense!
Que la bouche et le cœur sont peu d'intelligence!
Avec combien de joie on y trahit sa foi!
Quel séjour étranger et pour vous et pour moi!
BRITANNICUS.
Mais, que son amitié soit véritable ou feinte,
Si vous craignez Néron, lui-même est-il sans crainte?
Non, non, il n'ira point, par un lâche attentat,
Soulever contre lui le peuple et le sénat.
Que dis-je? il reconaît sa dernière injustice;
Ses remords ont paru, même aux yeux de Narcisse.
Ah! s'il vous avait dit, ma princesse, à quel point...
JUNIE.
Mais Narcisse, seigneur, ne vous trahit-il point?

BRITANNICUS.
Et pourquoi voulez-vous que mon cœur s'en défie?
JUNIE.
Et que sais-je? il y va, seigneur, de votre vie :
Tout m'est suspect : je crains que tout ne soit séduit;
Je crains Néron ; je crains le malheur qui me suit.
D'un noir pressentiment malgré moi prévenue,
Je vous laisse à regret éloigner de ma vue.
Hélas! si cette paix dont vous vous repaissez
Couvrait contre vos jours quelques piéges dressés;
Si Néron, irrité de notre intelligence,
Avait choisi la nuit pour cacher sa vengeance ;
S'il préparait ses coups tandis que je vous vois;
Et si je vous parlais pour la dernière fois!
Ah, prince!
BRITANNICUS.
Vous pleurez! Ah, ma chère princesse!
Et pour moi jusque-là votre cœur s'intéresse!
Quoi! madame, en un jour où, plein de sa grandeur
Néron croit éblouir vos yeux de sa splendeur,
Dans des lieux où chacun me fuit et le révère,
Aux pompes de sa cour préférer ma misère!
Quoi! dans ce même jour et dans ces mêmes lieux
Refuser un empire, et pleurer à mes yeux!
Mais, madame, arrêtez ces précieuses larmes;
Mon retour va bientôt dissiper vos alarmes.
Je me rendrais suspect par un plus long séjour :
Adieu. Je vais, le cœur tout plein de mon amour,
Au milieu des transports d'une aveugle jeunesse,
Ne voir, n'entretenir que ma belle princesse.
Adieu.
JUNIE.
Prince...
BRITANNICUS.
On m'attend, madame, il faut partir.
JUNIE.
Mais du moins attendez qu'on vous vienne avertir.

SCÈNE II. — AGRIPPINE, BRITANNICUS, JUNIE.

AGRIPPINE.
Prince, que tardez-vous? Partez en diligence.

Néron impatient se plaint de votre absence.
La joie et le plaisir de tous les conviés
Attend, pour éclater, que vous vous embrassiez :
Ne faites point languir une si juste envie ;
Allez, et nous, madame, allons chez Octavie.

BRITANNICUS.
Allez, belle Junie, et, d'un esprit content,
Hâtez-vous d'embrasser ma sœur qui vous attend.
Dès que je le pourrai, je reviens sur vos traces,
Madame, et de vos soins j'irai vous rendre grâces.

SCÈNE III. — AGRIPPINE, JUNIE.

AGRIPPINE.
Madame, ou je me trompe, ou durant vos adieux
Quelques pleurs répandus ont obscurci vos yeux.
Puis-je savoir quel trouble a formé ce nuage ?
Doutez-vous d'une paix dont je fais mon ouvrage ?

JUNIE.
Après tous les ennuis que ce jour m'a coûtés,
Ai-je pu rassurer mes esprits agités ?
Hélas ! à peine encor je conçois ce miracle.
Quand même à vos bontés je craindrais quelque obstacle,
Le changement, madame, est commun à la cour,
Et toujours quelque crainte accompagne l'amour.

AGRIPPINE.
Il suffit ; j'ai parlé ; tout a changé de face :
Mes soins à vos soupçons ne laissent point de place.
Je réponds d'une paix jurée entre mes mains ;
Néron m'en a donné des gages trop certains.
Ah ! si vous aviez vu par combien de caresses
Il m'a renouvelé la foi de ses promesses !
Par quels embrassements il vient de m'arrêter !
Ses bras dans nos adieux ne pouvaient me quitter.
Sa facile bonté, sur son front répandue,
Jusqu'aux moindres secrets est d'abord descendue.
Il s'épanchait en fils qui vient en liberté
Dans le sein de sa mère oublier sa fierté.
Mais bientôt reprenant le visage sévère,
Tel que d'un empereur qui consulte sa mère,
Sa confidence auguste a mis entre mes mains

Des secrets d'où dépend le destin des humains.
Non, il le faut ici confesser a sa gloire,
Son cœur n'enferme point une malice noire;
Et nos seuls ennemis, altérant sa bonté,
Abusaient contre nous de sa facilité.
Mais enfin à son tour leur puissance décline;
Rome encore une fois va connaître Agrippine:
Déjà de ma faveur on adore le bruit.
Cependant en ces lieux n'attendons pas la nuit:
Passons chez Octavie, et donnons-lui le reste
D'un jour autant heureux que je l'ai cru funeste.
Mais qu'est-ce que j'entends? quel tumulte confus?
Que peut-on faire?

JUNIE.
O ciel, sauvez Britannicus!

SCÈNE IV. — AGRIPPINE, JUNIE, BURRHUS.

AGRIPPINE.
Burrhus, où courez-vous? arrêtez. Que veut dire...
BURRHUS.
Madame, c'en est fait, Britannicus expire.
JUNIE.
Ah, mon prince!
AGRIPPINE.
Il expire?
BURRHUS.
Ou plutôt il est mort,
Madame.
JUNIE.
Pardonnez, madame, à ce transport,
Je vais le secourir, si je puis, ou le suivre.

SCÈNE V. — AGRIPPINE, BURRHUS.

AGRIPPINE.
Quel attentat, Burrhus!
BURRHUS.
Je n'y pourrai survivre,
Madame; il faut quitter la cour et l'empereur.
AGRIPPINE.
Quoi! du sang de son frère il n'a point eu d'horreur!

BURRHUS.
Ce dessein s'est conduit avec plus de mystère.
A peine l'empereur a vu venir son frère,
Il se lève, il l'embrasse, on se tait ; et soudain
César prend le premier une coupe à la main :
« Pour achever ce jour sous de meilleurs auspices,
» Ma main de cette coupe épanche les prémices,
» Dit-il : dieux, que j'appelle à cette effusion,
» Venez favoriser notre réunion. »
Par les mêmes serments Britannicus se lie.
La coupe dans ses mains par Narcisse est remplie :
Mais ses lèvres à peine en ont touché les bords,
Le fer ne produit point de si puissants efforts,
Madame ; la lumière à ses yeux est ravie,
Il tombe sur son lit sans chaleur et sans vie.
Jugez combien ce coup frappe tous les esprits :
La moitié s'épouvante, et sort avec des cris ;
Mais ceux qui de la cour ont un plus long usage
Sur les yeux de César composent leur visage.
Cependant sur son lit il demeure penché,
D'aucun étonnement il ne paraît touché :
« Ce mal dont vous craignez, dit-il, la violence,
» A souvent sans péril attaqué son enfance. »
Narcisse veut en vain affecter quelque ennui,
Et sa perfide joie éclate malgré lui.
Pour moi dût l'empereur punir ma hardiesse,
D'une odieuse cour j'ai traversé la presse ;
Et j'allais, accablé de cet attentat,
Pleurer Britannicus, César, et tout l'État.

AGRIPPINE.
Le voici. Vous verrez si c'est moi qui l'inspire.

SCÈNE VI. — AGRIPPINE, NÉRON, BURRHUS, NARCISSE.

NÉRON, voyant Agrippine.
Dieux !

AGRIPPINE.
Arrêtez, Néron ; j'ai deux mots à vous dire.
Britannicus est mort : je reconnais les coups ;
Je connais l'assassin.

NÉRON.
Et qui, madame?
AGRIPPINE.
Vous.
NÉRON.
Moi? voilà les soupçons dont vous êtes capable.
Il n'est point de malheur dont je ne sois coupable;
Et si l'on veut, madame, écouter vos discours,
Ma main de Claude même aura tranché les jours.
Son fils vous était cher, sa mort peut vous confondre :
Mais des coups du destin je ne puis pas répondre.
AGRIPPINE.
Non, non : Britannicus est mort empoisonné;
Narcisse a fait le coup : vous l'avez ordonné.
NÉRON.
Madame!... Mais qui peut vous tenir ce langage?
NARCISSE.
Eh seigneur! ce soupçon vous fait-il tant d'outrage?
Britannicus, madame, eut des desseins secrets
Qui vous auraient coûté de plus justes regrets :
Il aspirait plus loin qu'à l'hymen de Junie;
De vos propres bontés il vous aurait punie.
Il vous trompait vous-même, et son cœur offensé
Prétendait tôt ou tard rappeler le passé.
Soit donc que malgré vous le sort vous ait servie;
Soit qu'instruit des complots qui menaçaient sa vie,
Sur ma fidélité César s'en soit remis,
Laissez les pleurs, madame, à vos seuls ennemis;
Qu'ils mettent ce malheur au rang des plus sinistres :
Mais vous...
AGRIPPINE.
Poursuis, Néron; avec de tels ministres,
Par des faits glorieux tu te vas signaler;
Poursuis. Tu n'a pas fait ce pas pour reculer :
Ta main a commencé par le sang de ton frère;
Je prévois que tes coups viendront jusqu'à ta mère;
Dans le fond de ton cœur je sais que tu me hais;
Tu voudras t'affranchir du joug de mes bienfaits.
Mais je veux que ma mort te soit même inutile :
Ne crois pas qu'en mourant je te laisse tranquille;
Rome, ce ciel, ce jour que tu reçus de moi,

Partout, à tout moment, m'offriront devant toi.
Tes remords te suivront comme autant de furies :
Tu croiras les calmer par d'autres barbaries ;
Ta fureur, s'irritant soi-même dans son cours,
D'un sang toujours nouveau marquera tous tes jours.
Mais j'espère qu'enfin le ciel, las de tes crimes,
Ajoutera ta perte à tant d'autres victimes ;
Qu'après t'être couvert de leur sang et du mien,
Tu te verras forcé de répandre le tien ;
Et ton nom paraîtra, dans la race future,
Aux plus cruels tyrans une cruelle injure.
Voilà ce que mon cœur se présage de toi.
Adieu : tu peux sortir.

NÉRON.
Narcisse, suivez-moi.

SCÈNE VII. — AGRIPPINE, BURRHUS.

AGRIPPINE.
Ah, ciel ! de mes soupçons, quelle était l'injustice !
Je condamnais Burrhus pour écouter Narcisse !
Burrhus, avez-vous vu quels regards furieux
Néron en me quittant m'a laissés pour adieux ?
C'en est fait, le cruel n'a plus rien qui l'arrête ;
Le coup qu'on m'a prédit va tomber sur ma tête ;
Il vous accablera vous-même à votre tour.

BURRHUS.
Ah, madame ! pour moi, j'ai vécu trop d'un jour.
Plût au ciel que sa main, heureusement cruelle,
Eût fait sur moi l'essai de sa fureur nouvelle !
Qu'il ne m'eût pas donné, par ce triste attentat,
Un gage trop certain des malheurs de l'État !
Son crime seul n'est pas ce qui me désespère ;
Sa jalousie a pu l'armer contre son frère :
Mais, s'il vous faut, madame, expliquer ma douleur,
Néron l'a vu mourir sans changer de couleur.
Ses yeux indifférents ont déjà la constance
D'un tyran dans le crime endurci dès l'enfance.
Qu'il achève, madame, et qu'il fasse périr
Un ministre importun qui ne le peut souffrir.
Hélas ! loin de vouloir éviter sa colère,
La plus soudaine mort me sera la plus chère.

SCÈNE VIII. — AGRIPPINE, BURRHUS, ALBINE.

ALBINE.

Ah, madame ! ah, seigneur ! courez vers l'empereur ;
Venez sauver César de sa propre fureur ;
Il se voit pour jamais séparé de Junie.

AGRIPPINE.

Quoi ! Junie elle-même a terminé sa vie ?

ALBINE.

Pour accabler César d'un éternel ennui,
Madame, sans mourir elle est morte pour lui.
Vous savez de ces lieux comme elle s'est ravie ;
Elle a feint de passer chez la triste Octavie ;
Mais bientôt elle a pris des chemins écartés,
Où mes yeux ont suivi ses pas précipités.
Des portes du palais elle sort éperdue.
D'abord elle a d'Auguste aperçu la statue ;
Et mouillant de ses pleurs le marbre de ses pieds,
Que de ses bras pressants elle tenait liés ;
« Prince, par ces genoux, dit-elle, que j'embrasse,
» Protége 'en ce moment le reste de ta race :
» Rome, dans ton palais, vient de voir immoler
» Le seul de tes neveux qui te pût ressembler.
» On veut après sa mort que je lui sois parjure.
» Mais pour lui conserver une foi toujours pure,
» Prince, je me dévoue à ces dieux immortels
» Dont ta vertu t'a fait partager les autels. »
Le peuple cependant, que ce spectacle étonne,
Vole de toutes parts, se presse, l'environne,
S'attendrit à ses pleurs, et plaignant son ennui,
D'une commune voix la prend sous son appui.
Ils la mènent au temple, où depuis tant d'années
Au culte des autels nos vierges destinées
Gardent fidèlement le dépôt précieux
Du feu toujours ardent qui brûle pour nos dieux.
César les voit partir sans oser les distraire.
Narcisse, plus hardi, s'empresse pour lui plaire :
Il vole vers Junie, et, sans s'épouvanter,
D'une profane main commence à l'arrêter.
De mille coups mortels son audace est punie ;
Son infidèle sang rejaillit sur Junie.

César, de tant d'objets en même temps frappé,
Le laisse entre les mains qui l'ont enveloppé.
Il rentre. Chacun fuit son silence farouche :
Le seul nom de Junie échappe de sa bouche.
Il marche sans dessein : ses yeux mal assurés
N'osent lever au ciel leurs regards égarés :
Et l'on craint, si la nuit jointe à la solitude
Vient de son désespoir aigrir l'inquiétude,
Si vous l'abandonnez plus longtemps sans secours,
Que sa douleur bientôt n'attente sur ses jours.
Le temps presse : courez. Il ne faut qu'un caprice;
Il se perdrait, madame.

AGRIPPINE.

Il se ferait justice.
Mais, Burrhus, allons voir jusqu'où vont ses transports:
Voyons quel changement produiront ses remords;
S'il voudra désormais suivre d'autres maximes.

BURRHUS.

Plût aux dieux que ce fût le dernier de ses crimes!

FIN DE BRITANNICUS.

BÉRÉNICE

TRAGÉDIE — 1670

PRÉFACE.

Titus, reginam Berenicem, cui etiam nuptias pollicitus ferebatur... statim ab urbe dimisit invitus invitam.

C'est-à-dire que Titus, qui aimait passionnément Bérénice et qui même, à ce qu'on croyait, lui avait promis de l'épouser, la renvoya de Rome malgré lui et malgré elle, dès les premiers jours de son empire.

Cette action est très-fameuse dans l'histoire ; et je l'ai trouvée très-propre pour le théâtre, par la violence des passions qu'elle y pouvait exciter. En effet, nous n'avons rien de plus touchant dans tous les poètes que la séparation d'Énée et de Didon, dans Virgile. Et qui doute que ce qui a pu fournir assez de matière pour tout un chant de poëme héroïque, où l'action dure plusieurs jours, ne puisse suffire pour le sujet d'une tragédie, dont la durée ne doit être que de quelques heures? Il est vrai que je n'ai point poussé Bérénice jusqu'à se tuer comme Didon, parce que Bérénice n'ayant pas ici avec Titus les derniers engagements que Didon avait avec Énée, elle n'est pas obligée, comme elle, de renoncer à la vie. A cela près, le dernier adieu qu'elle dit à Titus, et l'effort qu'elle se fait pour s'en séparer, n'est pas le moins tragique de la pièce, et j'ose dire qu'il renouvelle assez bien dans le cœur des spectateurs l'émotion que le reste y avait pu exciter. Ce n'est point une nécessité qu'il y ait du sang et des morts dans une tragédie ; il suffit que l'action en soit grande, que les acteurs en soient héroïques, que les passions y soient excitées, et que tout s'y ressente de cette tristesse majestueuse qui fait tout le plaisir de la tragédie.

Je crus que je pourrais rencontrer toutes ces parties dans mon sujet. Mais ce qui m'en plut davantage, c'est que je le trouvai extrêmement simple. Il y avait longtemps que je voulais essayer si je pourrais faire une tragédie avec cette simplicité d'action qui a été si fort du goût des anciens : car c'est un des premiers préceptes qu'ils nous ont laissés. « Que ce que vous ferez, dit Horace, soit toujours simple et ne soit qu'un. » Ils ont admiré l'AJAX de Sophocle, qui n'est autre chose qu'Ajax qui se tue de regret à cause de la fureur où il était tombé après le refus qu'on lui avait fait pour les armes d'Achille. Ils ont admiré le PHILOCTÈTE, dont tout le sujet est Ulysse qui vient pour surprendre les flèches d'Hercule. L'ŒDIPE même, quoique tout plein de reconnaissances, est moins chargé de matière que la plus simple tragédie de nos jours. Nous voyons enfin que les partisans de Térence, qui l'élèvent avec raison au-dessus de tous les poètes comiques, pour l'élégance de sa diction et pour la vraisemblance de ses mœurs, ne laissent pas de confesser que Plaute a un grand avantage sur lui par la simplicité qui est dans la plupart des sujets de Plaute. Et c'est sans doute cette simplicité merveilleuse qui a attiré à ce dernier toutes les louanges que les anciens lui ont données. Combien Ménandre était-il encore plus simple, puisque Térence est obligé de prendre deux comédies de ce poète pour en faire une des siennes!

Et il ne faut point croire que cette règle ne soit fondée que sur la fantaisie de ceux qui l'ont faite. Il n'y a que le vraisemblable qui touche dans la tragédie. Et quelle vraisemblable y a-t-il qu'il arrive en un jour une multitude de choses qui pourraient arriver en plusieurs semaines? Il y en a qui pensent que cette simplicité est une marque de peu d'invention. Ils ne songent pas qu'au contraire toute l'invention consiste à faire quelque chose de rien, et que tout ce grand nombre d'incidents a toujours été le refuge des poëtes qui ne sentaient dans leur génie ni assez d'abondance ni assez de force pour attacher durant cinq actes leurs spectateurs par une action simple, soutenue de la violence des passions, de la beauté des sentiments, et de l'élégance de l'expression. Je suis bien éloigné de croire que toutes ces choses se rencontrent dans mon ouvrage; mais aussi je ne puis croire que le public me sache mauvais gré de lui avoir donné une tragédie qui a été honorée de tant de larmes, et dont la trentième représentation a été aussi suivie que la première.

Ce n'est pas que quelques personnes ne m'aient reproché cette même simplicité que j'avais recherchée avec tant de soin. Ils ont cru qu'une tragédie qui était si peu chargée d'intrigues ne pouvait être selon les règles du théâtre. Je m'informai s'ils se plaignaient qu'elles les eût ennuyés. On me dit qu'ils avouaient tous qu'elle n'ennuyait point, qu'elle touchait même en plusieurs endroits, et qu'ils la verraient encore avec plaisir. Que veulent-ils davantage? Je les conjure d'avoir assez bonne opinion d'eux-mêmes pour ne pas croire qu'une pièce qui les touche et qui leur donne du plaisir puisse être absolument contre les règles. La principale règle est de plaire et de toucher : toutes les autres ne sont faites que pour parvenir à cette première. Mais toutes ces règles sont d'un long détail, dont je ne leur conseille pas de s'embarrasser : ils ont des occupations plus importantes. Qu'ils se reposent sur nous de la fatigue d'éclaircir les difficultés de la poétique d'Aristote; qu'ils se réservent le plaisir de pleurer et d'être attendris; et qu'ils me permettent de leur dire ce qu'un musicien disait à Philippe, roi de Macédoine, qui prétendait qu'une chanson n'était pas selon les règles : « A Dieu ne plaise, sei-
» gneur, que vous soyez jamais si malheureux que de savoir ces
» choses là mieux que moi! »

Voilà tout ce que j'ai à dire à ces personnes, à qui je ferai toujours gloire de plaire : car pour le libelle que l'on a fait contre moi, je crois que les lecteurs me dispenseront volontiers d'y répondre. Et que répondrais-je à un homme qui ne pense rien, et qui ne sait pas même construire ce qu'il pense? Il parle de protase comme s'il entendait ce mot, et veut que cette première des quatre parties de la tragédie soit toujours la plus proche de la dernière, qui est la catastrophe. Il se plaint que la trop grande connaissance des règles l'empêche de se divertir à la comédie. Certainement, si l'on en juge par sa dissertation, il n'y eut jamais de plainte plus mal fondée. Il paraît bien qu'il n'a jamais lu Sophocle qu'il loue très-injustement *d'une grande multiplicité d'incidents;* et qu'il n'a même jamais rien lu de la poétique, que dans quelques préfaces de tragédies. Mais je lui pardonne de ne pas savoir les règles du théâtre, puisque, heureusement pour le public, il ne s'applique pas à ce genre d'écrire. Ce que je ne lui pardonne pas, c'est de savoir si peu les règles de la bonne plaisanterie, lui qui ne veut pas dire un mot sans plaisanter. Croit-il réjouir beaucoup les honnêtes gens par ces *hélas de poche,* ces *mesdemoiselles mes règles,* et quantité d'autres basses affectations qu'il trouvera condamnées dans tous les bons auteurs, s'il se mêle jamais de les lire?

Toutes ces critiques sont le partage de quatre ou cinq petits auteurs infortunés, qui n'ont jamais pu par eux-mêmes exciter la curiosité du public. Ils attendent toujours l'occasion de quelque ouvrage qui réussisse, pour l'attaquer; non point par jalousie, car sur quel fondement seraient-ils jaloux? mais dans l'espérance qu'on se donnera la peine de leur répondre, et qu'on les tirera de l'obscurité où leurs propres ouvrages les auraient laissés toute leur vie.

PERSONNAGES.

TITUS, empereur de Rome.
BÉRÉNICE, reine de Palestine.
ANTIOCHUS, roi de Comagène.
PAULIN, confident de Titus.
ARSACE, confident d'Antiochus.
PHÉNICE, confidente de Bérénice.
RUTILE, Romain.
Suite de Titus.

La scène est à Rome, dans un cabinet qui est entre l'appartement de Titus et celui de Bérénice.

ACTE PREMIER.

SCÈNE PREMIÈRE. — ANTIOCHUS, ARSACE.

ANTIOCHUS.

Arrêtons un moment : la pompe de ces lieux,
Je le vois bien, Arsace, est nouvelle à tes yeux.
Souvent ce cabinet, superbe et solitaire,
Des secrets de Titus est le dépositaire :
C'est ici quelquefois qu'il se cache à sa cour,
Lorsqu'il vient à la reine expliquer son amour.
De son appartement cette porte est prochaine,
Et cette autre conduit dans celui de la reine.
Va chez elle : dis-lui qu'importun à regret,
J'ose lui demander un entretien secret.

ARSACE.

Vous, seigneur, importun ? vous cet ami fidèle
Qu'un soin si généreux intéresse pour elle ?
Vous, cet Antiochus, son amant autrefois ?
Vous, que l'Orient compte entre ses plus grands rois ?
Quoi ! déjà de Titus épouse en espérance,
Ce rang entre elle et vous met-il tant de distance ?

ANTIOCHUS.

Va, dis-je ; et, sans vouloir te charger d'autres soins,
Vois si je puis bientôt lui parler sans témoins.

SCÈNE II. — ANTIOCHUS.

Eh bien! Antiochus, es-tu toujours le même?
Pourrai-je, sans trembler, lui dire : Je vous aime?
Mais quoi! déjà je tremble; et mon cœur agité
Craint autant ce moment que je l'ai souhaité.
Bérénice autrefois m'ôta toute espérance;
Elle m'imposa même un éternel silence.
Je me suis tu cinq ans; et, jusques à ce jour,
D'un voile d'amitié j'ai couvert mon amour.
Dois-je croire qu'au rang où Titus la destine,
Elle m'écoute mieux que dans la Palestine?
Il l'épouse. Ai-je donc attendu ce moment
Pour me venir encor déclarer son amant?
Quel fruit me reviendra d'un aveu téméraire?
Ah! puisqu'il faut partir, partons sans lui déplaire.
Retirons-nous, sortons; et sans nous découvrir,
Allons loin de ses yeux l'oublier, ou mourir.
Hé quoi! souffrir toujours un tourment qu'elle ignore?
Toujours verser des pleurs qu'il faut que je dévore!
Quoi! même en la perdant redouter son courroux!
Belle reine, et pourquoi vous offenseriez-vous?
Viens-je vous demander que vous quittiez l'empire?
Que vous m'aimiez? Hélas! je ne viens que vous dire
Qu'après m'être longtemps flatté que mon rival
Trouverait à ses vœux quelque obstacle fatal,
Aujourd'hui qu'il peut tout, que votre hymen s'avance,
Exemple infortuné d'une longue constance,
Après cinq ans d'amour et d'espoir superflus,
Je pars, fidèle encor quand je n'espère plus.
Au lieu de s'offenser, elle pourra me plaindre.
Quoi qu'il en soit, parlons; c'est assez nous contraindre.
Et que peut craindre, hélas! un amant sans espoir
Qui peut bien se résoudre à ne la jamais voir?

SCÈNE III. — ANTIOCHUS, ARSACE.

ANTIOCHUS.

Arsace, entrerons-nous?

ARSACE.

Seigneur, j'ai vu la reine;

Mais pour me faire voir je n'ai percé qu'à peine.
Les flots toujours nouveaux d'un peuple adorateur
Qu'attire sur ses pas sa prochaine grandeur.
Titus, après huit jours d'une retraite austère,
Cesse enfin de pleurer Vespasien son père :
Cet amant se redonne aux soins de son amour ;
Et si j'en crois, seigneur, l'entretien de la cour,
Peut-être avant la nuit l'heureuse Bérénice
Change le nom de reine au nom d'impératrice.

ANTIOCHUS.

Hélas !

ARSACE.

Quoi ! ce discours pourrait-il vous troubler ?

ANTIOCHUS.

Ainsi donc sans témoin je ne lui puis parler ?

ARSACE.

Vous la verrez, seigneur : Bérénice est instruite
Que vous voulez ici la voir seule et sans suite.
La reine, d'un regard, a daigné m'avertir
Qu'à votre empressement elle allait consentir ;
Et sans doute elle attend le moment favorable
Pour disparaître aux yeux d'une cour qui l'accable.

ANTIOCHUS.

Il suffit. Cependant n'as-tu rien négligé
Des ordres importants dont je t'avais chargé ?

ARSACE.

Seigneur, vous connaissez ma prompte obéissance.
Des vaisseaux dans Ostie armés en diligence,
Prêts à quitter le port de moments en moments,
N'attendent pour partir que vos commandements.
Mai qui renvoyez-vous dans votre Comagène ?

ANTIOCHUS.

Arsace, il faut partir quand j'aurai vu la reine.

ARSACE.

Qui doit partir ?

ANTIOCHUS.

Moi.

ARSACE.

Vous ?

ANTIOCHUS.

En sortant du palais,

Je sors de Rome, Arsace, et j'en sors pour jamais.
ARSACE.
Je suis surpris sans doute et c'est avec justice.
Quoi! depuis si longtemps la reine Bérénice
Vous arrache, seigneur, du sein de vos États ;
Depuis trois ans dans Rome elle arrête vos pas :
Et lorsque cette reine, assurant sa conquête,
Vous attend pour témoin de cette illustre fête,
Quand l'amoureux Titus, devenant son époux,
Lui prépare un éclat qui rejaillit sur vous...
ANTIOCHUS.
Arsace, laisse-la jouir de sa fortune
Et quitte un entretien dont le cours m'importune.
ARSACE.
Je vous entends, seigneur : ces mêmes dignités
Ont rendu Bérénice ingrate à vos bontés ;
L'inimitié succède à l'amitié trahie.
ANTIOCHUS.
Non, Arsace, jamais je ne l'ai moins haïe.
ARSACE.
Quoi donc ! de sa grandeur déjà trop prévenu,
Le nouvel empereur vous a-t-il méconnu ?
Quelque pressentiment de son indifférence
Vous fait-il loin de Rome éviter sa présence ?
ANTIOCHUS.
Titus n'a point pour moi paru se démentir ;
J'aurais tort de me plaindre.
ARSACE.
Et pourquoi donc partir ?
Quel caprice vous rend ennemi de vous-même ?
Le ciel met sur le trône un prince qui vous aime,
Un prince qui jadis témoin de vos combats,
Vous vit chercher la gloire et la mort sur ses pas,
Et de qui la valeur par vos soins secondée,
Mit enfin sous le joug la rebelle Judée.
Il se souvient du jour illustre et douloureux
Qui décida du sort d'un long siége douteux.
Sur leur triple rempart les ennemis tranquilles
Contemplaient sans péril nos assauts inutiles ;
Le bélier impuissant les menaçait en vain :
Vous seul, seigneur, vous seul, une échelle à la main,

Vous portâtes la mort jusque sur leurs murailles.
Ce jour presque éclaira vos propres funérailles :
Titus vous embrassa mourant entre mes bras,
Et tout le camp vainqueur pleura votre trépas.
Voici le temps, seigneur, où vous devez attendre
Le fruit de tant de sang qu'ils vous ont vu répandre.
Si, pressé du désir de revoir vos États,
Vous vous lassez de vivre où vous ne régnez pas,
Faut-il que sans honneurs l'Euphrate vous revoie ?
Attendez pour partir que César vous renvoie
Triomphant, et chargé des titres souverains
Qu'ajoute encore aux rois l'amitié des Romains.
Rien ne peut-il, seigneur, changer votre entreprise ?
Vous ne répondez point !

ANTIOCHUS.

Que veux-tu que je dise ?
J'attends de Bérénice un moment d'entretien.

ARSACE.

Eh bien, seigneur ?

ANTIOCHUS.

Son sort décidera du mien.

ARSACE.

Comment ?

ANTIOCHUS.

Sur son hymen j'attends qu'elle s'explique.
Si sa bouche s'accorde avec la voix publique,
S'il est vrai qu'on l'élève au trône des Césars,
Si Titus a parlé, s'il l'épouse, je pars.

ARSACE.

Mais qui rend à vos yeux cet hymen si funeste ?

ANTIOCHUS.

Quand nous serons partis, je te dirai le reste.

ARSACE.

Dans quel trouble, seigneur, jetez-vous mon esprit ?

ANTIOCHUS.

La reine vient. Adieu. Fais tout ce que j'ai dit.

SCÈNE IV. — BÉRÉNICE, ANTIOCHUS, PHÉNICE.

BÉRÉNICE.

Enfin je me dérobe à la joie importune

De tant d'amis nouveaux que me fait la fortune :
Je fuis de leurs respects l'inutile longueur,
Pour chercher un ami qui me parle du cœur.
Il ne faut point mentir, ma juste impatience
Vous accusait déjà de quelque négligence.
Quoi ! cet Antiochus, disais-je, dont les soins
On eu tout l'Orient et Rome pour témoins ;
Lui que j'ai vu toujours, constant dans mes traverses,
Suivre d'un pas égal mes fortunes diverses ;
Aujourd'hui que e ciel semble me présager,
Un honneur qu'avec lui je prétends partager
Ce même Antiochus, se cachant à ma vue,
Me laisse à la merci d'une foule inconnue !

ANTIOCHUS.

Il est donc vrai, madame ? et, selon ce discours,
L'hymen va succéder à vos longues amours ?

BÉRÉNICE.

Seigneur, je vous veux bien confier mes alarmes.
Ces jours ont vu mes yeux baignés de quelques larmes :
Ce long deuil que Titus imposait à sa cour
Avait, même en secret, suspendu son amour ;
Il n'avait plus pour moi cette ardeur assidue
Lorsqu'il passait les jours attaché sur ma vue ;
Muet, chargé de soins, et les larmes aux yeux,
Il ne me laissait plus que de tristes adieux.
Jugez de ma douleur, moi dont l'ardeur extrême,
Je vous l'ai dit cent fois, n'aime en lui que lui-même ;
Moi qui, loin des grandeurs dont il est revêtu,
Aurais choisi son cœur et cherché sa vertu.

ANTIOCHUS.

Il a repris pour vous sa tendresse première ?

BÉRÉNICE.

Vous fûtes spectateur de cette nuit dernière,
Lorsque, pour seconder ses soins religieux,
Le sénat a placé son père entre les dieux.
De ce juste devoir sa piété contente
A fait place, seigneur, aux soins de son amante ;
Et même en ce moment, sans qu'il m'en ait parlé,
Il est dans le sénat par son ordre assemblé.
Là, de la Palestine il étend la frontière,
Il y joint l'Arabie et la Syrie entière :

Et, si de ses amis j'en dois croire la voix,
Si j'en crois ses serments redoublés mille fois,
Il va sur tant d'États couronner Bérénice,
Pour joindre à plus de noms le nom d'impératrice.
Il m'en viendra lui-même assurer en ce lieu.

ANTIOCHUS.

Et je viens donc vous dire un éternel adieu.

BÉRÉNICE.

Que dites-vous? Ah ciel! quel adieu! quel langage!
Prince, vous vous troublez et changez de visage!

ANTIOCHUS.

Madame, il faut partir.
    Quoi! ne puis-je savoir
Quel sujet...

ANTIOCHUS, à part.

Il fallait partir sans la revoir.

BÉRÉNICE.

Que craignez-vous? Parlez; c'est trop longtemps se taire.
Seigneur, de ce départ quel est donc le mystère?

ANTIOCHUS.

Au moins souvenez-vous que je cède à vos lois,
Et que vous m'écoutez pour la dernière fois.
Si, dans ce haut degré de gloire et de puissance,
Il vous souvient des lieux où vous prîtes naissance,
Madame, il vous souvient que mon cœur en ces lieux
Reçut le premier trait qui partit de vos yeux :
J'aimai. J'obtins l'aveu d'Agrippa votre frère :
Il vous parla pour moi. Peut-être sans colère
Alliez-vous de mon cœur recevoir le tribut;
Titus, pour mon malheur, vint, vous vit, et vous plut.
Il parut devant vous dans tout l'éclat d'un homme
Qui porte entre ses mains la vengeance de Rome.
La Judée en pâlit : le triste Antiochus
Se compta le premier au nombre des vaincus.
Bientôt, de mon malheur interprète sévère,
Votre bouche à la mienne ordonna de se taire.
Je disputai longtemps; je fis parler mes yeux :
Mes pleurs et mes soupirs vous suivaient en tous lieux.
Enfin votre rigueur emporta la balance;
Vous sûtes m'imposer l'exil ou le silence.
Il fallut le promettre, et même le jurer :

Mais, puisqu'en ce moment j'ose me déclarer,
Lorsque vous m'arrachiez cette injuste promesse,
Mon cœur faisait serment de vous aimer sans cesse.
BÉRÉNICE.
Ah! que me dites-vous?
ANTIOCHUS.
Je me suis tu cinq ans,
Madame, et vais encor me taire plus longtemps.
De mon heureux rival j'accompagnai les armes;
J'espérai de verser mon sang après mes larmes,
Ou qu'au moins jusqu'à vous porté par mille exploits
Mon nom pourrait parler, au défaut de ma voix.
Le ciel sembla promettre une fin à ma peine :
Vous pleurâtes ma mort, hélas! trop peu certaine.
Inutiles périls! Quelle était mon erreur!
La valeur de Titus surpassait ma fureur :
Il faut qu'à sa vertu mon estime réponde.
Quoique attendu, madame, à l'empire du monde,
Chéri de l'univers, enfin aimé de vous,
Il semblait à lui seul appeler tous les coups;
Tandis que, sans espoir, haï, lassé de vivre,
Son malheureux rival ne semblait que le suivre.
Je vois que votre cœur m'applaudit en secret;
Je vois que l'on m'écoute avec moins de regret,
Et que, trop attentif à ce récit funeste,
En faveur de Titus vous pardonnez le reste.
Enfin, après un siége aussi cruel que lent,
Il dompta les mutins, reste pâle et sanglant
Des flammes, de la faim, des fureurs intestines,
Et laissa leurs remparts cachés sous leurs ruines.
Rome vous vit, madame, arriver avec lui;
Dans l'Orient désert quel devint mon ennui!
Je demeurai longtemps errant dans Césarée,
Lieux charmants, où mon cœur vous avait adorée :
Je vous redemandais à vos tristes États;
Je cherchais, en pleurant, les traces de vos pas.
Mais enfin, succombant à ma mélancolie,
Mon désespoir tourna mes pas vers l'Italie :
Le sort m'y réservait le dernier de ses coups.
Titus en m'embrassant m'amena devant vous.
Un voile d'amitié vous trompa l'un et l'autre,

Et mon amour devint le confident du vôtre.
Mais toujours quelque espoir flattait mes déplaisirs :
Rome, Vespasien, traversaient vos soupirs.
Après tant de combats, Titus cédait peut-être.
Vespasien est mort, et Titus est le maître.
Que ne fuyais-je alors ! J'ai voulu quelques jours
De son nouvel empire examiner le cours.
Mon sort est accompli : votre gloire s'apprête.
Assez d'autres, sans moi, témoins de cette fête,
A vos heureux transports viendront joindre les leurs :
Pour moi, qui ne pourrais y mêler que des pleurs,
D'un inutile amour trop constante victime,
Heureux dans mes malheurs d'en avoir pu sans crime
Conter toute l'histoire aux yeux qui les ont faits,
Je pars plus amoureux que je ne fus jamais.
            BÉRÉNICE.
Seigneur, je n'ai pas cru que dans une journée
Qui doit avec César unir ma destinée,
Il fût quelque mortel qui pût impunément
Se venir à mes yeux déclarer mon amant.
Mais de mon amitié mon silence est un gage :
J'oublie en sa faveur un discours qui m'outrage.
Je n'en ai point troublé le cours injurieux ;
Je fais plus, à regret je reçois vos adieux.
Le ciel sait qu'au milieu des honneurs qu'il m'envoie
Je n'attendais que vous pour témoin de ma joie :
Avec tout l'univers j'honorais vos vertus ;
Titus vous chérissait, vous admiriez Titus.
Cent fois je me suis fait une douceur extrême
D'entretenir Titus dans un autre lui-même.
            ANTIOCHUS.
Et c'est ce que je fuis. J'évite, mais trop tard,
Ces cruels entretiens où je n'ai point de part.
Je fuis Titus ; je fuis ce nom qui m'inquiète,
Ce nom qu'à tous moments votre bouche répète.
Que vous dirai-je enfin ? je fuis des yeux distraits,
Qui, me voyant toujours, ne me voyaient jamais.
Adieu. Je vais, le cœur trop plein de votre image,
Attendre, en vous aimant, la mort pour mon partage.
Surtout ne craignez point qu'une aveugle douleur
Remplisse l'univers du bruit de mon malheur :

Madame, le seul bruit d'une mort que j'implore
Vous fera souvenir que je vivais encore.
Adieu.

SCÈNE V. — BÉRÉNICE, PHÉNICE.

PHÉNICE.

Que je le plains! Tant de fidélité,
Madame, méritait plus de prospérité,
Ne le plaignez-vous pas?

BÉRÉNICE.

Cette prompte retraite
Me laisse, je l'avoue, une douleur secrète.

PHÉNICE.

Je l'aurais retenu.

BÉRÉNICE.

Qui? moi, le retenir!
J'en dois perdre plutôt jusques au souvenir.
Tu veux donc que je flatte une ardeur insensée?

PHÉNICE.

Titus n'a point encore expliqué sa pensée.
Rome vous voit, madame, avec des yeux jaloux;
La rigueur de ses lois m'épouvante pour vous.
L'hymen chez les Romains n'admet qu'une Romaine :
Rome hait tous les rois; et Bérénice est reine.

BÉRÉNICE.

Le temps n'est plus, Phénice, où je pouvais trembler.
Titus m'aime; il peut tout; il n'a plus qu'à parler.
Il verra le sénat m'apporter ses hommages,
Et le peuple de fleurs couronner ses images.
De cette nuit, Phénice, as-tu vu la splendeur?
Tes yeux ne sont-ils pas tout pleins de sa grandeur?
Ces flambeaux, ce bûcher, cette nuit enflammée,
Ces aigles, ces faisceaux, ce peuple, cette armée,
Cette foule de rois, ces consuls, ce sénat,
Qui tous de mon amant empruntaient leur éclat;
Cette pourpre, cet or, que rehaussait sa gloire,
Et ces lauriers encor témoins de sa victoire;
Tous ces yeux qu'on voyait venir de toutes parts
Confondre sur lui seul leurs avides regards;
Ce port majestueux, cette douce présence...
Ciel! avec quel respect et quelle complaisance

Tous les cœurs en secret l'assuraient de leur foi!
Parle : peut-on le voir sans penser, comme moi,
Qu'en quelque obscurité que le sort l'eût fait naître,
Le monde, en le voyant, eût reconnu son maître!
Mais, Phénice, où m'emporte un souvenir charmant?
Cependant Rome entière, en ce même moment,
Fait des vœux pour Titus, et, par des sacrifices,
De son règne naissant consacre les prémices.
Que tardons-nous? allons pour son empire heureux
Au ciel qui le protége offrir aussi nos vœux.
Aussitôt, sans l'attendre, et sans être attendue,
Je reviens le chercher, et dans cette entrevue
Dire tout ce qu'aux cœurs l'un de l'autre contents
Inspirent des transports retenus si longtemps.

ACTE DEUXIÈME.

SCÈNE PREMIÈRE. — TITUS, PAULIN, Suite.

TITUS.
A-t-on vu de ma part le roi de Comagène?
Sait-il que je l'attends?

PAULIN.
   J'ai couru chez la reine :
Dans son appartement ce prince avait paru ;
Il en était sorti, lorsque j'y suis couru.
De vos ordres, seigneur, j'ai dit qu'on l'avertisse.

TITUS.
Il suffit. Et que fait la reine Bérénice?

PAULIN.
La reine, en ce moment, sensible à vos bontés,
Charge le ciel de vœux pour vos prospérités.
Elle sortait, seigneur.

TITUS.
   Trop aimable princesse!
Hélas!

PAULIN.
 En sa faveur d'où naît cette tristesse?
L'Orient presque entier va fléchir sous sa loi :

Vous la plaignez?

TITUS.

Paulin, qu'on vous laisse avec moi.

SCÈNE II. — TITUS, PAULIN.

TITUS.

Eh bien, de mes desseins Rome encore incertaine
Attend que deviendra le destin de la reine,
Paulin; et les secrets de son cœur et du mien
Sont de tout l'univers devenus l'entretien.
Voici le temps enfin qu'il faut que je m'explique.
De la reine et de moi que dit la voix publique?
Parlez : qu'entendez-vous?

PAULIN.

J'entends de tous côtés
Publier vos vertus, seigneur, et ses beautés.

TITUS.

Que dit-on des soupirs que je pousse pour elle?
Quel succès attend-on d'un amour si fidèle?

PAULIN.

Vous pouvez tout : aimez, cessez d'être amoureux;
La cour sera toujours du parti de vos vœux.

TITUS.

Et je l'ai vue aussi cette cour peu sincère,
A ses maîtres toujours trop soigneuse de plaire
Des crimes de Néron approuver les horreurs:
Je l'ai vue à genoux consacrer ses fureurs.
Je ne prends point pour juge une cour idolâtre,
Paulin : je me propose un plus noble théâtre;
Et, sans prêter l'oreille à la voix des flatteurs,
Je veux par votre bouche entendre tous les cœurs;
Vous me l'avez promis. Le respect et la crainte
Ferment autour de moi le passage à la plainte:
Pour mieux voir, cher Paulin, et pour entendre mieux,
Je vous ai demandé des oreilles, des yeux;
J'ai mis même à ce prix mon amitié secrète :
J'ai voulu que des cœurs vous fussiez l'interprète;
Qu'au travers des flatteurs votre sincérité
Fît toujours jusqu'à moi passer la vérité.
Parlez donc: Que faut-il que Bérénice espère?

Rome lui sera-t-elle indulgente ou sévère ?
Dois-je croire qu'assise au trône des Césars
Une si belle reine offensât ses regards ?

PAULIN.

N'en doutez point, seigneur : soit raison, soit caprice,
Rome ne l'attend point pour son impératrice.
On sait qu'elle est charmante, et de si belles mains
Semblent vous demander l'empire des humains :
Elle a même, dit-on, le cœur d'une Romaine,
Elle a mille vertus : mais, seigneur, elle est reine.
Rome, par une loi qui ne se peut changer,
N'admet avec son sang aucun sang étranger,
Et ne reconnaît point les fruits illégitimes
Qui naissent d'un hymen contraire à ses maximes.
D'ailleurs, vous le savez, en bannissant ses rois,
Rome à ce nom, si noble et si saint autrefois,
Attacha pour jamais une haine puissante ;
Et quoiqu'à ses Césars fidèle, obéissante,
Cette haine, seigneur, reste de sa fierté,
Survit dans tous les cœurs après la liberté.
Jules, qui le premier la soumit à ses armes,
Qui fit taire les lois dans le bruit des alarmes,
Brûla pour Cléopâtre ; et, sans se déclarer,
Seule dans l'Orient la laissa soupirer.
Antoine, qui l'aima jusqu'à l'idolâtrie,
Oublia dans son sein sa gloire et sa patrie,
Sans oser toutefois se nommer son époux :
Rome l'alla chercher jusques à ses genoux,
Et ne désarma point sa fureur vengeresse
Qu'elle n'eût accablé l'amant et la maîtresse.
Depuis ce temps, seigneur, Caligula, Néron,
Monstres dont à regret je cite ici le nom,
Et qui, ne conservant que la figure d'homme,
Foulèrent à leurs pieds toutes les lois de Rome,
Ont craint cette loi seule, et n'ont point à nos yeux
Allumé le flambeau d'un hymen odieux.
Vous m'avez commandé surtout d'être sincère.
De l'affranchi Pallas nous avons vu le frère,
Des fers de Claudius Félix encor flétri,
De deux reines, seigneur, devenir le mari ;
Et, s'il faut jusqu'au bout que je vous obéisse,

Ces deux reines étaient du sang de Bérénice.
Et vous croiriez pouvoir, sans blesser nos regards
Faire entrer une reine au lit de nos Césars,
Tandis que l'Orient dans le lit de ses reines
Voit passer un esclave au sortir de nos chaînes !
C'est ce que les Romains pensent de votre amour.
Et je ne réponds pas, avant la fin du jour,
Que le sénat, chargé des vœux de tout l'empire,
Ne vous redise ici ce que je viens de dire,
Et que Rome avec lui, tombant à vos genoux,
Ne vous demande un choix digne d'elle et de vous :
Vous pouvez préparer, seigneur, votre réponse.

TITUS.

Hélas ! à quel amour on veut que je renonce !

PAULIN.

Cet amour est ardent, il le faut confesser.

TITUS.

Plus ardent mille fois que tu ne peux penser,
Paulin. Je me suis fait un plaisir nécessaire
De la voir chaque jour, de l'aimer, de lui plaire.
J'ai fait plus (je n'ai rien de secret à tes yeux),
J'ai pour elle cent fois rendu grâces aux dieux
D'avoir choisi mon père au fond de l'Idumée,
D'avoir rangé sous lui l'Orient et l'armée,
Et, soulevant encor le reste des humains,
Remis Rome sanglante en ses paisibles mains :
J'ai même souhaité la place de mon père ;
Moi, Paulin, qui cent fois, si le sort moins sévère
Eût voulu de sa vie étendre les liens,
Aurais donné mes jours pour prolonger les siens :
Tout cela (qu'un amant sait mal ce qu'il désire !)
Dans l'espoir d'élever Bérénice à l'empire,
De reconnaître un jour son amour et sa foi,
Et de voir à ses pieds tout le monde avec moi.
Malgré tout mon amour, Paulin, et tous ses charmes,
Après mille serments appuyés de mes larmes,
Maintenant que je puis couronner tant d'attraits,
Maintenant que je l'aime encor plus que jamais,
Lorsqu'un heureux hymen joignant nos destinées
Peut payer en un jour les vœux de cinq années,
Je vais, Paulin... ô ciel ! puis-je le déclarer !

ACTE DEUXIÈME.

PAULIN.

Quoi ! seigneur ?

TITUS.

Pour jamais je vais m'en séparer.
Mon cœur en ce moment ne vient pas de se rendre :
Si je t'ai fait parler, si j'ai voulu t'entendre,
Je voulais que ton zèle achevât en secret
De confondre un amour qui se tait à regret.
Bérénice a longtemps balancé la victoire ;
Et si je penche enfin du côté de ma gloire,
Crois qu'il m'en a coûté, pour vaincre tant d'amour,
Des combats dont mon cœur saignera plus d'un jour.
J'aimais, je soupirais dans une paix profonde ;
Un autre était chargé de l'empire du monde :
Maître de mon destin, libre dans mes soupirs,
Je ne rendais qu'à moi compte de mes désirs.
Mais à peine le ciel eut rappelé mon père,
Dès que ma triste main eut fermé sa paupière,
De mon aimable erreur je fus désabusé :
Je sentis le fardeau qui m'était imposé ;
Je connus que bientôt, loin d'être à ce que j'aime,
Il fallait, cher Paulin, renoncer à moi-même ;
Et que le choix des dieux, contraire à mes amours,
Livrait à l'univers le reste de mes jours.
Rome observe aujourd'hui ma conduite nouvelle ;
Quelle honte pour moi, quel présage pour elle,
Si, dès le premier pas renversant tous ses droits,
Je fondais mon bonheur sur le débris des lois !
Résolu d'accomplir ce cruel sacrifice,
J'y voulus préparer la triste Bérénice :
Mais par où commencer ? Vingt fois, depuis huit jours,
J'ai voulu devant elle en ouvrir le discours ;
Et, dès le premier mot, ma langue embarrassée
Dans ma bouche vingt fois a demeuré glacée.
J'espérais que du moins mon trouble et ma douleur
Lui feraient pressentir notre commun malheur :
Mais, sans me soupçonner, sensible à mes alarmes,
Elle m'offre sa main pour essuyer mes larmes,
Et ne prévoit rien moins, dans cette obscurité,
Que la fin d'un amour qu'elle a trop mérité.
Enfin, j'ai ce matin rappelé ma constance :

Il faut la voir, Paulin, et rompre le silence.
J'attends Antiochus pour lui recommander
Ce dépôt précieux que je ne puis garder :
Jusque dans l'Orient je veux qu'il la ramène.
Demain, Rome avec lui verra partir la reine.
Elle en sera bientôt instruite par ma voix :
Et je vais lui parler pour la dernière fois.

PAULIN.

Je n'attendais pas moins de cet amour de gloire
Qui partout après vous attacha la victoire.
La Judée asservie, et ses remparts fumants,
De cette noble ardeur éternels monuments,
Me répondaient assez que votre grand courage
Ne voudrait pas, seigneur, détruire son ouvrage,
Et qu'un héros vainqueur de tant de nations
Saurait bien tôt ou tard vaincre ses passions.

TITUS.

Ah! que sous de beaux noms cette gloire est cruelle!
Combien mes tristes yeux la trouveraient plus belle,
S'il ne fallait encor qu'affronter le trépas!
Que dis-je? cette ardeur que j'ai pour ses appas,
Bérénice en mon sein l'a jadis allumée.
Tu ne l'ignores pas : toujours la renommée
Avec le même éclat n'a pas semé mon nom ;
Ma jeunesse, nourrie à la cour de Néron,
S'égarait, cher Paulin, par l'exemple abusée,
Et suivait du plaisir la pente trop aisée :
Bérénice me plut. Que ne fait point un cœur
Pour plaire à ce qu'il aime, et gagner son vainqueur?
Je prodiguai mon sang : tout fit place à mes armes :
Je revins triomphant. Mais le sang et les larmes
Ne me suffisaient pas pour mériter ses vœux :
J'entrepris le bonheur de mille malheureux.
On vit de toutes parts mes bontés se répandre,
Heureux, et plus heureux que tu ne peux comprendre,
Quand je pouvais paraître à ses yeux satisfaits
Chargé de mille cœurs conquis par mes bienfaits!
Je lui dois tout, Paulin. Récompense cruelle!
Tout ce que je lui dois va retomber sur elle.
Pour prix de tant de gloire et de tant de vertus,
Je lui dirai : Partez, et ne me voyez plus.

PAULIN.
Hé quoi, seigneur! hé quoi! cette magnificence
Qui va jusqu'à l'Euphrate étendre sa puissance
Tant d'honneurs dont l'excès a surpris le sénat,
Vous laissent-ils encor craindre le nom d'ingrat?
Sur cent peuples nouveaux Bérénice commande.
TITUS.
Faibles amusements d'une douleur si grande!
Je connais Bérénice, et ne sais que trop bien
Que son cœur n'a jamais demandé que le mien.
Je l'aimai; je lui plus. Depuis cette journée,
(Dois-je dire funeste, hélas! ou fortunée?)
Sans avoir, en aimant, d'objet que son amour,
Étrangère dans Rome, inconnue à la cour,
Elle passe ses jours, Paulin, sans rien prétendre
Que quelque heure à me voir, et le reste à m'attendre.
Encor, si quelquefois un peu moins assidu
Je passe le moment où je suis attendu,
Je la revois bientôt de pleurs toute trempée :
Ma main à les sécher est longtemps occupée.
Enfin, tout ce qu'Amour a de nœuds plus puissants,
Doux reproches, transports sans cesse renaissants,
Soins de plaire sans art, crainte toujours nouvelle,
Beauté, gloire, vertu, je trouve tout en elle.
Depuis cinq ans entiers, chaque jour je la vois,
Et crois toujours la voir pour la première fois.
N'y songeons plus. Allons, cher Paulin : plus j'y pense,
Plus je sens chanceler ma cruelle constance.
Quelle nouvelle, ô ciel! je lui vais annoncer!
Encore un coup, allons, il n'y faut plus penser.
Je connais mon devoir, c'est à moi de le suivre :
Je n'examine point si j'y pourrai survivre.

SCÈNE III. — TITUS, PAULIN, RUTILE.

RUTILE.
Bérénice, seigneur, demande à vous parler.
TITUS.
Ah, Paulin!
PAULIN.
Quoi! déjà vous semblez reculer!

De vos nobles projets, seigneur, qu'il vous souvienne;
Voici le temps.

TITUS.

Eh bien, voyons-la. Qu'elle vienne.

SCÈNE IV. — TITUS, BÉRÉNICE, PAULIN, PHÉNICE.

BÉRÉNICE.

Ne vous offensez pas si mon zèle indiscret
De votre solitude interrompt le secret.
Tandis qu'autour de moi votre cour assemblée
Retentit des bienfaits dont vous m'avez comblée,
Est-il juste, seigneur, que seule en ce moment
Je demeure sans voix et sans ressentiment?
Mais, seigneur (car je sais que cet ami sincère
Du secret de nos cœurs connaît tout le mystère),
Votre deuil est fini, rien n'arrête vos pas,
Vous êtes seul enfin, et ne me cherchez pas.
J'entends que vous m'offrez un nouveau diadème,
Et ne puis cependant vous entendre vous-même.
Hélas! plus de repos, seigneur, et moins d'éclat:
Votre amour ne peut-il paraître qu'au sénat?
Ah, Titus! (car enfin l'amour fuit la contrainte
De tous ces noms que fuit le respect et la crainte)
De quel soin votre amour va-t-il s'importuner?
N'a-t-il que des États qu'il me puisse donner?
Depuis quand croyez-vous que ma grandeur me touche?
Un soupir, un regard, un mot de votre bouche,
Voilà l'ambition d'un cœur comme le mien :
Voyez-moi plus souvent, et ne me donnez rien.
Tous vos moments sont-ils dévoués à l'empire?
Ce cœur après huit jours n'a-t-il rien à me dire?
Qu'un mot va rassurer mes timides esprits!
Mais parliez-vous de moi quand je vous ai surpris?
Dans vos secrets discours étais-je intéressée,
Seigneur? étais-je au moins présente à la pensée?

TITUS.

N'en doutez point, madame; et j'atteste les dieux
Que toujours Bérénice est présente à mes yeux.
L'absence ni le temps, je vous le jure encore,

Ne vous peuvent ravir ce cœur qui vous adore.
BÉRÉNICE.
Hé quoi! vous me jurez une éternelle ardeur,
Et vous me la jurez avec cette froideur!
Pourquoi même du ciel attester la puissance?
Faut-il par des serments vaincre ma défiance?
Mon cœur ne prétend point, seigneur, vous démentir;
Et je vous en croirai sur un simple soupir.
TITUS.
Madame...
BÉRÉNICE.
Eh bien, seigneur? Mais quoi! sans me répon-
Vous détournez les yeux et semblez vous confondre! [dre,]
Ne m'offrirez-vous plus qu'un visage interdit!
Toujours la mort d'un père occupe votre esprit?
Rien ne peut-il charmer l'ennui qui vous dévore?
TITUS.
Plût aux dieux que mon père, hélas! vécût encore!
Que je vivais heureux!
BÉRÉNICE.
Seigneur, tous ces regrets
De votre piété sont de justes effets.
Mais vos pleurs ont assez honoré sa mémoire;
Vous devez d'autres soins à Rome, à votre gloire;
De mon propre intérêt je n'ose vous parler.
Bérénice autrefois pouvait vous consoler :
Avec plus de plaisir vous m'avez écoutée.
De combien de malheurs pour vous persécutée
Vous ai-je pour un mot sacrifié mes pleurs!
Vous regrettez un père : hélas! faibles douleurs!
Et moi (ce souvenir me fait frémir encore)
On voulait m'arracher de tout ce que j'adore,
Moi, dont vous connaissez le trouble et le tourment
Quand vous ne me quittez que pour quelque moment;
Moi, qui mourrais le jour qu'on voudrait m'interdire
De vous...
TITUS.
Madame, hélas! que me venez-vous dire?
Quel temps choisissez-vous? Ah! de grâce, arrêtez!
C'est trop pour un ingrat prodiguer vos bontés.
BÉRÉNICE.
Pour un ingrat, seigneur! Et le pouvez-vous être?

Ainsi donc mes bontés vous fatiguent peut-être?
       TITUS.
Non, madame : jamais, puisqu'il vous faut parler,
Mon cœur de plus de feux ne se sentit brûler.
Mais...
              BÉRÉNICE.
    Achevez.
         TITUS.
       Hélas!
          BÉRÉNICE.
          Parlez.
            TITUS.
                Rome... L'empire...
             BÉRÉNICE.
Eh bien?
           TITUS.
     Sortons, Paulin; je ne lui puis rien dire.

SCÈNE V. — BÉRÉNICE, PHÉNICE.

              BÉRÉNICE.
Quoi! me quitter sitôt! et ne me dire rien!
Chère Phénice, hélas! quel funeste entretien!
Qu'ai-je fait? Que veut-il? Et que dit ce silence?
              PHÉNICE.
Comme vous je me perds d'autant plus que j'y pense.
Mais ne s'offre-t-il rien à votre souvenir
Qui contre vous, madame, ait pu le prévenir?
Voyez, examinez.
              BÉRÉNICE.
             Hélas! tu peux m'en croire;
Plus je veux du passé rappeler la mémoire,
Du jour que je le vis, jusqu'à ce triste jour,
Plus je vois qu'on me peut reprocher trop d'amour.
Mais tu nous entendais. Il ne faut rien me taire;
Parle. N'ai-je rien dit qui lui puisse déplaire?
Que sais-je? J'ai peut-être avec trop de chaleur
Rabaissé ses présents, ou blâmé sa douleur...
N'est-ce point que de Rome il redoute la haine?
Il craint peut-être, il craint d'épouser une reine.
Hélas! s'il était vrai... Mais non, il a cent fois

Rassuré mon amour contre leurs dures lois ;
Cent fois... Ah! qu'il m'exprime un silence si rude ;
Je ne respire pas dans cette incertitude.
Moi, je vivrais, Phénice, et je pourrais penser
Qu'il me néglige, ou bien que j'ai pu l'offenser?
Retournons sur ses pas. Mais, quand je m'examine,
Je crois de ce désordre entrevoir l'origine,
Phénice : il aura su tout ce qui s'est passé ;
L'amour d'Antiochus l'a peut-être offensé :
Il attend, m'a-t-on dit, le roi de Comagène.
Ne cherchons point ailleurs le sujet de ma peine.
Sans doute ce chagrin qui vient de m'alarmer
N'est qu'un léger soupçon facile à désarmer.
Je ne te vante point cette faible victoire,
Titus : ah! plût au ciel que, sans blesser ta gloire,
Un rival plus puissant voulût tenter ma foi,
Et pût mettre à mes pieds plus d'empires que toi ;
Que de sceptres sans nombre il pût payer ma flamme ;
Que ton amour n'eût rien à donner que ton âme!
C'est alors, cher Titus, qu'aimé, victorieux,
Tu verrais de quel prix ton cœur est à mes yeux.
Allons, Phénice ; un mot pourra le satisfaire.
Rassurons-nous, mon cœur, je puis encor lui plaire ;
Je me comptais trop tôt au rang des malheureux :
Si Titus est jaloux, Titus est amoureux.

ACTE TROISIÈME

SCÈNE PREMIÈRE. — TITUS, ANTIOCHUS, ARSACE.

TITUS.

Quoi! prince, vous partiez! quelle raison subite
Presse votre départ, ou plutôt votre fuite?
Vouliez-vous me cacher jusques à vos adieux?
Est-ce comme ennemi que vous quittez ces lieux?
Que diront, avec moi, la cour, Rome, l'empire?

Mais, comme votre ami, que ne puis-je point dire ?
De quoi m'accusez-vous ? Vous avais-je sans choix
Confondu jusqu'ici dans la foule des rois ?
Mon cœur vous fut ouvert tant qu'a vécu mon père ;
C'était le seul présent que je pouvais vous faire :
Et lorsqu'avec mon cœur ma main peut s'épancher,
Vous fuyez mes bienfaits tout prêts à vous chercher !
Pensez-vous qu'oubliant ma fortune passée
Sur ma seule grandeur j'arrête ma pensée,
Et que tous mes amis s'y présentent de loin
Comme autant d'inconnus dont je n'ai plus besoin ?
Vous-même à mes regards qui vouliez vous soustraire
Prince, plus que jamais vous m'êtes nécessaire.

ANTIOCHUS.

Moi, Seigneur ?

TITUS.

Vous.

ANTIOCHUS.

Hélas ! d'un prince malheureux
Que pouvez-vous, seigneur, attendre que des vœux ?

TITUS.

Je n'ai pas oublié, prince, que ma victoire
Devait à vos exploits la moitié de sa gloire ;
Que Rome vit passer au nombre des vaincus
Plus d'un captif chargé des fers d'Antiochus ;
Que dans le Capitole elle voit attachées
Les dépouilles des Juifs par vos mains arrachées.
Je n'attends pas de vous de ces sanglants exploits
Et je veux seulement emprunter votre voix.
Je sais que Bérénice, à vos soins redevable,
Croit posséder en vous un ami véritable ;
Elle ne voit dans Rome et n'écoute que vous :
Vous ne faites qu'un cœur et qu'une âme avec nous.
Au nom d'une amitié si constante et si belle,
Employez le pouvoir que vous avez sur elle ;
Voyez-la de ma part.

ANTIOCHUS.

Moi, paraître à ses yeux ?
La reine pour jamais a reçu mes adieux.

TITUS.

Prince, il faut que pour moi vous lui parliez encore.

ACTE TROISIÈME.

ANTIOCHUS.

Ah! parlez-lui, seigneur, la reine vous adore :
Pourquoi vous dérober vous-même en ce moment
Le plaisir de lui faire un aveu si charmant?
Elle l'attend, seigneur, avec impatience.
Je réponds, en partant, de son obéissance;
Et même elle m'a dit que, prêt à l'épouser,
Vous ne la verrez plus que pour l'y disposer.

TITUS.

Ah! qu'un aveu si doux aurait lieu de me plaire!
Que je serais heureux si j'avais à le faire!
Mes transports aujourd'hui s'attendaient d'éclater;
Cependant aujourd'hui, prince, il faut la quitter.

ANTIOCHUS.

La quitter! Vous, seigneur?

TITUS.

    Telle est ma destinée :
Pour elle et pour Titus il n'est plus d'hyménée :
D'un espoir si charmant je me flattais en vain :
Prince, il faut avec vous qu'elle parte demain.

ANTIOCHUS.

Qu'entends-je? O ciel!

TITUS.

    Plaignez ma grandeur importune :
Maître de l'univers, je règle sa fortune;
Je puis faire les rois, je puis les déposer;
Cependant de mon cœur je ne puis disposer.
Rome, contre les rois de tout temps soulevée,
Dédaigne une beauté dans la pourpre élevée :
L'éclat du diadème et cent rois pour aïeux,
Déshonorent ma flamme et blessent tous les yeux.
Mon cœur, libre d'ailleurs, sans craindre les murmures,
Peut brûler à son choix dans des flammes obscures :
Et Rome avec plaisir recevrait de ma main
La moins digne beauté qu'elle cache en son sein.
Jules céda lui-même au torrent qui m'entraîne.
Si le peuple demain ne voit partir la reine,
Demain elle entendra ce peuple furieux
Me venir demander son départ à ses yeux.
Sauvons de cet affront mon nom et sa mémoire;
Et, puisqu'il faut céder, cédons à notre gloire.

Ma bouche et mes regards, muets depuis huit jours,
L'auront pu préparer à ce triste discours ;
Et même en ce moment, inquiète, empressée,
Elle veut qu'à ses yeux j'explique ma pensée.
D'un amant interdit soulagez le tourment ;
Épargnez à mon cœur cet éclaircissement.
Allez, expliquez-lui mon trouble et mon silence ;
Surtout, qu'elle me laisse éviter sa présence :
Soyez le seul témoin de ses pleurs et des miens,
Portez-lui mes adieux, et recevez les siens.
Fuyons tous deux, fuyons un spectacle funeste
Qui de notre constance accablerait le reste.
Si l'espoir de régner et de vivre en mon cœur
Peut de son infortune adoucir la rigueur,
Ah, prince ! jurez-lui que, toujours trop fidèle,
Gémissant dans ma cour, et plus exilé qu'elle,
Portant jusqu'au tombeau le nom de son amant,
Mon règne ne sera qu'un long bannissement,
Si le ciel, non content de me l'avoir ravie,
Veut encor m'affliger par une longue vie.
Vous, que l'amitié seule attache sur ses pas,
Prince, dans son malheur ne l'abandonnez pas :
Que l'Orient vous voie arriver à sa suite ;
Que ce soit un triomphe, et non pas une fuite ;
Qu'une amitié si belle ait d'éternels liens ;
Que mon nom soit toujours dans tous vos entretiens.
Pour rendre vos États plus voisins l'un de l'autre,
L'Euphrate bornera son empire et le vôtre.
Je sais que le sénat tout plein de votre nom,
D'une commune voix confirmera ce don.
Je joins la Cilicie à votre Comagène.
Adieu. Ne quittez pas ma princesse, ma reine ;
Tout ce qui de mon cœur fut l'unique désir,
Tout ce que j'aimerai jusqu'au dernier soupir.

SCÈNE II. — ANTIOCHUS, ARSACE.

ARSACE.

Ainsi le ciel s'apprête à vous rendre justice :
Vous partirez, seigneur, mais avec Bérénice.
Loin de vous la ravir, on va vous la livrer.

ANTIOCHUS.

Arsace, laisse-moi le temps de respirer.
Ce changement est grand, ma surprise est extrême :
Titus entre mes mains remet tout ce qu'il aime !
Dois-je croire, grands dieux! ce que je viens d'ouïr?
Et, quand je le croirais dois-je m'en réjouir?

ARSACE.

Mais, moi-même, seigneur, que faut-il que je croie?
Quel obstacle nouveau s'oppose à votre joie?
Me trompiez-vous tantôt au sortir de ces lieux,
Lorsque encor tout ému de vos derniers adieux,
Tremblant d'avoir osé s'expliquer devant elle,
Votre cœur me comptait son audace nouvelle?
Vous fuyiez un hymen qui vous faisait trembler.
Cet hymen est rompu : quel soin peut vous troubler?
Suivez les doux transports où l'amour vous invite.

ANTIOCHUS.

Arsace, je me vois chargé de sa conduite :
Je jouirai longtemps de ces chers entretiens ;
Ses yeux même pourront s'accoutumer aux miens,
Et peut-être son cœur fera la différence
Des froideurs de Titus à ma persévérance.
Titus m'accable ici du poids de sa grandeur ;
Tout disparaît dans Rome auprès de sa splendeur :
Mais quoique l'Orient soit plein de sa mémoire,
Bérénice y verra des traces de ma gloire.

ARSACE.

N'en doutez point, seigneur, tout succède à vos vœux.

ANTIOCHUS.

Ah! que nous nous plaisons à nous tromper tous deux !

ARSACE.

Et pourquoi nous tromper?

ANTIOCHUS.

Quoi! je lui pourrais plaire?
Bérénice à mes vœux ne serait plus contraire?
Bérénice d'un mot flatterait mes douleurs?
Penses-tu seulement que parmi ses malheurs,
Quand l'univers entier négligerait ses charmes,
L'ingrate me permît de lui donner des larmes,
Ou qu'elle s'abaissât jusques à recevoir
Des soins qu'à mon amour elle croirait devoir?

ARSACE.
Et qui peut mieux que vous consoler sa disgrâce?
Sa fortune, seigneur, va prendre une autre face :
Titus la quitte.

ANTIOCHUS.
Hélas! de ce grand changement,
Il ne me reviendra que le nouveau tourment
D'apprendre par ses pleurs à quel point elle l'aime :
Je la verrai gémir; je la plaindrai moi-même.
Pour fruit de tant d'amour, j'aurai le triste emploi
De recueillir des pleurs qui ne sont pas pour moi.

ARSACE.
Quoi! ne vous plairez-vous qu'à vous gêner sans cesse?
Jamais dans un grand cœur vit-on plus de faiblesse?
Ouvrez les yeux, seigneur, et songeons entre nous
Par combien de raisons Bérénice est à vous.
Puisque aujourd'hui Titus ne prétend plus lui plaire,
Songez que votre hymen lui devient nécessaire.

ANTIOCHUS.
Nécessaire?

ARSACE.
A ses pleurs accordez quelques jours;
De ses premiers sanglots laissez passer le cours :
Tout parlera pour vous, le dépit, la vengeance,
L'absence de Titus, le temps, votre présence,
Trois sceptres que son bras ne peut seul soutenir,
Vos deux États voisins qui cherchent à s'unir;
L'intérêt, la raison, l'amitié, tout vous lie.

ANTIOCHUS.
Ah! je respire, Arsace; et tu me rends la vie :
J'accepte avec plaisir un présage si doux.
Que tardons-nous? faisons ce qu'on attend de nous.
Entrons chez Bérénice; et, puisqu'on nous l'ordonne,
Allons lui déclarer que Titus l'abandonne...
Mais plutôt demeurons. Que faisais-je? Est-ce à moi,
Arsace, à me charger de ce cruel emploi?
Soit vertu, soit amour, mon cœur s'en effarouche.
L'aimable Bérénice entendrait de ma bouche
Qu'on l'abandonne! Ah, reine! et qui l'aurait pensé
Que ce mot dût jamais vous être prononcé!

ARSACE.
La haine sur Titus tombera tout entière.

Seigneur, si vous parlez, ce n'est qu'à sa prière.
ANTIOCHUS.
Non, ne la voyons point ; respectons sa douleur :
Assez d'autres viendront lui conter son malheur.
Et ne la crois-tu pas assez infortunée
D'apprendre à quel mépris Titus l'a condamnée,
Sans lui donner encor ce déplaisir fatal
D'apprendre ce mépris par son propre rival ?
Encor un coup, fuyons ; et par cette nouvelle
N'allons point nous charger d'une haine immortelle.
ARSACE.
Ah ! la voici, seigneur ; prenez votre parti.
ANTIOCHUS.
O ciel !

SCÈNE III. — BÉRÉNICE, ANTIOCHUS, ARSACE, PHÉNICE.

BÉRÉNICE.
Hé quoi, seigneur ! vous n'êtes point parti !
ANTIOCHUS.
Madame, je vois bien que vous êtes déçue,
Et que c'était César que cherchait votre vue.
Mais n'accusez que lui si, malgré mes adieux,
De ma présence encor j'importune vos yeux.
Peut-être en ce moment je serais dans Ostie,
S'il ne m'eût de sa cour défendu la sortie.
BÉRÉNICE.
Il vous cherche vous seul. Il nous évite tous.
ANTIOCHUS.
Il ne m'a retenu que pour parler de vous.
BÉRÉNICE.
De moi, prince ?
ANTIOCHUS.
Oui, madame.
BÉRÉNICE.
Et qu'a-t-il pu vous dire ?
ANTIOCHUS.
Mille autre mieux que moi pourront vous en instruire.
BÉRÉNICE.
Quoi, Seigneur !...

ANTIOCHUS.
Suspendez votre ressentiment.
D'autres, loin de se taire en ce même moment,
Triompheraient peut-être, et, pleins de confiance,
Céderaient avec joie à votre impatience ;
Mais moi, toujours tremblant, moi, vous le savez bien,
A qui votre repos est plus cher que le mien,
Pour ne le point troubler j'aime mieux vous déplaire,
Et crains votre douleur plus que votre colère.
Avant la fin du jour vous me justifierez.
Adieu, madame.

BÉRÉNICE.
O ciel ! quel discours ! Demeurez.
Prince, c'est trop cacher mon trouble à votre vue.
Vous voyez devant vous une reine éperdue,
Qui, la mort dans le sein, vous demande deux mots.
Vous craignez, dites-vous, de troubler mon repos ;
Et vos refus cruels, loin d'épargner ma peine,
Excitent ma douleur, ma colère, ma haine.
Seigneur, si mon repos vous est si précieux,
Si moi-même jamais je fus chère à vos yeux,
Éclaircissez le trouble où vous voyez mon âme.
Que vous a dit Titus ?

ANTIOCHUS.
Au nom des dieux, madame...

BÉRÉNICE.
Quoi, vous craignez si peu de me désobéir ?

ANTIOCHUS.
Je n'ai qu'à vous parler pour me faire haïr.

BÉRÉNICE.
Je veux que vous parliez.

ANTIOCHUS.
Dieux ! quelle violence !
Madame, encore un coup, vous louerez mon silence.

BÉRÉNICE.
Prince, dès ce moment, contentez mes souhaits,
Ou soyez de ma haine assuré pour jamais.

ANTIOCHUS.
Madame, après cela je ne puis plus me taire.
Eh bien, vous le voulez, il faut vous satisfaire.
Mais ne vous flattez point : je vais vous annoncer

Peut-être des malheurs où vous n'osez penser.
Je connais votre cœur : vous devez vous attendre
Que je le vais frapper par l'endroit le plus tendre.
Titus m'a commandé...
BÉRÉNICE.
Quoi ?
ANTIOCHUS.
De vous déclarer
Qu'à jamais l'un de l'autre il faut vous séparer.
BÉRÉNICE.
Nous séparer ! Qui ? moi ? Titus de Bérénice ?
ANTIOCHUS.
Il faut que devant vous je lui rende justice :
Tout ce que dans un cœur sensible et généreux,
L'amour au désespoir peut rassembler d'affreux,
Je l'ai vu dans le sien. Il pleure, il vous adore.
Mais enfin que lui sert de vous aimer encore ?
Une reine est suspecte à l'empire romain.
Il faut vous séparer ; et vous partez demain.
BÉRÉNICE.
Nous séparer ! Hélas, Phénice !
PHÉNICE.
Eh bien, madame,
Il faut ici montrer la grandeur de votre âme.
Ce coup sans doute est rude, il doit vous étonner.
BÉRÉNICE.
Après tant de serments Titus m'abandonner !...
Titus qui me jurait... Non, je ne le puis croire ;
Il ne me quitte point, il y va de sa gloire.
Contre son innocence on veut me prévenir.
Ce piége n'est tendu que pour nous désunir.
Titus m'aime, Titus ne veut point que je meure.
Allons le voir : je veux lui parler tout à l'heure.
Allons.
ANTIOCHUS.
Quoi ! vous pourriez ici me regarder...
BÉRÉNICE.
Vous le souhaitez trop pour me persuader.
Je ne vous croyais point ; mais, quoi qu'il en puisse être,
Pour jamais à mes yeux gardez-vous de paraître.
À Phénice.
Ne m'abandonne pas dans l'état où je suis.
Hélas ! pour me tromper je fais ce que je puis.

SCÈNE IV. — ANTIOCHUS, ARSACE.

ANTIOCHUS.

Ne me trompé-je point? l'ai-je bien entendue?
Que je me garde, moi, de paraître à sa vue!
Je m'en garderai bien. Eh! ne partais-je pas,
Si Titus malgré moi n'eût arrêté mes pas?
Sans doute il faut partir. Continuons, Arsace.
Elle croit m'affliger : sa haine me fait grâce.
Tu me voyais tantôt inquiet, égaré;
Je partais amoureux, jaloux, désespéré;
Et maintenant, Arsace, après cette défense,
Je partirai peut-être avec indifférence.

ARSACE.

Moins que jamais, seigneur, il faut vous éloigner.

ANTIOCHUS.

Moi, je demeurerai pour me voir dédaigner?
Des froideurs de Titus je serai responsable?
Je me verrai puni parce qu'il est coupable?
Avec quelle injustice et quelle indignité
Elle doute, à mes yeux, de ma sincérité!
Titus l'aime, dit-elle, et moi je l'ai trahie.
L'ingrate! m'accuser de cette perfidie!
Et dans quel temps encor! dans le moment fatal
Que j'étale à ses yeux les pleurs de mon rival;
Que pour la consoler je le faisais paraître
Amoureux et constant, plus qu'il ne l'est peut-être.

ARSACE.

Et de quel soin, seigneur, vous allez vous troubler?
Laissez à ce torrent le temps de s'écouler :
Dans huit jours, dans un mois, n'importe, il faut qu'il
Demeurez seulement.   [passe.]

ANTIOCHUS.

    Non; je la quitte, Arsace.
Je sens qu'à sa douleur je pourrais compatir :
Ma gloire, mon repos, tout m'excite à partir.
Allons; et de si loin évitons la cruelle,
Que de longtemps, Arsace, on ne nous parle d'elle.
Toutefois il nous reste encore assez de jour :
Je vais dans mon palais attendre ton retour;

Va voir si la douleur ne l'a point trop saisie.
Cours; et partons du moins assurés de sa vie.

ACTE QUATRIÈME.

SCÈNE PREMIÈRE. — BÉRÉNICE.

BÉRÉNICE.

Phénice ne vient point! Moments trop rigoureux,
Que vous paraissez lents à mes rapides vœux!
Je m'agite, je cours; languissante, abattue,
La force m'abandonne; et le repos me tue.
Phénice ne vient point! Ah! que cette longueur
D'un présage funeste épouvante mon cœur!
Phénice n'aura point de réponse à me rendre :
Titus, l'ingrat Titus n'a point voulu l'entendre;
Il fuit, il se dérobe à ma juste fureur.

SCÈNE II. — BÉRÉNICE, PHÉNICE.

BÉRÉNICE.

Chère Phénice, eh bien! as-tu vu l'empereur?
Qu'a-t-il dit? viendra-t-il?

PHÉNICE.

Oui, je l'ai vu, madame,
Et j'ai peint à ses yeux le trouble de votre âme.
J'ai vu couler des pleurs qu'il voulait retenir.

BÉRÉNICE.

Vient-il?

PHÉNICE.

N'en doutez point, madame, il va venir.
Mais voulez-vous paraître en ce désordre extrême?
Remettez-vous, madame, et rentrez en vous-même.
Laissez-moi relever ces voiles détachés,
Et ces cheveux épars dont vos yeux sont cachés.
Souffrez que de vos pleurs je répare l'outrage.

BÉRÉNICE.

Laisse, laisse, Phénice; il verra son ouvrage.

Eh! que m'importe, hélas! de ces vains ornements,
Si ma foi, si mes pleurs, si mes gémissements,
Mais que dis-je, mes pleurs! si ma perte certaine,
Si ma mort toute prête enfin ne le ramène,
Dis-moi, que produiront tes secours superflus,
Et tout ce faible éclat qui ne le touche plus?

PHÉNICE.

Pourquoi lui faites-vous cet injuste reproche?
J'entends du bruit, madame, et l'empereur approche.
Venez, fuyez la foule, et rentrons promptement.
Vous l'entretiendrez seul dans votre appartement.

SCÈNE III. — TITUS, PAULIN, Suite.

TITUS.

De la reine, Paulin, flattez l'inquiétude ;
Je vais la voir. Je veux un peu de solitude :
Que l'on me laisse.

PAULIN, à part.

Ô ciel! que je crains ce combat!
Grands dieux! sauvez sa gloire et l'honneur de l'État!
Voyons la reine.

SCÈNE IV. — TITUS.

TITUS.

Eh bien! Titus, que viens-tu faire?
Bérénice t'attend. Où viens-tu, téméraire?
Tes adieux sont-ils prêts? T'es-tu bien consulté?
Ton cœur te promet-il assez de cruauté?
Car enfin au combat qui pour toi se prépare
C'est peu d'être constant, il faut être barbare.
Soutiendrai-je ces yeux dont la douce langueur
Sait si bien découvrir les chemins de mon cœur?
Quand je verrai ces yeux armés de tous leurs charmes
Attachés sur les miens, m'accabler de leur larmes,
Me souviendrai-je alors de mon triste devoir?
Pourrais-je dire enfin : Je ne veux plus vous voir?
Je viens percer un cœur que j'adore, qui m'aime.
Et pourquoi le percer? Qui l'ordonne? Moi-même :
Car enfin Rome a-t-elle expliqué ses souhaits?

L'entendons-nous crier autour de ce palais?
Vois-je l'État penchant au bord du précipice?
Ne le puis-je sauver que par ce sacrifice?
Tout se tait; et moi seul, trop prompt à me troubler,
J'avance des malheurs que je puis reculer.
Et qui sait si, sensible aux vertus de la reine,
Rome ne voudra point l'avouer pour Romaine?
Rome peut par son choix justifier le mien :
Non, non, encore un coup, ne précipitons rien :
Que Rome avec ses lois mette dans la balance
Tant de pleurs, tant d'amour, tant de persévérance,
Rome sera pour nous... Titus, ouvre les yeux :
Quel air respires-tu? N'es-tu pas dans ces lieux
Où la haine des rois, avec le lait sucée,
Par crainte ou par amour ne peut être effacée?
Rome jugea ta reine en condamnant ses rois.
N'as-tu pas en naissant entendu cette voix?
Et n'as-tu pas encore ouï la renommée
T'annoncer ton devoir jusque dans ton armée?
Et lorsque Bérénice arriva sur tes pas,
Ce que Rome en jugeait, ne l'entendis-tu pas?
Faut-il donc tant de fois te le faire redire?
Ah, lâche! fais l'amour, et renonce à l'empire;
Au bout de l'univers va, cours te confiner,
Et fais place à des cœurs plus dignes de régner.
Sont-ce là ces projets de grandeur et de gloire
Qui devaient dans les cœurs consacrer ma mémoire?
Depuis huit jours je règne, et, jusques à ce jour,
Qu'ai-je fait pour l'honneur? J'ai tout fait pour l'amour.
D'un temps si précieux quel compte puis-je rendre?
Où sont ces heureux jours que je faisais attendre?
Quels pleurs ai-je séchés? dans quels yeux satisfaits
Ai-je déjà goûté le fruit de mes bienfaits?
L'univers a-t-il vu changer ses destinées?
Sais-je combien le ciel m'a compté de journées?
Et de ce peu de jours, si longtemps attendus,
Ah, malheureux! combien j'en ai déjà perdus!
Ne tardons plus, faisons ce que l'honneur exige :
Rompons le seul lien...

SCÈNE V. — BÉRÉNICE, TITUS.

BÉRÉNICE, en sortant de son appartement.

Non, laissez-moi, vous dis-je.
En vain tous vos conseils me retiennent ici ;
Il faut que je le voie... Ah, seigneur ! vous voici !
Eh bien, il est donc vrai que Titus m'abandonne !
Il faut nous séparer ! et c'est lui qui l'ordonne !

TITUS.

N'accablez point, madame, un prince malheureux.
Il ne faut point ici nous attendrir tous deux.
Un trouble assez cruel m'agite et me dévore,
Sans que des pleurs si chers me déchirent encore.
Rappelez bien plutôt ce cœur qui tant de fois
M'a fait de mon devoir reconnaître la voix :
Il en est temps. Forcez votre amour à se taire ;
Et, d'un œil que la gloire et la raison éclaire,
Contemplez mon devoir dans toute sa rigueur.
Vous-même, contre vous fortifiez mon cœur ;
Aidez-moi, s'il se peut, à vaincre ma faiblesse,
A retenir des pleurs qui m'échappent sans cesse :
Ou, si nous ne pouvons commander à nos pleurs,
Que la gloire du moins soutienne nos douleurs ;
Et que tout l'univers reconnaisse sans peine
Les pleurs d'un empereur et les pleurs d'une reine.
Car enfin, ma princesse, il faut nous séparer.

BÉRÉNICE.

Ah, cruel ! est-il temps de me le déclarer ?
Qu'avez-vous fait ? Hélas ! je me suis crue aimée ;
Au plaisir de vous voir mon âme accoutumée
Ne vit plus que pour vous : ignoriez-vous vos lois
Quand je vous l'avouai pour la première fois ?
A quel excès d'amour m'avez-vous amenée ?
Que ne me disiez-vous : Princesse infortunée,
Où vas-tu t'engager, et quel est ton espoir ?
Ne donne point un cœur qu'on ne peut recevoir !
Ne l'avez-vous reçu, cruel, que pour le rendre,
Quand de vos seules mains ce cœur voudrait dépendre ?
Tout l'empire a vingt fois conspiré contre nous :
Il était temps encor ; que ne me quittiez-vous ?
Mille raisons alors consolaient ma misère :

Je pouvais de ma mort accuser votre père,
Le peuple, le sénat, tout l'empire romain,
Tout l'univers, plutôt qu'une si chère main.
Leur haine, dès longtemps contre moi déclarée,
M'avait à mon malheur dès longtemps préparée.
Je n'aurais pas, seigneur, reçu ce coup cruel
Dans le temps que j'espère un bonheur immortel,
Quand votre heureux amour peut tout ce qu'il désire,
Lorsque Rome se tait, quand votre père expire,
Lorsque tout l'univers fléchit à vos genoux,
Enfin quand je n'ai plus à redouter que vous.

TITUS.

Et c'est moi seul aussi qui pouvais me détruire.
Je pouvais vivre alors et me laisser séduire;
Mon cœur se gardait bien d'aller dans l'avenir
Chercher ce qui pouvait un jour nous désunir.
Je voulais qu'à mes yeux rien ne fût invincible;
Je n'examinais rien, j'espérais l'impossible.
Que sais-je ? j'espérais de mourir à vos yeux,
Avant que d'en venir à ces cruels adieux.
Les obstacles semblaient renouveler ma flamme.
Tout l'empire parlait : mais la gloire, madame,
Ne s'était point encor fait entendre à mon cœur
Du ton dont elle parle au cœur d'un empereur.
Je sais tous les tourments où ce dessein me livre :
Je sens bien que sans vous je ne saurais plus vivre,
Que mon cœur de moi-même est prêt à s'éloigner;
Mais il ne s'agit plus de vivre, il faut régner.

BÉRÉNICE.

Eh bien, régnez, cruel, contentez votre gloire :
Je ne dispute plus. J'attendais, pour vous croire,
Que cette même bouche, après mille serments
D'un amour qui devait unir tous nos moments,
Cette bouche, à mes yeux s'avouant infidèle,
M'ordonnât elle-même une absence éternelle.
Moi-même j'ai voulu vous entendre en ce lieu.
Je n'écoute plus rien : et, pour jamais, adieu...
Pour jamais ! Ah, seigneur ! songez-vous en vous-même
Combien ce mot cruel est affreux quand on aime ?
Dans un mois, dans un an, comment souffrirons-nous,
Seigneur, que tant de mers me séparent de vous;

Que le jour recommence et que le jour finisse
Sans que jamais Titus puisse voir Bérénice,
Sans que de tout le jour je puisse voir Titus?
Mais quelle est mon erreur, et que de soins perdus!
L'ingrat, de mon départ consolé par avance,
Daignera-t-il compter les jours de mon absence?
Ces jours si longs pour moi lui sembleront trop courts.

TITUS.

Je n'aurai pas, madame, à compter tant de jours:
J'espère que bientôt la triste renommée
Vous fera confesser que vous étiez aimée.
Vous verrez que Titus n'a pu, sans expirer...

BÉRÉNICE.

Ah, seigneur! s'il est vrai, pourquoi nous séparer?
Je ne vous parle point d'un heureux hyménée :
Rome à ne vous plus voir m'a-t-elle condamnée?
Pourquoi m'enviez-vous l'air que vous respirez?

TITUS.

Hélas! vous pouvez tout, madame. Demeurez:
Je n'y résiste point. Mais je sens ma faiblesse :
Il faudra vous combattre et vous craindre sans cesse,
Et sans cesse veiller à retenir mes pas,
Que vers vous à toute heure entraînent vos appas.
Que dis-je? En ce moment, mon cœur, hors de lui-même,
S'oublie, et se souvient seulement qu'il vous aime.

BÉRÉNICE.

Eh bien, seigneur, eh bien, qu'en peut-il arriver?
Voyez-vous les Romains prêts à se soulever?

TITUS.

Et qui sait de quel œil ils prendront cette injure?
S'ils parlent, si les cris succèdent au murmure,
Faudra-t-il par le sang justifier mon choix?
S'ils se taisent, madame, et me vendent leurs lois,
A quoi m'exposez-vous? par quelle complaisance
Faudra-t-il quelque jour payer leur patience?
Que n'oseront-ils point alors me demander?
Maintiendrai-je des lois que je ne puis garder?

BÉRÉNICE.

Vous ne comptez pour rien les pleurs de Bérénice!

TITUS.

Je les compte pour rien! Ah ciel! quelle injustice!

BÉRÉNICE.

Quoi! pour d'injustes lois que vous pouvez changer,
En d'éternels chagrins vous-même vous plonger!
Rome a ses droits, seigneur; n'avez-vous pas les vôtres?
Ses intérêts sont-ils plus sacrés que les nôtres?
Dites, parlez.

TITUS.

Hélas! que vous me déchirez!

BÉRÉNICE.

Vous êtes empereur, seigneur, et vous pleurez!

TITUS.

Oui, madame, il est vrai, je pleure, je soupire,
Je frémis. Mais enfin, quand j'acceptai l'empire,
Rome me fit jurer de maintenir ses droits.
Il les faut maintenir. Déjà plus d'une fois
Rome a de mes pareils exercé la constance.
Ah! si vous remontiez jusques à sa naissance,
Vous les verriez toujours à ses ordres soumis :
L'un, jaloux de sa foi, va chez les ennemis
Chercher, avec la mort, la peine toute prête;
D'un fils victorieux l'autre proscrit la tête;
L'autre, avec des yeux secs et presque indifférents,
Voit mourir ses deux fils par son ordre expirants.
Malheureux! Mais toujours la patrie et la gloire
Ont parmi les Romains remporté la victoire.
Je sais qu'en vous quittant le malheureux Titus
Passe l'austérité de toutes leurs vertus;
Qu'elle n'approche point de cet effort insigne :
Mais, madame, après tout, me croyez-vous indigne
De laisser un exemple à la postérité,
Qui sans de grands efforts ne puisse être imité?

BÉRÉNICE.

Non! je crois tout facile à votre barbarie :
Je vous crois digne, ingrat! de m'arracher la vie.
De tous vos sentiments mon cœur est éclairci.
Je ne vous parle plus de me laisser ici :
Qui? moi, j'aurais voulu, honteuse et méprisée,
D'un peuple qui me hait soutenir la risée!
J'ai voulu vous pousser jusques à ce refus.
C'en est fait, et bientôt vous ne me craindrez plus.
N'attendez pas ici que j'éclate en injures,

Que j'atteste le ciel, ennemi des parjures ;
Non : si le ciel encore est touché de mes pleurs,
Je le prie, en mourant, d'oublier mes douleurs.
Si je forme des vœux contre votre injustice,
Si, devant que mourir, la triste Bérénice
Vous veut de son trépas laisser quelque vengeur,
Je ne le cherche, ingrat, qu'au fond de votre cœur.
Je sais que tant d'amour n'en peut être effacée ;
Que ma douleur présente, et ma bonté passée,
Mon sang qu'en ce palais je veux même verser,
Sont autant d'ennemis que je vais vous laisser :
Et, sans me repentir de ma persévérance,
Je me remets sur eux de toute ma vengeance.
Adieu.

SCÈNE VI. — TITUS, PAULIN.

PAULIN.

Dans quel dessein vient-elle de sortir,
Seigneur ? Est-elle enfin disposée à partir ?

TITUS.

Paulin, je suis perdu ! je n'y pourrai survivre,
La reine veut mourir. Allons, il faut la suivre.
Courons à son secours.

PAULIN.

Hé quoi ! n'avez-vous pas
Ordonné dès tantôt qu'on observe ses pas ?
Ses femmes, à toute heure autour d'elle empressées,
Sauront la détourner de ces tristes pensées.
Non, non, ne craignez rien. Voilà les plus grands coups,
Seigneur ; continuez, la victoire est à vous.
Je sais que sans pitié vous n'avez pu l'entendre ;
Moi-même en la voyant je n'ai pu m'en défendre.
Mais regardez plus loin : songez, en ce malheur,
Quelle gloire va suivre un moment de douleur,
Quels applaudissements l'univers vous prépare,
Quel rang dans l'avenir...

TITUS.

Non ; je suis un barbare.
Moi-même je me hais. Néron, tant détesté,
N'a point à cet excès poussé sa cruauté.

Je ne souffrirai point que Bérénice expire.
Allons, Rome en dira ce qu'elle en voudra dire.

PAULIN.

Quoi, seigneur!

TITUS.

Je ne sais, Paulin, ce que je dis;
L'excès de ma douleur accable mes esprits.

PAULIN.

Ne troublez point le cours de votre renommée :
Déjà de vos adieux la nouvelle est semée;
Rome, qui gémissait, triomphe avec raison;
Tous les temples ouverts fument en votre nom;
Et le peuple, élevant vos vertus jusqu'aux nues,
Va partout de lauriers couronner vos statues.

TITUS.

Ah, Rome! Ah, Bérénice! Ah, prince malheureux!
Pourquoi suis-je empereur? pourquoi suis-je amoureux?

SCÈNE VII. — TITUS, ANTIOCHUS, PAULIN, ARSACE.

ANTIOCHUS.

Qu'avez-vous fait, seigneur? l'aimable Bérénice
Va peut-être expirer dans les bras de Phénice.
Elle n'entend ni pleurs, ni conseil, ni raison;
Elle implore à grands cris le fer et le poison.
Vous seul vous lui pouvez arracher cette envie :
On vous nomme, et ce nom la rappelle à la vie;
Ses yeux, toujours tournés vers votre appartement,
Semblent vous demander de moment en moment.
Je n'y puis résister, ce spectacle me tue.
Que tardez-vous? allez vous montrer à sa vue.
Sauvez tant de vertus, de grâces, de beauté,
Ou renoncez, seigneur, à toute humanité.
Dites un mot.

TITUS.

Hélas! quel mot puis-je lui dire?
Moi-même en ce moment sais-je si je respire?

SCÈNE VIII. — TITUS, ANTIOCHUS, PAULIN, ARSACE, RUTILE.

RUTILE.

Seigneur, tous les tribuns, les consuls, le sénat,
Viennent vous demander au nom de tout l'État :
Un grand peuple les suit, qui, plein d'impatience,
Dans votre appartement attend votre présence.

TITUS.

Je vous entends, grands dieux, vous voulez rassurer
Ce cœur que vous voyez tout prêt à s'égarer.

PAULIN.

Venez, seigneur : passons dans la chambre prochaine ;
Allons voir le sénat.

ANTIOCHUS.

   Ah ! courez chez la reine.

PAULIN.

Quoi ! vous pourriez, seigneur, par cette indignité,
De l'empire à vos pieds fouler la majesté ?
Rome...

TITUS.

  Il suffit, Paulin ; nous allons les entendre.

À Antiochus.

Prince, de ce devoir je ne puis me défendre.
Voyez la reine. Allez. J'espère, à mon retour,
Qu'elle ne pourra plus douter de mon amour.

ACTE CINQUIÈME.

SCÈNE PREMIÈRE. — ARSACE.

ARSACE.

Où pourrai-je trouver ce prince trop fidèle ?
Ciel, conduisez mes pas, et secondez mon zèle :
Faites qu'en ce moment je lui puisse annoncer
Un bonheur où peut-être il n'ose plus penser !

SCÈNE II. — ANTIOCHUS, ARSACE.

ARSACE.

Ah! quel heureux destin en ces lieux vous renvoie,
Seigneur!

ANTIOCHUS.

Si mon retour t'apporte quelque joie,
Arsace, rends-en grâce à mon seul désespoir.

ARSACE.

La reine part, seigneur.

ANTIOCHUS.

Elle part!

ARSACE.

Dès ce soir :
Ses ordres sont donnés. Elle s'est offensée
Que Titus à ses pleurs l'ait si longtemps laissée.
Un généreux dépit succède à sa fureur :
Bérénice renonce à Rome, à l'empereur,
Et même veut partir avant que Rome, instruite,
Puisse voir son désordre et jouir de sa fuite.
Elle écrit à César.

ANTIOCHUS.

O ciel! qui l'aurait cru?
Et Titus?

ARSACE.

A ses yeux Titus n'a point paru.
Le peuple avec transport l'arrête et l'environne,
Applaudissant aux noms que le sénat lui donne ;
Et ces noms, ces respects, ces applaudissements,
Deviennent pour Titus autant d'engagements,
Qui, le liant, seigneur, d'une honorable chaîne,
Malgré tous ses soupirs, et les pleurs de la reine,
Fixent dans son devoir ses vœux irrésolus.
C'en est fait ; et peut-être il ne la verra plus.

ANTIOCHUS.

Que de sujets d'espoir, Arsace! je l'avoue :
Mais d'un soin si cruel la fortune me joue.
J'ai vu tous mes projets tant de fois démentis,
Que j'écoute en tremblant tout ce que tu me dis ;
Et mon cœur, prévenu d'une crainte importune,
Croit, même en espérant, irriter la fortune.

Mais que vois-je? Titus porte vers nous ses pas !
Que veut-il?

SCÈNE III. — TITUS, ANTIOCHUS, ARSACE.

TITUS, à sa Suite.

Demeurez: qu'on ne me suive pas.

A Antiochus.

Enfin, prince, je viens dégager ma promesse.
Bérénice m'occupe et m'afflige sans cesse:
Je viens, le cœur percé de vos pleurs et des siens,
Calmer des déplaisirs moins cruels que les miens.
Venez, prince, venez: je veux bien que vous-même
Pour la dernière fois vous voyiez si je l'aime.

SCÈNE IV. — ANTIOCHUS, ARSACE.

ANTIOCHUS.

Eh bien ! voilà l'espoir que tu m'avais rendu !
Et tu vois le triomphe où j'étais attendu !
Bérénice partait justement irritée !
Pour ne la plus revoir Titus l'avait quittée !
Qu'ai-je donc fait, grands dieux? quel cours infortuné
A ma funeste vie aviez-vous destiné?
Tous mes moments ne sont qu'un éternel passage
De la crainte à l'espoir, de l'espoir à la rage.
Et je respire encor ! Bérénice ! Titus !
Dieux cruels ! de mes pleurs vous ne vous rirez plus.

SCÈNE V. — TITUS, BÉRÉNICE, PHÉNICE.

BÉRÉNICE.

Non, je n'écoute rien. Me voilà résolue;
Je veux partir. Pourquoi vous montrer à ma vue?
Pourquoi venir encore aigrir mon désespoir?
N'êtes-vous pas content? Je ne veux plus vous voir.

TITUS.

Mais, de grâce, écoutez.

BÉRÉNICE.

Il n'est plus temps.

TITUS.

Un mot. Madame,

BÉRÉNICE.

Non.

TITUS.

Dans quel trouble elle jette mon âme !
Ma princesse, d'où vient ce changement soudain ?

BÉRÉNICE.

C'en est fait. Vous voulez que je parte demain :
Et moi j'ai résolu de partir tout à l'heure :
Et je pars.

TITUS.

Demeurez.

BÉRÉNICE.

Ingrat ! que je demeure ?
Et pourquoi ? pour entendre un peuple injurieux
Que fait de mon malheur retentir tous ces lieux ?
Ne l'entendez-vous pas cette cruelle joie,
Tandis que dans les pleurs moi seule je me noie ?
Quel crime, quelle offense a pu les animer ?
Hélas ! et qu'ai-je fait que de vous trop aimer ?

TITUS.

Écoutez-vous, madame, une foule insensée ?

BÉRÉNICE.

Je ne vois rien ici dont je ne sois blessée.
Tout cet appartement préparé par vos soins,
Ces lieux, de mon amour si longtemps les témoins,
Qui semblaient pour jamais me répondre du vôtre,
Ces festons, où nos noms enlacés l'un dans l'autre
A mes tristes regards viennent partout s'offrir,
Sont autant d'imposteurs que je ne puis souffrir.
Allons, Phénice.

TITUS.

O ciel ! que vous êtes injuste !

BÉRÉNICE.

Retournez, retournez vers ce sénat auguste
Qui vient vous applaudir de votre cruauté.
Eh bien ! avec plaisir l'avez-vous écouté ?
Êtes-vous pleinement content de votre gloire ?
Avez-vous bien promis d'oublier ma mémoire ?
Mais ce n'est pas assez expier vos amours :
Avez-vous bien promis de me haïr toujours ?

TITUS.

Non, je n'ai rien promis. Moi, que je vous haïsse !

Que je puisse jamais oublier Bérénice ?
Ah, dieux ! dans quel moment son injuste rigueur
De ce cruel soupçon vient affliger mon cœur !
Connaissez-moi, madame, et depuis cinq années
Comptez tous les moments et toutes les journées
Où, par plus de transports et par plus de soupirs,
Je vous ai de mon cœur exprimé les désirs ;
Ce jour surpasse tout. Jamais, je le confesse,
Vous ne fûtes aimée avec tant de tendresse ;
Et jamais...

BÉRÉNICE.

Vous m'aimez, vous me le soutenez ;
Et cependant je pars ; et vous me l'ordonnez !
Quoi ! dans mon désespoir trouvez-vous tant de charmes ?
Craignez-vous que mes yeux versent trop peu de larmes ?
Que me sert de ce cœur l'inutile retour ?
Ah, cruel ! par pitié montrez-moi moins d'amour ;
Ne me rappelez point une trop chère idée :
Et laissez-moi du moins partir persuadée
Que, déjà de votre âme exilée en secret,
J'abandonne un ingrat qui me perd sans regret.

Titus lit une lettre.

Vous m'avez arraché ce que je viens d'écrire.
Voilà de votre amour tout ce que je désire :
Lisez, ingrat, lisez, et me laissez sortir.

TITUS.

Vous ne sortirez point, je n'y puis consentir.
Quoi ! ce départ n'est donc qu'un cruel stratagème !
Vous cherchez à mourir ! et de tout ce que j'aime
Il ne restera plus qu'un triste souvenir !
Qu'on cherche Antiochus ; qu'on le fasse venir.

Bérénice se laisse tomber sur un siége.

SCÈNE VI. — TITUS, BÉRÉNICE.

TITUS.

Madame, il faut vous faire un aveu véritable.
Lorsque j'envisageai le moment redoutable
Où, pressé par les lois d'un austère devoir,
Il fallait pour jamais renoncer à vous voir ;
Quand de ce triste adieu je prévis les approches,

Mes craintes, mes combats, vos larmes, vos reproches,
Je préparai mon âme à toutes les douleurs
Que peut faire sentir le plus grand des malheurs :
Mais quoi que je craignisse, il faut que je le die,
Je n'en avais prévu que la moindre partie ;
Je croyais ma vertu moins prête à succomber,
Et j'ai honte du trouble où je la vois tomber.
J'ai vu devant mes yeux Rome entière assemblée ;
Le sénat m'a parlé : mais mon âme accablée
Écoutait sans entendre, et ne leur a laissé,
Pour prix de leurs transports, qu'un silence glacé.
Rome de votre sort est encore incertaine :
Moi-même à tous moments je me souviens à peine
Si je suis empereur, ou si je suis Romain.
Je suis venu vers vous sans savoir mon dessein :
Mon amour m'entraînait, et je venais peut-être
Pour me chercher moi-même, et pour me reconnaître.
Qu'ai-je trouvé ? Je vois la mort peinte en vos yeux ;
Je vois pour la chercher que vous quittez ces lieux.
C'en est trop. Ma douleur, à cette triste vue,
A son dernier excès est enfin parvenue :
Je ressens tous les maux que je puis ressentir.
Mais je vois le chemin par où j'en puis sortir.
Ne vous attendez point que, las de tant d'alarmes,
Par un heureux hymen je tarisse vos larmes.
En quelque extrémité que vous m'ayez réduit,
Ma gloire inexorable à toute heure me suit ;
Sans cesse elle présente à mon âme étonnée
L'empire imcompatible avec votre hyménée,
Me dit qu'après l'éclat et les pas que j'ai faits
Je dois vous épouser encor moins que jamais.
Oui, madame, et je dois moins encore vous dire
Que je suis prêt pour vous d'abandonner l'empire,
De vous suivre, et d'aller, trop content de mes fers,
Soupirer avec vous au bout de l'univers :
Vous-même rougiriez de ma lâche conduite :
Vous verriez à regret marcher à votre suite
Un indigne empereur sans empire, sans cour,
Vil spectacle aux humains des faiblesses d'amour.
Pour sortir des tourments dont mon âme est la proie,
Il est, vous le savez, une plus noble voie ;

Je me suis vu, madame, enseigner ce chemin
Et par plus d'un héros et par plus d'un Romain :
Lorsque trop de malheurs ont lassé leur constance,
Ils ont tous expliqué cette persévérance
Dont le sort s'attachait à les persécuter
Comme un ordre secret de n'y plus résister.
Si vos pleurs plus longtemps viennent frapper ma vue,
Si toujours à mourir je vous vois résolue,
S'il faut qu'à tous moments je tremble pour vos jours,
Si vous ne me jurez d'en respecter le cours,
Madame, à d'autres pleurs vous devez vous attendre ;
En l'état où je suis je puis tout entreprendre,
Et je ne réponds pas que ma main à vos yeux
N'ensanglante à la fin nos funestes adieux.

BÉRÉNICE.

Hélas !

TITUS.

Non, il n'est rien dont je ne sois capable.
Vous voilà de mes jours maintenant responsable :
Songez-y bien, madame ; et si je vous suis cher...

SCÈNE VII. — TITUS, BÉRÉNICE, ANTIOCHUS.

TITUS.

Venez, prince, venez, je vous ai fait chercher.
Soyez ici témoin de toute ma faiblesse :
Voyez si c'est aimer avec peu de tendresse,
Jugez-nous.

ANTIOCHUS.

Je crois tout : je vous connais tous deux.
Mais connaissez vous-même un prince malheureux.
Vous m'avez honoré, seigneur, de votre estime :
Et moi, je puis ici vous le jurer sans crime,
A vos plus chers amis j'ai disputé ce rang ;
Je l'ai disputé même aux dépens de mon sang.
Vous m'avez malgré moi confié, l'un et l'autre,
La reine, son amour, et vous, seigneur, le vôtre.
La reine qui m'entend peut me désavouer ;
Elle m'a vu toujours, ardent à vous louer,
Répondre par mes soins à votre confidence.
Vous croyez m'en devoir quelque reconnaissance :

ACTE CINQUIÈME.

Mais le pourriez-vous croire, en ce moment fatal,
Qu'un ami si fidèle était votre rival?
TITUS.
Mon rival!
ANTIOCHUS.
Il est temps que je vous éclaircisse.
Oui, seigneur, j'ai toujours adoré Bérénice.
Pour ne la plus aimer j'ai cent fois combattu:
Je n'ai pu l'oublier; au moins je me suis tu.
De votre changement la flatteuse apparence
M'avait rendu tantôt quelque faible espérance.
Les larmes de la reine ont éteint cet espoir.
Ses yeux, baignés de pleurs, demandaient à vous voir:
Je suis venu, seigneur, vous appeler moi-même.
Vous êtes revenu. Vous aimez, on vous aime;
Vous vous êtes rendu: je n'en ai point douté.
Pour la dernière fois je me suis consulté;
J'ai fait de mon courage une épreuve dernière:
Je viens de rappeler ma raison tout entière:
Jamais je ne me suis senti plus amoureux.
Il faut d'autres efforts pour rompre tant de nœuds:
Ce n'est qu'en expirant que je puis les détruire;
J'y cours. Voilà de quoi j'ai voulu vous instruire.
Oui, madame, vers vous j'ai rappelé ses pas.
Mes soins ont réussi; je ne m'en repens pas.
Puisse le ciel verser sur toutes vos années
Mille prospérités l'une à l'autre enchaînées!
Ou, s'il vous garde encore un reste de courroux,
Je conjure les dieux d'épuiser tous les coups
Qui pourraient menacer une si belle vie,
Sur ses jours malheureux que je vous sacrifie.
BÉRÉNICE, se levant.
Arrêtez, arrêtez! Prince trop généreux,
En quelle extrémité me jetez-vous tous deux!
Soit que je vous regarde, ou que je l'envisage,
Partout du désespoir je rencontre l'image;
Je ne vois que des pleurs, et je n'entends parler
Que de trouble, d'horreurs, de sang prêt à couler.
A Titus.
Mon cœur vous est connu, seigneur, et je puis dire
Qu'on ne l'a jamais vu soupirer pour l'empire:

La grandeur des Romains, la pourpre des Césars
N'ont point, vous le savez, attiré mes regards.
J'aimais, seigneur, j'aimais, je voulais être aimée.
Ce jour, je l'avouerai, je me suis alarmée ;
J'ai cru que votre amour allait finir son cours :
Je connais mon erreur, et vous m'aimez toujours.
Votre cœur s'est troublé, j'ai vu couler vos larmes.
Bérénice, seigneur, ne vaut point tant d'alarmes,
Ni que par votre amour l'univers malheureux,
Dans le temps que Titus attire tous ses vœux,
Et que de vos vertus il goûte les prémices,
Se voie en un moment enlever ses délices.
Je crois, depuis cinq ans ans jusqu'à ce dernier jour,
Vous avoir assuré d'un véritable amour :
Ce n'est pas tout ; je veux, en ce moment funeste,
Par un dernier effort couronner tout le reste :
Je vivrai, je suivrai vos ordres absolus.
Adieu, seigneur. Régnez : je ne vous verrai plus.
    A Antiochus.
Prince, après cet adieu, vous jugez bien vous-même
Que je ne consens pas de quitter ce que j'aime
Pour aller loin de Rome écouter d'autres vœux.
Vivez, et faites-vous un effort généreux.
Sur Titus et sur moi réglez votre conduite :
Je l'aime, je le fuis ; Titus m'aime, il me quitte :
Portez loin de mes yeux vos soupirs et vos fers.
Adieu. Servons tous trois d'exemple à l'univers
De l'amour la plus tendre et la plus malheureuse
Dont il puisse garder l'histoire douloureuse.
Tout est prêt. On m'attend. Ne suivez point mes pas.
    A Titus.
Pour la dernière fois, adieu, seigneur.
               ANTIOCHUS.
                            Hélas !

FIN DE BÉRÉNICE
ET DU TOME PREMIER.

TABLE

	Pages
Les cinq derniers mois de la vie de Racine, par C.-A. Sainte-Beuve, de l'Académie française.	1
La Thébaïde, ou les Frères ennemis.	1
Alexandre le Grand	49
Andromaque.	96
Les Plaideurs.	149
Britannicus.	196
Bérénice.	253

… fils Antonine, Aventure … quatre Femmes, Boîte d'argent, Dame aux Camélias, Dame aux Perles, Diane de Lys, Docteur Servans, Régent Mustel, Le Roman d'une Femme, Sophie Printems, Tristan le Roux, Trois Hommes forts, La Vie à vingt ans. **G. d'Entragues** Histoires d'Amour et d'Argent. **X. Eyma** Aventuriers et Corsaires, Femmes du Nouveau-Monde, Les Peaux-Rouges, Le Roi des Tropiques, Le Trône d'Argent. **P. Féval** Alizia Pauli, Amours de Paris, Capitaine Simon, Compagnons du Silence, Dernières Fées, Fanfarons du Roi, Maison de Pilate, Nuits de Paris, Roi des Gueux. **G. Flaubert** Madame Bovary. **P. Foucher** Vie de plaisir. **Fournier et Arnould** Struensée. **A. Frémy** Confessions d'un Bohémien. **Galoppe d'Onquaire** Diable Boiteux à Paris, Diable Boiteux au Château, Diable Boiteux au Village. **A. Gandon** Le Grand Godard, L'oncle Philibert, Les 32 duels de Jean Gigon. **S. Gay** Anatole, Comte de Guiche, Comtesse d'Egmont, Duchesse de Châteauroux, Ellénore, Le Faux frère, Laure d'Estell, Léonie de Montbreuse, Malheurs d'un Amant heureux, Un Mariage sous l'Empire, Mari confident, Marie de Mancini, Marie-Louise d'Orléans, Moqueur amoureux, Physiologie du ridicule, Salons célèbres, Souvenirs d'une vieille Femme. **J. Gérard** Chasse au Lion. **G. de Nerval** Bohème galante, Filles du Feu, Marquis de Fayolle, Souvenirs d'Allemagne. **E. de Girardin** Émile. **Mme E. de Girardin** Canne de M. de Balzac, Contes d'une vieille Fille, La Croix de Berny, Il ne faut pas jouer avec la douleur, Le Lorgnon, Marguerite, Marquis de Pontanges, Nouvelles, Poésies complètes, Vicomte de Launay. **W. Godwin** Caleb Williams. **Gœthe** Hermann et Dorothée, Werther. **Ol. Goldsmith** Vicaire de Wakefield. **L. Gozlan** Baril de Poudre d'or, La Comédie et les Comédiens, La Folle du logis, Notaire de Chantilly. **Mme Manoel de Grandfort** L'Amour aux champs, L'Autre Monde. **M. Guizot** La France et la Prusse. **L. Hilaire** Nouvelles fantaisistes. **Hillebrand** La Chambre obscure, Scènes de la vie hollandaise. **A. Houssaye** L'Amour comme il est, Femmes comme elles sont. **Ch. Hugo** Chaise de paille. **F. Victor Hugo** Faust anglais, Sonnets. **J. Janin** L'Âne mort, Le Chemin de traverse, Un cœur pour deux Amours, La Confession. **Ch. Jobey** L'Amour d'un Nègre. **Prince de Joinville** Guerre d'Amérique, Campagne du Potomac. **P. Juillerat** Les deux Balcons. **A. Karr** Agathe et Cécile, Chemin le plus court, Clotilde, Clovis Gosselin, Contes et Nouvelles, Encore les Femmes, Famille Alain, Les Femmes, Feu Bressier, Les Fleurs, Geneviève, Les Guêpes, Une heure trop tard, Hist. de Rose et Jean Duchemin, Hortense, Menus propos, Midi à quatorze heures, Pêche en eau douce et en eau salée, Pénélope Normande, Poignée de Vérités, Promenades hors de mon Jardin, Raoul, Roses noires et Roses bleues, Soirées de Sainte-Adresse, Sous les Orangers, Sous les Tilleuls, Trois cents Pages. **Kauffmann** Brillat le Menuisier. **Henry de Kock** Mademoiselle ma Femme. **Léopold Kompert** Juifs de la Bohême, Scènes du Ghetto. **Lacretelle** La Poste aux chevaux. **Mme Lafarge** Heures de Prison, Mémoires. **Ch. Lafont** Légendes de la Charité. **G. de la Landelle** Les Passagères. **Stép. de la Madelaine** Secret d'une renommée. **J. de la Madelène** Âmes en peine, Marquis des Saffras. **Lamartine** Antar, Balzac et ses œuvres, Benvenuto Cellini, Bossuet, Christophe Colomb, Cicéron, Conseiller du Peuple, Cromwell, Fénelon, Foyers du Peuple, Geneviève, Guillaume Tell, Héloïse et Abélard, Homère et Socrate, Jacquard — Gutenberg, J.-J. Rousseau, Jeanne d'Arc, Mme de Sévigné, Nelson, Régina, Rustem, Toussaint Louverture, Vie du Tasse. **Lamennais** Le Livre du Peuple, Paroles d'un Croyant. **Ch. de la Rounat** Comédie de l'Amour. **H. de Latouche** Adrienne, Aymar, Clément XIV et Carlo Bertinazzi, Fragoletta, France et Marie, Grangeneuve, Léo, Un Mirage, Olivier Brusson, Petit Pierre, Vallée aux Loups. **Ch. Lavollée** Chine contemporaine. **C. Ledhuy** Capitaine d'Aventures, Le Fils maudit, La Nuit terrible. **L. Lurine** Ici l'on aime. **Ch. Magnin** Histoire des Marionnettes. **F. Mallefille** Marcel, Mémoires de don Juan, Monsieur Corbeau. **Comte de Marcellus** Chants populaires de la Grèce moderne. **Marivaux** Théâtre. **X. Marmier** Au bord de la Néva, En chemin de fer, Une grande dame russe, Histoires allemandes et scandinaves. **Doc. F. Maynard** Drame dans les mers Boréales. **Capit. Mayne-Reid** Chasseurs de Chevelures. **Méry** Un amour dans l'avenir, André Chénier, Le Bonnet vert, Carnaval de Paris, Chasse au Chastre, Château vert, Une Conspiration au Louvre, Damnés de l'Inde, Dernier Fantôme, Les deux Amazones, Histoire de Famille, Un Homme heureux, Un mariage de Paris, M. Auguste, Nuits anglaises, Nuits italiennes, Nuit du midi, Salons et Souterrains de Paris, Le Transporté, Trafalgar, Ursule, Vie fantastique. **P. Meurice** Tyrans de village. **E. de Mirecourt** Masaniello, le Pêcheur de Naples. **P. de Molènes** Avent. du temps passé, Caractères et récits du Temps, Chron. contemporaines, Hist. intimes, Hist. sentimentales et militaires, Mém. d'un Gentilh. du siècle

der
pla…s
Prd … e
… nes
n … es My
ou … ali es Co
Montali … 18, am
gouvernem. par … e faire
de Moynier Bohémiens et g
Seigneurs. **Hég. Moreau** Œ
F. Mornand Bernerette. **H**
ger Les Buveurs d'eau, D
Rendez-vous, Madame Olymp
Pays Latin, Propos de Vil
Propos de Théâtre, Roman de
les Femmes, Le Sabot rouge, S
de campagne, Scènes de la v
bohème, Scènes de la vie d
nesse, Vacances de Camille.
Musset, de Balzac, G.
Les Parisiennes à Paris, **N**
Miroir aux Alouettes, Quand
tais étudiant. **H. Nicolle** Le
de mouches. **J. Noriac** Mad
selle Poucet. **Ed. Ourliac**
Garnaches. **P. Perret** Bou
de campagne, Histoire d'une
femme. **E. Pichat** La Pa
Am. Pichot Cheval-Rouge, D
en Hongrie, l'Écolier de W
Scott, Femme du-coucamne, I
amoureux. **Edgar Poe** A
d'Arthur Gordon Pym, Eu
Hist. extraordinaires, Hist. g
ques et sérieuses, Nouv. His
traord. **F. Ponsard** Études
ques. **A. de Pontmartin** C
d'un Planteur de Choux, Co
Nouvelles, Fin du Procès, M
res d'un Notaire, Or et clinq
Pourquoi je reste à la Camp
L'abbé Prévost Manon Les
Rabelais Œuvres complètes.
Radcliffe La Forêt, l'Italien
Confess. des Pénitents noirs,
ou les Souterrains du Châte
Mazzini, Mystères du Château
dolphe, Visions du Château
Pyrénées. **Raousset-Boulbon**
Conversion. **E. Renan** Jésus
H. Revoil Le Docteur amér
Harem du Nouv.-Monde. **L.**
baud Ce qu'on peut voir dan
rue, César Falempin, Comtes
Mauléon, Le Coq du clocher, D
des commis-voyageurs, Ed
Mongeron, l'Industrie en Europ
rôme Paturot à la recherche
meilleure des républi. — à la re
che d'une position sociale,
Brontin, Mathias l'humoriste, P
Mouton, La Vie à rebours,
corsaire. **W. Reynolds** Les
mes de Londres, Frères de l
surrection, La Taverne du D
Mystères du cabinet noir, Mal
d'une jeune fille, Secret du
suscité, le Fils du Bourreau
rates de la Tamise, les Deux
rables, Ruines du château d
vensworth, le Nouveau M
Cristo. **Clém. Robert** L'Au
peuple, Anges de Paris, l'A
du Peuple, la Chambre crimi
la Famille Calas, la Fontaine
dite, Mandrin, Magicien de la
rière d'Enfer, Mendiants de la
Mendiants de Paris, Misère d

Boulogne (Seine). — Imp. Jules Boyer et Cie

www.ingramcontent.com/pod-product-compliance
Lightning Source LLC
Chambersburg PA
CBHW060633170426
43199CB00012B/1537